n

*Dedico este libro a todos
aquellos que buscan lo nuevo,
pero se quedan con lo mejor
de lo antiguo.*

Mandeville Press
Los Angeles, California
EE.UU.

Primera edición en Español: Junio de 1998
© Copyright 1998, 2012
Peace Theological Seminary and College of Philosophy®
3500 West Adams Blvd.
Los Angeles, CA 90018 EE.UU.
(323) 737-4055

Traducción al español por Selene Soler
Revisión segunda edición al Español por Ana Arango
Coordinación por Nora Valenzuela

Publicado por Mandeville Press
P. O. Box 513935
Los Angeles, CA 90051 EE.UU.

Diseño de la portada e interior de la edición en español:
Pedro Daniel Gaggia para Fundación MSIA Argentina®

Impreso en los EE.UU.
I.S.B.N. 978-1-936514-60-1

Un Pensamiento Positivo:
El Lujo Que Puedes Darte

John-Roger D.C.E.

El que la sigue, la consigue.
(O gana el que aguanta
hasta el final).

Agradecimientos

DE LA EDICIÓN EN INGLÉS

Tan pronto compartí la idea de este libro, mucha gente apareció de todos lados ofreciendo ayuda, apoyo y entusiasmo. Un tema "serio" -enfermedades que ponen en peligro la vida- parece hacer surgir lo peor en la gente (miedo, culpa, pánico), pero también lo mejor (generosidad, compasión, amor). De esta gente-y de todos los demás, que me ofrecieron apoyo- surgió lo mejor.

Mis agradecimientos a John Morton por la idea original; Laurie Lerner por su extensa investigación en los Archivos de John-Roger; Paul LeBus por el brillante diseño del libro, incluyendo la portada; Betsy Alexander, Sandy Barnert y Marsha Winborn por su invalorable asistencia editorial; John Ward, John Forrister y Margalit Finger de Finger Print, por el más que generoso regalo de la tipografía; Ron Wodaski y Susan Wylie por su experiencia en publicación; Theresa Hocking por el índice; y Betty Bennett por las fotografías. Un agradecimiento especial al doctor Mark Katz por su bien informada perspectiva médica.

DE LA EDICION EN ESPAÑOL

Mis agradecimientos a Margarita de Abadía, Ilse de Arango, Adelaida de Avella, Stede Barber, Jesús Becerra Flores, Imelda Flores, María Eugenia Fuenzalida, Paul Kaye, María Teresa Kelber, Michael Mogitz, Alejandra Pérez Segovia, Rinaldo Porcile, Magdalena Royo, Ivonne Tobón. Agradecimientos a Ana Arango y a Nora Valenzuela por la segunda edición.

Índice

ÍNDICE

ÍNDICE

ÍNDICE

El buen lector hace al buen libro;
en cada libro encuentra fragmentos
que parecieran ser
confidencias y pasajes escondidos de los demás,
indiscutiblemente escritos para él;
la utilidad de los libros va de acuerdo con
la sensibilidad del
lector; el pensamiento o la pasión
más profunda duermen, como
en una mina, hasta ser descubiertos por una
mente y corazón que los merecen.
EMERSON

La manera en que se lee un libro
-es decir, las cualidades que el lector
proporciona al libro—puede
tener tanto que ver con su valor
como cualquier cosa que
el autor haya puesto en él.
NORMAN COUSINS

Las citas grabadas en la memoria aportan buenos pensamientos. También nos estimulan a leer a los autores y buscar más.
SIR WINSTON CHURCHILL

Somos, quizás, a diferencia de todas las criaturas de la tierra, el único animal que se preocupa. Nos pasamos la vida preocupándonos, temiendo el futuro, insatisfechos con el presente, incapaces de aceptar la idea de la muerte, incapaces de quedarnos en paz.
LEWIS THOMAS

INTRODUCCIÓN

Éste no es un libro únicamente para gente con enfermedades que ponen en peligro su vida. Es un libro para cualquiera que esté afligido por una de las enfermedades más comunes de nuestro tiempo: el pensamiento negativo.

El pensamiento negativo siempre es "costoso" -nos afecta mental, emocional y físicamente- y es por eso que nos referimos a él como un lujo. Pero si tiene los síntomas de una enfermedad que pone en peligro su vida -ya sea SIDA, problemas del corazón, cáncer, alta presión sanguínea o cualquier otra- el pensamiento negativo es un lujo que ya no se puede dar.

Recordamos un dicho de los años 60: "La muerte es la forma en que la naturaleza le avisa que tiene que tomarse las cosas con más calma". Y los síntomas de una enfermedad que pone en peligro su vida son la forma en que la naturaleza le avisa que necesita -como decimos en California- alivianarse.

Sea más condescendiente consigo mismo. Piense mejor de sí mismo.

Aprenda a perdonarse y a perdonar a los demás por los errores que son parte de nuestra naturaleza.

Después de trabajar durante meses con una mujer en su hábito de ver el lado oscuro de la vida, se me acercó un día y rezongó, disimulando la risa: "¡Estoy atrasadísima en mis preocupaciones!".

Este es un libro sobre cómo atrasarse en las preocupaciones. Atrasarse mucho, pero *mucho*. Cuanto más atrasado esté en sus preocupaciones, más adelantado estará.

Este no es un libro para leer, sino para usar. No es necesario leerlo de punta a cabo. Nos gusta pensar que puede abrirlo en cualquier momento, en cualquier página, y encontrar algo que le resulte valioso. Esto se aplica especialmente a la segunda sección del libro, que es la más amplia.

El libro tiene dos secciones: *La Enfermedad y La Curación*. Cuando decimos enfermedad, no nos referimos a ninguna en particular, sino a lo que nosotros pensamos es el precursor de las enfermedades que ponen en peligro la vida: el pensamiento negativo.

La curación no habla de medicinas maravillosas ni de vacunas. La curación es muy sencilla: (1) pase más tiempo enfocándose en las cosas positivas de su vida (*Haz-entúe lo Positivo*); (2) pase menos tiempo pensando negativamente (*Elimine lo Negativo*); y (3) disfrute de cada momento (*Aférrese a lo Afirmativo*).

Eso es todo. Sencillo. Pero nada fácil.

El objetivo de este libro es hacer que el proceso sea sencillo, y si no es fácil, por lo menos que sea un poco más fácil.

Sobre todo, disfrute el proceso.

Por favor no use este libro en su *contra*. No interprete nada de lo que decimos en la sección *La Enfermedad* para culparse. Cuando usamos la palabra *responsabilidad*, por ejemplo, nos referimos únicamente a que usted tiene la capacidad de responder. (Y está respondiendo, o no estaría leyendo este libro).

Y, por favor, tampoco interprete las sugerencias en *La Curación* como un "debería" o "tendría que". Piense en ellas como actividades divertidas, juego creativo y no como cargas adicionales a su vida.

Este libro (o las ideas que contiene) no tiene como objetivo reemplazar un tratamiento médico necesario. Por favor úselo adicionalmente al tratamiento que prescribe su médico, o la persona que está a cargo de su cuidado médico. Si tiene una enfermedad que pone en peligro su vida, necesitará practicar actividades que apoyen la vida y, entre ellas, naturalmente, se incluye un tratamiento médico apropiado.

Usted es mucho más poderoso de lo que soñó jamás. A medida que descubra y aprenda a utilizar su poder, úselo únicamente para su inspiración y la de quienes le rodean.

Usted es una persona maravillosa, valiosa, simplemente porque existe. Ése es nuestro punto de vista. Por favor comparta nuestro punto de vista por un momento, una hora, una semana, una vida.

PRIMERA PARTE

LA ENFERMEDAD

*El pensamiento es un manejo experimental de peque-
ñas cantidades de energía, cual un general que ubica
piezas en miniatura sobre un mapa,
antes de mandar a sus tropas al ataque.*
SIGMUND FREUD

EL PODER DEL PENSAMIENTO (PRIMERA PARTE)

Un simple pensamiento: unos pocos micro-mili va-
tios de energía que fluyen a través de nuestro cerebro. Algo aparentemente inocuo, casi efímero
y, sin embargo, un pensamiento, o más exactamente, una
serie de pensamientos cuidadosamente estructurados, tienen un impacto significativo sobre la mente, el cuerpo y
las emociones.

Los pensamientos provocan reacciones en el cuerpo.
Piense en un limón. Imagine que lo corta por la mitad.
Haga las semillas de un lado con la punta de un cuchillo. Huélalo. Ahora exprima el jugo del limón en la boca.
Muérdalo. Mastique la pulpa. Sienta esas cositas (como
sea que esas cositas se llamen) rompiéndose y soltando el
jugo en su boca. Las glándulas salivales de la mayoría de
la gente responden a la sola idea de un limón.

Para algunas personas es físicamente incómodo nada
más que pensar en una uña rasguñando un pizarrón. Pruebe esto: imagine un esmeril, o una lima de uñas, o un pedazo de lija de doble faz. Póngasela en la boca. Muérdala.
Ahora mueva los dientes de un lado al otro. ¿Está erizado?

*Cada buen pensamiento que tiene está
contribuyendo al resultado final de su vida.*
GRENVILLE KLEISER

Los pensamientos tienen influencia sobre nuestras emociones. Piense en algo que le gusta mucho. ¿Qué siente? Ahora piense en algo que odia. ¿Qué siente? Ahora, otra vez en algo que le gusta. No necesitamos cambiar nuestras emociones conscientemente: cambiamos nuestros pensamientos y las emociones los siguen automáticamente.

Imagine ahora su lugar favorito en la naturaleza. ¿Dónde queda? ¿Es una playa? ¿Una pradera? ¿La cima de una montaña? Tómese su tiempo. Imagínese acostado, los ojos cerrados. Sienta el sol en la cara. Huela la brisa. Escuche los sonidos de la creación. Sienta que forma parte de lo que lo rodea. ¿Se siente más relajado?

La mayoría de los que prueban estos pequeños experimentos saben de qué estamos hablando.

Los que pensaron: "Esto es una tontería. ¡No voy a probar algo tan tonto!", se quedan con las consecuencias emocionales y fisiológicas de sus pensamientos, tal vez con una sensación de tensión, irritabilidad, impaciencia, o franca hostilidad. Esta gente (¡benditos sean sus corazones independientes!) son la prueba fiel de lo que estamos hablando; también lo son aquellos que se dejaron llevar por los pensamientos "sugeridos". La cuestión es: los pensamientos tienen el poder de influenciar la mente, el cuerpo y las emociones.

Los pensamientos positivos (alegría, felicidad, realización, logro, valoración) tienen resultados positivos (entusiasmo, calma, bienestar, naturalidad, energía, amor). Los pensamientos negativos (juicio, desvalorización, desconfianza, resentimiento, temor) producen resultados negativos (tensión, ansiedad, alienación, enfado, fatiga).

Para entender por qué algo tan minúsculo como un pensamiento puede tener un efecto tan dramático sobre nuestra mente, cuerpo y emociones, es importante comprender la reacción automática que tienen los seres humanos cuando perciben un peligro: la Respuesta Pelea-Huida.

Y aquí estamos como en un páramo en penumbras
Arrastrados por confusas alarmas de lucha y escape,
Donde ejércitos ignorantes se enfrentan en la noche.
MATTHEW ARNOLD

La Respuesta Pelea-Huida

Los seres humanos existen desde hace muchísimo tiempo. Una de las principales razones por las que el animal humano ha sobrevivido tanto y con tanto éxito, es una respuesta altamente desarrollada, integrada e instantánea para percibir el peligro: la Respuesta Pelea-Huida.

La Respuesta Pelea-Huida funciona más o menos así:

Consideremos a nuestro antepasado no muy distante, Zug. Zug es mucho más adelantado que un simple hombre de las cavernas: ha aprendido a manejar herramientas, cultivar campos y construir refugios de barro, ramas y hojas y otras cosas. Un día Zug está de cacería (o arando el campo, si prefiere) cuando oye una ramita romperse entre los matorrales.

Zug, teniendo una mente bastante bien desarrollada, recuerda que una vez cuando oyó una ramita romperse en la maleza, apareció una fiera salvaje que devoró a su hermana, Zugrina. Inmediatamente asocia la ruptura de la rama con fieras hambrientas. Sin necesidad de reflexionar, se prepara.

Enfoca toda su atención en el lugar donde escuchó el ruido. Su cerebro se concentra en la información que recibe de los sentidos. Su mente recorre velozmente las

Lo vo' a matá' al desgraciao.
PEDRO NAVAJAS

estrategias de defensa posibles y los senderos de retirada. Sus emociones arden, una mezcla de temor y cólera. Su cuerpo produce adrenalina, azúcar y otros estimulantes. La sangre abandona las funciones relativamente poco importantes que la ocupaban (digerir comida, combatir infecciones, cicatrizar heridas y otros procesos "internos"), y se precipita a los músculos que manejan el esqueleto, especialmente brazos y piernas. Los ojos se entrecierran, los músculos se tensan.

Está preparado.

¿Preparado para qué? Tiene solamente dos opciones: luchar o huir, combatir o escapar, "enfrentar y pelear o salir disparado de aquí", como decía Joni Mitchell.

Esa es la Respuesta Pelea-Huida. Es una respuesta automática, fisiológica, al peligro, ya sea real o imaginario.

La Respuesta Pelea-Huida ha sido una herramienta esencial para la sobrevivencia de nuestra especie. En los tiempos de Zug, los humanos más calmados eran, en su mayoría, devorados. Esos seres más serenos podrían haber oído una rama romperse y decir: "¡Ah! Se rompió una ramita. ¡Qué sonido tan agradable!", y un momento más tarde se habían convertido en cena. Ese grupo no era, este, perseverante.

Pero, ¿Zug y los de su especie? Victoriosos. Sobrevivieron las guerras contra los animales y luego, aparentemente no teniendo nada mejor que hacer, se pasaron los últimos cinco mil años peleándose entre sí. Los que te-

> *Dadles abundante sustento de carne, hierro y acero;*
> *comerán como lobos y pelearán como demonios.*
> SHAKESPEARE

nían la Respuesta Pelea-Huida más refinada e intensa sobrevivieron para luchar un día más y, más importante aún desde el punto de vista genético, para reproducirse durante una noche más.

Las Zugrinas también cumplieron un papel importante. Los descendientes de las mujeres que lograron defender a sus pequeños y/o arrebatarlos de las fieras y correr más rápido, sobrevivieron. Los niños más protegidos tenían, genéticamente, la Respuesta Pelea-Huida más intensa.

En los últimos cientos de años, por lo menos en el mundo occidental, la necesidad de la Respuesta Pelea-Huida ha desaparecido prácticamente.

¿Cuándo fue la última vez que necesitó enfrentar o huir, físicamente, para salvar su vida?

Me refiero a usted, no a la gente que aparece en los periódicos o a los que vemos en televisión.[1] ¿Y cuántas veces en su vida necesitó enfrentar o huir para salvarse? La mayoría de la gente, aún aquellos que viven en Nueva York, pueden contar la cantidad de veces con los dedos de una sola mano.

---

[1] Una de las formas más fáciles de negar la nueva información es aplicarla a otra persona, preferentemente a alguien desconocido o, mejor aún, a un personaje de ficción. ¿Y James Bond (o Rambo o el Correcaminos)? Él pelea por su vida todo el tiempo. Sí, pero usted no es James Bond (o algún otro). En realidad, nadie lo es. Por favor aplique todo lo que decimos en este libro a su vida, no a la vida ficticia de la televisión, las películas o las novelas, o a la vida de casi-ficción a la que se refiere la prensa (impresa o electrónica). También evite, por favor, la tentación de aplicar esta información a "la persona promedio". Esa persona no existe, y aún si existiera, él o ella no son usted. Usted es un individuo único. Use este libro para echar una mirada honesta y perceptiva sobre usted mismo -lo bueno, lo malo, lo feo y lo hermoso- y aprender a aceptarlo y a amarlo todo.

No para el veloz, la carrera:
No para el fuerte, la pelea.
HENRY VAN DYKE

La Respuesta Pelea-Huida se ha volcado, irónicamente, en contra de la sobrevivencia, en estos tiempos menos violentos y más civilizados.

La capa de la civilización es muy delgada: unos pocos cientos de años cubren millones de años de evolución biológica. La "bestia" en nosotros sigue siendo poderosa. La Respuesta Pelea-Huida sigue viva.

Y nos está matando.

Cuando un vehículo se nos cruza por delante, cuando alguien nos habla de mala manera, cuando tenemos miedo de perder el trabajo o de que nos aumenten el alquiler, cuando oímos hablar de las predicciones de Nostradamus sobre un terremoto, cuando el mesero nos dice que no tiene nuestra reservación en el restaurante, cuando se nos pincha un neumático se activa la Respuesta Pelea-Huida a su máxima intensidad, como si nuestra vida dependiera de que repartiéramos algunos golpes o de que saliéramos disparados *en ese mismo momento.*

Peor aún, la Respuesta Pelea-Huida se activa cuando *pensamos* en que se nos cruce un auto, cuando *pensamos* en la posibilidad de perder el trabajo, cuando *pensamos* en un aumento de alquiler, cuando *pensamos* en las predicciones de Nostradamus sobre un terremoto, cuando pensamos en no tener reservación en un restaurante, o cuando *pensamos* en que se nos pinche un neumático.

No siempre la carrera es para el veloz, ni la batalla para el fuerte, pero así es como se apuesta.
DAYMON RUNYON

Aun cuando ninguno de estos "desastres" (y solamente uno de ellos es realmente peligroso) suceda, con sólo pensar que pudiera suceder, se activa la Respuesta Pelea-Huida.

Veamos cómo los pensamientos negativos, al activar la Respuesta Pelea-Huida, afectan la mente, el cuerpo y las emociones.

La mente existe por sí misma, y como tal, puede hacer un cielo del Infierno y un infierno del Cielo.
MILTON

Los Pensamientos Negativos y La Mente

Cuando se activa la Respuesta Pelea-Huida, la mente inmediatamente se enfoca sobre el lugar en el que percibe el peligro. Su intención es encontrar más pruebas de lo que está sucediendo. Está *buscando* el peligro, el mal, el disturbio, la bestia salvaje.

Hay una buena posibilidad de que nuestro amigo Zug no haya perdido tiempo apreciando el color del cielo o la fragancia de las flores mientras observaba el lugar donde oyó romperse la ramita. No. Estaba buscando el problema. Su mente *filtró automáticamente* cualquier cosa que no se relacionara con el peligro percibido. Si no hay indicios de que algo andaba mal, algo no andaba bien.

La mente es un mecanismo de filtrado maravilloso. Nos protege de enormes cantidades de información. Si no lo hiciera, probablemente nos volveríamos locos. Es sencillamente imposible que prestemos atención consciente a cada pequeño detalle que perciben nuestros cinco sentidos.

Sin moverla, preste atención a su lengua. Antes de que se lo sugiriera, ¿estaba consciente de ella? Probablemente no. La sensación existía, pero su mente la había filtrado -no era información necesaria-. Mire cuidadosamente el papel de esta página. ¿Cómo es la textura? ¿La había no-

La sabiduría no anida en una mente maliciosa.
RABELAIS

tado antes? A no ser que trabaje en el ramo del papel o de las publicaciones, es probable que no. ¿Hay algún olor en la habitación? ¿Ruidos? ¿El tic-tac de un reloj? ¿El aire acondicionado? Sienta su cuerpo contra la superficie sobre la que está sentado (o acostado). ¿Ya se le olvidó la lengua otra vez?

Cuando se activa la Respuesta Pelea-Huida, comenzamos a buscar todo lo que no anda bien en una situación, persona, lugar o cosa. ¡Y lo encontramos! Siempre hay *algo* que no anda bien. Vivimos en un mundo material. Las cosas materiales son, casi por definición, imperfectas.

Así que allí está nuestra mente, filtrando automáticamente lo positivo y enfocándose en lo negativo. Suena como una receta perfecta para la infelicidad, ¿verdad?

Pero la cosa se pone peor aún.

La mente de Zug, como recordará, también revisó momentos pasados de su vida en los cuales la ruptura de ramitas jugó un papel. Por supuesto, ese suceso tan terrible con Zugrina. Pobre Zugrina. Pero también hubo el incidente de OgaBuga. Pobre OgaBuga.

Ahora Zug no solamente busca recuerdos relacionados con la ruptura de ramitas, sino también con *todas* las bestias salvajes devorando *cualquier cosa*. Hasta se acuerda de los momentos en que *pensó* en bestias salvajes devorando cualquier cosa, incluyendo su pie. Está revolviendo la memoria para encontrar imágenes reales o imaginarias de mutilación, y la verdad es que tiene muchas.

La mente, en la medida en que se la aísla de la comunicación libre con la naturaleza, la revelación, Dios, consigo misma, languidece como un cuerpo que se marchita cuando se le priva del aire y de la luz estimulante del cielo.
WILLIAM CHANNING

A menudo hacemos lo mismo. Si alguien se nos cruza delante en la calle, nuestra mente hace un viaje al pasado, hacia cada persona grosera y desconsiderada que hemos visto conduciendo, y luego hacia cada persona grosera y desconsiderada que hemos visto en cualquier lado (y, por supuesto, en lo terribles que son).

Si alguien llega cinco minutos tarde a una cita, a menudo pasamos cuatro minutos y cincuenta y nueve segundos de esos cinco minutos recordando cada vez que esa persona llegó tarde anteriormente, toda la gente que alguna vez llegó tarde a una cita con nosotros, y cada situación -real o imaginaria- en la cual nos sentimos desilusionados y poco apreciados.

La mente, una herramienta increíblemente perceptiva y exacta, busca negatividad tanto fuera como dentro de sí misma. Y la encuentra. Ese pensamiento da inicio a un nivel más activo de la Respuesta Pelea-Huida, y éste, a su vez, inicia una búsqueda aún más entusiasta de negatividad, la cual a su vez produce más pruebas negativas, lo que activa una Respuesta Pelea-Huida más poderosa, lo que...

¿Capta la idea? Esto se conoce como rabieta, o perder la cabeza, o un ataque de ansiedad, o ponerse furioso, o la vida, tal como la conocemos en este siglo.

La mayoría de las veces que pensamos estar enfermos,
lo creamos en la mente.
THOMAS WOLFE

LOS PENSAMIENTOS NEGATIVOS
Y EL CUERPO

L a Respuesta Pelea-Huida pone el cuerpo a prueba. Todos los recursos del cuerpo se movilizan hacia una acción inmediata, física, exigente.

Todas las otras funciones del cuerpo se interrumpen: digestión, asimilación, producción de células sanguíneas, mantenimiento del cuerpo, circulación (excepto a ciertos músculos vitales), cicatrización e inmunología.

Además, el cuerpo segrega sustancias químicas en el sistema, que se podría decir son drogas naturales. Los músculos necesitan energía, y la necesitan ya.

Zug es afortunado. A menudo *usa* esas sustancias químicas corriendo, trepando o peleando. Nosotros, en nuestro mundo civilizado, en general no lo hacemos. Lo más que logramos es dar un puñetazo o arrojar algo (lastimándonos la mano, o rompiendo objetos).

Ocasionalmente damos unos gritos, pero no es suficiente. Nuestro cuerpo se ha preparado para *pelear o huir por su vida*, y lo que hacemos es sentarnos y enfurecernos.

La activación repetida e innecesaria (y como hemos demostrado, es casi siempre innecesaria) de la Respuesta Pelea-Huida, ocasiona enorme tensión fisiológica en el cuerpo.

No hago nada que me perjudique. No me gusta que me pongan nerviosa o me hagan enojar. Siempre que una se enoja se le destroza el sistema nervioso.
MAE WEST

Nos hace vulnerables a las enfermedades (el sistema inmunológico recibe un mensaje que dice: "¡Olvídate de esos microbios, tenemos que defendernos de bestias salvajes!"), a los problemas digestivos (las úlceras y el cáncer son su expresión más dramática), a la mala asimilación (impidiendo que las proteínas, vitaminas y minerales necesarios se integren al sistema), a la recuperación lenta de las enfermedades (conquistar una enfermedad es mucho menos importante que conquistar bestias salvajes), a una menor producción de células sanguíneas, músculos doloridos, fatiga y una sensación general de "ug, iak, aj".

¿Suena mal?

Se pone peor.

Las sustancias químicas de emergencia no utilizadas, eventualmente desencadenan la secreción de otras sustancias aún más tóxicas. Nuestro cuerpo necesita movilizarse una vez más para librarse de esos venenos.

Una vez que se activa la Respuesta, los músculos permanecen tensos mucho tiempo, especialmente alrededor del estómago, pecho, espalda, cuello y hombros. (La mayoría de la gente sufre de tensión crónica en por lo menos una de esas áreas). Nos sentimos inquietos, nerviosos, ansiosos.

La mente siempre trata de encontrar una razón para cada cosa. Si el cuerpo está tenso, se pregunta: "¿Qué motivo tengo para estar tenso?" Son pocas las veces que llegamos a la con-

*Donde quiera que haya un corazón y un intelecto,
las enfermedades del aspecto físico están
teñidas por sus peculiaridades.*
NATHANIEL HAWTHORNE

clusión (correcta): "¡Ah! Es una reacción normal a la Respuesta Pelea-Huida; no hay de qué preocuparse". Generalmente revisamos el ambiente (interno y externo) hasta encontrar algo que no esté del todo bien. Y, como mencionamos anteriormente, siempre hay algo que no está del todo bien.

La mente es un mecanismo asombroso. Cuando se le da una tarea, la completa con asombrosa velocidad y exactitud. Cuando se le pregunta: "¿Qué anda mal?", prepara una lista completa de problemas con una rapidez y precisión increíbles. Todo lo que alguien (incluyéndonos a nosotros mismos) debería haber hecho y no hizo y no debería haber hecho e hizo es revisado, marcado, catalogado y clasificado por prioridad. Y todo esto a partir de una sensación del cuerpo.

Naturalmente, esta revisión mental de eventos negativos tiene como resultado una nueva tanda de Respuestas Pelea-Huida, que producen más tensión en el cuerpo, lo que da lugar a una investigación más profunda sobre lo que no está del todo bien.

¿Se da cuenta de cómo este espiral descendente mente/cuerpo puede continuar casi indefinidamente? Cuando ha existido durante cierto tiempo solemos llamarlo depresión. Pero como la depresión, según nuestra cultura, es negativa, nos deprime estar deprimidos, y así se activa todo un nuevo ciclo de Respuestas Pelea-Huida.

Considerando todo esto, no es raro que a veces la gente decida dentro de sí misma que no vale la pena vivir.

Odiar y temer es estar psicológicamente enfermo. Es, de hecho, el mal que nos consume en esta época.
H. A. OVERSTREET

Los Pensamientos Negativos y las Emociones

Las emociones primarias generadas por la Respuesta Pelea-Huida son la ira (la energía emocional para pelear) y el miedo (la energía emocional para huir).

Dentro de ellas existen la mayoría de los sentimientos que asociamos generalmente con la negatividad.

Por ejemplo:

IRA	MIEDO
hostilidad	terror
resentimiento	ansiedad
culpa (ira con uno mismo)	timidez (miedo generalizado hacia los demás)
furia	separación
cólera	reticencia
dolor (uno se siente mal con alguien, consigo mismo, o con ambos)	pesadumbre (miedo a no amar más o a no volver a ser amado)

Cualquier cosa que quiera agregar de su propio repertorio probablemente podría ser considerada una variación de la ira o el miedo, o una combinación de ambos.

La ira es una de las fibras del alma; quien la busca
tiene la mente mutilada.
THOMAS FULLER, 1642

Zug, mientras decidía qué hacer, probablemente experimentó ambos: ira ("¡Vengaré a Zugrina!") y miedo ("¡No permitiré que me pase lo que le pasó a Zugrina!").

El problema con cualquiera de las dos emociones -además de que son obviamente desagradables- es que ambas tienden a impedir las decisiones lógicas, racionales, que nos apoyan.

En medio de la ira devastadora, buscando la venganza, es posible que Zug se interne en el pastizal, lanza en mano, y descubra un grupo de bestias salvajes. Es posible que las bestias ni siquiera supieran que Zug andaba por los alrededores. Tal vez estaban partiendo ramitas para hacer fuego y asar perros calientes, pero al aparecer Zug decidieron rápidamente cambiar el menú.

¿Cuántas veces se ha internado en una confrontación y ha encontrado que acaba de alborotar un avispero?

Mientras un amigo mío estaba de vacaciones un policía bien desagradable lo multó. ¡Tener que aguantar una multa y además al policía! Era demasiado. Así que se presentó a la estación de policía y se quejó a su supervisor. Mientras se quejaba, el capitán de policía escribía en la computadora. Mi amigo pensaba que estaba tomando los datos. ¡Ah! ¡Qué placer! Ese policía se iba a encontrar con un buen problema. Pero he aquí que lo que el capitán estaba haciendo era buscar el informe de conductor de mi amigo. Descubrió una multa de hacía más de siete años, sin

Todos los sentimientos violentos nos producen impre-
siones falsas de las cosas externas; yo lo llamaría la
"Falacia Patética".
JOHN RUSKIN

pagar... Lo arrestaron. La ira se le transformó rápidamente en miedo. La ira le costó una buena cantidad de dinero y varias horas en la cárcel... lo que podríamos llamar un período de "enfriamiento".

Por otro lado, al oír el primer ruidito, Zug podría haber salido corriendo. Claro que esto hubiera significado que cada vez que un conejo rompiera una ramita Zug tendría que haber salido disparado. Al final hubiera terminado abandonando el campo arado, jurando no volver jamás a un lugar tan salvaje.

¿Cuántos campos arados ha abandonado en su vida? ¿El campo de una nueva profesión? ¿El campo de un lugar mejor para vivir? ¿El campo de las relaciones? (me refiero a "relaciones" como las que se implican en aquella expresión "el amor verdadero es una cosa maravillosa").

Como mucha gente tiene miedo del miedo, va abandonando hectárea tras hectárea de vida. Algunos se sienten tan incómodos cada vez que oyen el ruido de una ramita que se rompe, que terminan abandonando completamente el campo de la vida.

El hábito para él era la prueba de la verdad.
"Debe ser cierto: lo hago desde que era joven".
GEORGE CRABBE

Caer en un hábito es empezar a dejar de ser.
MIGUEL DE UNAMUNO

La Calidad Adictiva del Pensamiento Negativo

Para muchos, el pensamiento negativo se transforma en un hábito, en un mal hábito, que al cabo del tiempo se transforma en una adicción. Es una enfermedad, como el alcoholismo, comer en exceso o abusar de las drogas.

Mucha gente sufre de esta enfermedad porque pensar negativamente es adictivo para Los Tres Grandes: el cuerpo, la mente y las emociones. Si uno lo deja pasar, los otros lo atrapan.

El cuerpo se hace adicto a las sustancias químicas que la Respuesta Pelea-Huida precipitan en la corriente sanguínea. La estimulación ocasionada por una buena sesión de pensamiento negativo tiene algo especial. Algunos se "drogan" con adrenalina.

La mente se hace adicta a "tener razón". En este mundo imperfecto, una de las formas más fáciles de tener razón es predecir el fracaso, especialmente el propio. A la mente le gusta tener razón. Frente a la pregunta "¿Prefiere tener razón o ser feliz?", hay quienes, considerando las ramificaciones de estar "equivocados", tienen problemas para decidir.

Las emociones se hacen adictas a la intensidad. Los sentimientos pueden no ser gratos, pero por lo menos no son aburridos. A medida que las emociones se acostumbran a cierto nivel de estimulación, requieren más y más intensidad. Es como las películas violentas: demasiado ya no es suficiente. ¿Recuerdan cuando la escena de la ducha de "*Psicosis*" era considerada como el colmo de la violencia? Ahora necesitamos un "*Viernes 13, La Séptima Parte*" (¡¿Séptima?!).

El pensamiento negativo debe tratarse como cualquier adicción, con un compromiso serio con la vida, paciencia, disciplina, el deseo de mejorar y perdonar, y sabiendo que no sólo es posible recuperarse sino que, siguiendo ciertos procedimientos, es inevitable.

La mayoría de la gente vive, ya sea física,
intelectual o moralmente,
en un círculo muy restringido de su potencial.
Usa una porción muy pequeña
de su posibilidad consciente y
de los recursos de su alma en general;
como el hombre que,
de todo su organismo corporal,
se habitúa a usar y mover
solamente el dedo meñique.
Las grandes emergencias y crisis
nos muestran cuánto más
amplios son nuestros recursos
vitales de lo que suponíamos.

WILLIAM JAMES

El Poder del Pensamiento
(Segunda Parte)

Lo que he presentado hasta ahora es más o menos lo que acepta el mundo de la medicina tradicional. La idea más "controversial" que he presentado por el momento es que el pensamiento negativo es una enfermedad adictiva. Los médicos que han observado el pensamiento negativo llevado al extremo, se han dado cuenta de que coincide con el criterio de adicción, en términos médicos. Pero algunos no han comenzado a observar aún.

Con algunas posibles excepciones, si usted le lleva este libro a su médico es posible que lo lea, asienta y esté de acuerdo con que es bastante correcto. (Hace treinta años, por supuesto, la mayor parte de los médicos no admitía que los pensamientos tuvieran efectos sobre las enfermedades orgánicas. Si uno mencionaba esa idea le decían que estaba loco. O que era de California. Todos aprendemos con el tiempo).

Ahora vamos a explorar algunos pensamientos sobre pensamientos que no enseñan en la Facultad de Medicina de Harvard.

Puede leer las páginas siguientes con tantas reservas como quiera. La teoría médica aceptada -que los pensamientos son un factor contribuyente a las enfermedades, y que el mejorar los pensamientos puede mejorar la salud- es todo lo que necesito como base de este libro.

El resto es, bueno, digamos interesante, divertido, provocativo, estúpido, estimulante: use sus propios adjetivos para describirlo. Aún cuando el autor sea un loquito de California, no se puede negar que, tanto desde el punto de vista médico como el metafísico, cuando uno tiene una enfermedad que hace peligrar la vida, pensar en positivo puede cambiar el curso de esa enfermedad.

No hay nada que disfrute tanto como un buen pleito.
FRANKLIN D. ROOSEVELT. Enero 22, 1911

Iluminad a la gente, y la tiranía y la opresión del cuerpo
y de la mente desaparecerán como los
malos espíritus al amanecer.
THOMAS JEFFERSON

El Poder Creativo
de los Pensamientos

Los pensamientos son poderosos. Todas las creaciones espectaculares y terribles de la humanidad comenzaron por ser pensamientos (una idea, si prefiere llamarlo así). De la idea surgió un plan, del plan surgió la acción, y de la acción surgió el objeto. Esa silla en la que está sentado, o esa cama sobre la que está recostado, comenzó por ser un pensamiento. La habitación, casi todo lo que está en ella, comenzó por ser un pensamiento.

Todas las guerras que el mundo ha conocido comenzaron con pensamientos. (Generalmente uno que decía "Lo tienes tú, lo quiero yo", "Tú haces esto, yo quiero que hagas aquello", o "Me caes mal, no me gustas").

Todos los actos buenos, nobles y creativos de la humanidad fueron concebidos como una simple chispa de la conciencia humana. La Torre Eiffel, la Mona Lisa, la Carta Magna, la Declaración de Independencia, las películas, libros, televisión y todo lo que contienen, comenzó en la mente humana. (Es verdad que sería mejor que algunas de esas cosas no hubieran salido de la mente. Como dijo uno:

Grandes son los hombres que ven que el espíritu es más poderoso que cualquier fuerza material, que los pensamientos rigen el mundo.

EMERSON

"En cada periodista hay una novela, y en la mayoría de los casos debería quedarse dentro de él").

Aún la creación de un ser humano comienza con un pensamiento. Como dicen: "Te conocí antes de haber sido concebido".

Victor Hugo lo describió así: **"Se puede resistir al avance de un ejército, pero no al avance de una idea que ha llegado a su madurez"**. A menudo mal citado: "No hay nada tan poderoso como una idea que ha llegado a su madurez", la frase se ha usado tan a menudo que ya suena repetida. (No hay nada tan poco poderoso como una idea repetida en exceso).

Aunque no lo pensamos a menudo, es fácil ver que casi todo lo creado por los seres humanos -ya sea bueno o malo- comenzó con un pensamiento. (La clasificación "bueno" y "malo" es, por supuesto, simplemente otro pensamiento). La única diferencia entre un pensamiento y una realidad física es cierta cantidad de tiempo y algo de actividad física.

La cantidad de tiempo y de actividad física varían de un proyecto a otro. Algunas veces son segundos, otras veces años, y en ocasiones el pensamiento debe pasar de generación en generación. La construcción de algunas de las grandes catedrales requirió cien años y tres generaciones de trabajadores. Por otro lado, está la Guerra de los Cien Años.

Leonardo da Vinci inventó el helicóptero hace cuatrocientos años, mucho antes de que el hombre pudiera volar. Hace doscientos años Thomas Jefferson tuvo la visión de una nación libre de persecución religiosa, de gente "... **con ciertos derechos inalienables, entre ellos la vida, la libertad y la búsqueda de la felicidad...**". Todavía estamos en proceso de lograr esa visión.

Imagine por ejemplo que la esquina de esta página está doblada. Permita que la idea se asiente en su mente. Ahora acerque la mano y dóblela. Un pensamiento pasó de mi mente a su mente, y usted convirtió ese pensamiento en realidad física. (Si no es el primero en leer este ejemplar del libro, tal vez se haya preguntado por qué estaba doblada la punta de la página. Ahora ya lo sabe).

Hay gente que tiene una habilidad especial para transformar las ideas en realidades. Edison era uno de ellos. Imagínese: el fonógrafo, las películas, un teléfono mejorado y la luz eléctrica, todo proveniente del mismo hombre. Henry Ford quería hacer un automóvil más barato y mejor, y para conseguirlo inventó la fabricación en serie. Donald Trump quería ser realmente rico, y aparecer en la portada de las revistas. Lo logró.

Sin pensamientos, las cosas no suceden. Donde estamos hoy es el resultado de toda una vida pensando, positiva y negativamente. Si se pregunta qué tipo de pensamientos ha tenido, observe dónde está en su vida. Contemple la respuesta.

Si está satisfecho con ciertas partes de su vida, sin duda sus pensamientos con relación a ellas han sido lo que generalmente se considera como "positivos". Si hay

Todo lo que es, surge de la mente; está basado en la mente, modelado por la mente.
EL CANON PALI 500-250 AC

otros aspectos que no le gustan, sus pensamientos con respecto a ellos no han sido tan positivos como podrían haber sido. La buena noticia es que los pensamientos se pueden cambiar, y al cambiar los pensamientos, cambia su manifestación.

Los pensamientos, si somos persistentes, pueden producir estados de conciencia que, si somos persistentes, pueden producir manifestaciones físicas.

Si persiste en sus pensamientos sobre la abundancia, por ejemplo, tendrá una conciencia de abundancia -un estado general abierto, aceptador, abundante y fluido- y en esa conciencia de abundancia tienden a ocurrir manifestaciones físicas de abundancia: casas, automóviles, dinero y una edición especial de los *"Ricos y Famosos"*.[2]

"Pero", protestó alguien, "yo no tengo ni un centavo y me preocupo todo el tiempo". Esta persona estaba probando nuestra teoría, pero al revés. La preocupación es una forma de miedo, en este caso miedo a la pobreza. Esta persona, al mantener en su mente una serie continua de pensamientos sobre la pobreza, creó una conciencia de pobreza, lo que creó la falta de todo menos cuentas, lo que causó mayor preocupación, lo que a su vez causó más pobreza.

---

[2] N del T.: Se refiere al programa de televisión norteamericana, "The Lifestyle of the Rich and Famous", que muestra el estilo de vida de la gente acomodada y famosa.

De los pensamientos positivos surgen resultados positivos: amor, cariño y apoyo; salud, dinero y felicidad; prosperidad, abundancia y riqueza.

De los pensamientos negativos surgen resultados negativos: disgusto, indiferencia y separación; enfermedad, pobreza y miseria; miedo, dificultades y alienación.

Nuestros pensamientos, en otras palabras, crean nuestra realidad física -no necesariamente de inmediato, así como con una varita mágica- sino eventualmente. Lo que incluimos en nuestra visión, en nuestra visión interna, es la dirección en la cual tendemos a ir. Ése es nuestro deseo. En qué forma lo haremos...bueno, hay muchos métodos.

Anda en pos de tu deseo mientras vivas; no abrevies el tiempo que le dedicas a tu deseo, porque la pérdida de tiempo es una abominación a los ojos del espíritu.
TAHHOTPE 2350 AC

Deseo y Método

Si yo estuviera en Nueva York y quisiera ir a Toledo, Ohio[3] (y sólo Dios sabe por qué se me podría ocurrir tamaña cosa -los escritores a veces tenemos que hacer trabajar la imaginación para que se nos ocurra un ejemplo-), ¿de qué manera podría llegar?

¿En avión? ¿Automóvil? ¿Tren? ¿Bicicleta? ¿Caminando? ¿Pidiéndole a alguien que me lleve? ¿En patineta? ¿Gateando? ¿Rodando? ¿Saltando? ¿Dando saltos mortales? (Saltos mortales. ¡Qué expresión más extraña!, ¿no?).

En este ejemplo, Toledo sería el *deseo*. Las diferentes formas de viajar serían los *métodos*.

Cada deseo en la vida puede ser logrado a través de una serie de métodos. La idea es mantener el deseo claro en la mente, y luego abrirnos a las distintas posibilidades, los distintos métodos que vayan apareciendo, aun los más inesperados.

Por ejemplo, si viajamos de Nueva York a Toledo, Ohio, lo normal sería viajar hacia el oeste. Ese sería el método generalmente aceptado. Algunos hasta podrían decir que es la única forma de llegar, viajando hacia el oeste. Pero, ¿y si viajáramos hacia el este y siguiéramos y siguiéramos? ¿Llegaríamos eventualmente a Toledo? Sin duda.

---

[3] N. del T.: Toledo, Ohio es una ciudad industrial de los Estados Unidos.

Elegir un método y probarlo es de sentido común. Si fallase, admítelo con franqueza e intenta otro. Pero ante todo, intenta algo.
FRANKLIN D. ROOSEVELT

Como decía Niels Bohr: **"Lo opuesto a una declaración correcta es una declaración falsa. Pero lo opuesto a una verdad profunda puede muy bien ser otra verdad profunda".** Algunas personas dicen que la forma de tener más dinero es no gastarlo. Otros dicen que la forma de tener más dinero es regalarlo. Algunos creen que son más saludables cuando descansan bien. Otros creen que lo logran con mucha actividad. Permanezca abierto a todos los métodos, aún aquellos que puedan parecer contradictorios.

Volviendo a Toledo, ¿cuál es la forma más rápida de llegar de Nueva York a Toledo: saliendo hacia el este o hacia el oeste? Por supuesto, hacia el oeste. ¿O no? Si sale hacia el oeste dando saltos mortales, y en cambio sale hacia el este en el Concorde, ¿de qué manera cree que llegaría antes? (No, no estoy obsesionado con los saltos mortales).

Una vez más esté abierto a una diversidad de métodos, y recuerde: la vida nos da respuestas más asombrosas que las que se nos ocurran.

Una vez más, volvamos a Toledo. Dejando de lado todas las tonterías, si realmente quisiéramos ir de Nueva York a Toledo, ¿cuál es la dirección correcta? Hacia el oeste, por supuesto. Como puede ver, en esta sección estamos jugando más sucio que de costumbre. Estamos desafiando esas suposiciones populares que la gente hace sobre métodos, y cómo los eligen. ¿Es el oeste la dirección "correcta" y el este la "incorrecta"? Por supuesto que no.

En lo que se refiere a métodos, "correcto" e "incorrecto" no son más que opiniones. El único criterio válido es si *funciona* o no. En el viaje Nueva York-Toledo tanto el este como el oeste son métodos que funcionan, y por lo tanto ambos son aceptables. Norte y sur no funcionan, y por lo tanto no son aceptables. No es que norte y sur estén mal, es que simplemente no son apropiados para el viaje de Nueva York a Toledo.

Algunas veces los métodos indican deseos. Por ejemplo, si está conduciendo su automóvil hacia el oeste, saliendo de Nueva York, podemos asumir que no era su deseo inmediato visitar Nueva Inglaterra. Las palabras importantes aquí son *algunas veces* e *indican*, porque hasta que no haya llegado a Toledo y diga: "!Ah! ¡Aquí es donde quería llegar!" no estaré seguro de que su deseo era, realmente, llegar a Toledo.

Digamos que alguien desea esconderse. Él (hagamos que "alguien" sea un "él") descubrió desde muy pequeño que ser espontáneo, sensible y expresivo le ocasionaba problemas con sus mayores. ("¡No hagas ruido! ¿No ves que estamos viendo la televisión?" "¡Tranquilízate!" "Pórtate bien, quédate quieto", etc.).. Así que él decidió ocultar esas partes de sí mismo.

Si desea ocultar su sensibilidad y su entusiasmo, ¿qué métodos puede usar? Aislarse, no salir, ser tímido, no participar. Puede comenzar a crear algunos métodos físicos: tartamudeo, aumento de peso, aún alguna enfermedad como el asma, o un problema del corazón, que son muy buenas razones para no participar. Puede generar la necesidad de usar lentes, que son objetos magníficos tras los cuales ocultarse. En algunos años es posible que se deje crecer el pelo y permita que le tape la cara, o que se deje crecer la barba.

¿Y si en algún momento la vida se transformara en verdaderamente insoportable? ¿Qué tal si decidiera, una y otra vez, que no aguanta más? ¿Que no quiere vivir? Si creara un deseo de morir, ¿qué métodos podría utilizar para lograr su deseo?

Un tiro, un accidente de automóvil, veneno, tuberculosis, leucemia, cáncer, ahogarse, asfixia, herirse con un cuchillo, cortarse las venas, un ataque al corazón, apoplejía, difteria, decapitación, un romance con Barbazul, la plaga, un terremoto, inundación, volcán, anorexia, caerse, sífilis, bestias salvajes, cólera, la guillotina, ahorcarse, tiburones, pirañas, la silla eléctrica, la cámara de gas, una inyección letal, polio, gripe, meningitis, hepatitis, o las enfermedades relativamente nuevas, SIDA o la enfermedad de Lyme.

Si alguien tiene el deseo de morir, una enfermedad grave es solamente uno de los métodos para lograr su deseo. Puede que la persona, dentro suyo, tenga o haya tenido el deseo de morir.

Tal vez.

Pero vale la pena investigarlo. A menudo los deseos son inconscientes. Pero, una vez que los descubrimos, los deseos pueden ser cambiados.

> *Dadme mi arco de oro bruñido*
> *Traedme las flechas de mi deseo*
> *Traedme mi lanza*
> *Desplegaos, ¡oh! nubes, ¡Traedme mi*
> *carro de fuego!*
> WILLIAM BLAKE

De todos los mecanismos de escape,
el más eficiente es la muerte.
H. L. MENCKEN

¿De Dónde Sale el Pensamiento Negativo? O ¿Por qué nos Hacemos Esto?

¿Por qué usamos el poder de la mente para crear una realidad negativa? Si nuestra mente puede generar salud, abundancia y felicidad con tanta facilidad como enfermedad, pobreza y desesperación, ¿por qué no somos sanos, ricos y felices todo el tiempo?

Si apareciera un hada y le ofreciera salud, abundancia y felicidad o enfermedad, pobreza y desesperación, ¿qué elegiría? Si la elección obvia es lo positivo, ¿por qué a veces elegimos lo negativo? Debe haber algún otro factor, algo más profundo dentro nuestro que genera el impulso de vivir y pensar negativamente.

Aunque tal vez usted utilice otra palabra para describir este fenómeno, nosotros llamamos a este producto del pensamiento negativo no ser digno. Es más que un sentimiento o pensamiento fugaz. Es una forma de ser, una creencia profunda que dice "No me lo merezco, no soy digno". Otras formas de decirlo hablan de inseguridad, baja autoestima o desvalorización.

La desvalorización socava todas nuestras ideas positivas, y ratifica todos nuestros pensamientos negativos.

> *Lo más insólito y fantástico sobre las emociones*
> *negativas es que la gente, de hecho,*
> *les rinde culto.*
> P. D. OUSPENSKY

Cuando pensamos algo bueno sobre nosotros mismos, la desvalorización aparece y dice: "No, no eres así". Cuando deseamos algo positivo para nosotros, la desvalorización dice: "No, no te lo mereces". Cuando algo bueno nos sucede, la desvalorización dice, a menudo con sus propios labios: "¡Es demasiado bueno para que sea cierto!".

Cuando nos decimos que no podemos tener o hacer algo que queremos, la desvalorización dice: "Ahora sí que estás siendo realista". Cuando nos pasa algo malo, la desvalorización es la primera en indicar: "¿Ves como yo tenía razón? Te lo avisé...".

Puede visualizar la desvalorización como un buitre sentado sobre su hombro, croando en su oído una letanía interminable: "No puedes hacerlo", "No eres digno", "Ni trates de hacer eso, perderás el tiempo", "¿Quién crees que eres?", "Olvídalo", "No te lo mereces", "Alguien mejor que tú lo tendrá", *ad infinitum, ad nauseum.*

Algunos disimulan su desvalorización con un aire de gran confianza en sí mismos, y una actitud de soberbia que es casi arrogancia. El disimulo incluye una auto complacencia y una obsesión consigo mismos que son prácticamente egoísmo. Esta gente, vista de afuera, parece necesitar una buena dosis de desvalorización.

Pero en realidad no es más que un intento desesperado de ocultar -a sí mismos tanto como a los demás- que

> *No tiene idea de la mala opinión que tengo*
> *de mí y lo poco que la merezco.*
> W. S. GILBERT

se sienten desvalorizados. Piensan que su indignidad es *verdadera*, no simplemente otra ilusión, y responden disimulándola en lugar de reírse de ella. (¿Alguna vez trató de ocultar un buitre? Puede ser muy divertido -para todos menos para el que trata de ocultarlo-).

Si la desvalorización es tan fundamental, ¿quiere decir que nacemos con ella? Creo que los seres humanos nacen para disfrutar de la alegría y de tener cada vez más; que el derecho de nacimiento de todos es amor, apoyo, compartir, abundancia. Toda esa negatividad se ha ido acumulando sobre nuestro núcleo esencial de bondad.

¿De dónde, entonces, surge la desvalorización? Una mirada a la educación que reciben los niños puede darnos una idea.

Imagínese un niño de dos, tres, o cuatro años jugando solo en su habitación. Un adulto, generalmente uno de los padres, anda por los alrededores. ¿Para qué? ¿Para entrar a la habitación y decirle al niño cada cinco minutos lo maravilloso que es? No. El objetivo es la "supervisión". (¿Tenían sus padres supervisión? Los nuestros sí). El adulto anda por los alrededores "por si hay problemas".

El niño está jugando y se está divirtiendo. Pasan dos horas. El niño se está "portando muy bien". La interacción con el adulto ha sido mínima.

De pronto el chico deja caer la lámpara que está sobre la mesa. Se hace pedazos contra el piso. ¿Qué sucede a con-

Más vale ser rico y saludable
que pobre y enfermo.
REFRAN POPULAR

tinuación? *Mucha* interacción con el adulto. Mucha, mucha interacción. Casi toda negativa. Gritos, protestas ("Esa era mi lámpara favorita", "¿Cuántas veces necesito decírtelo?", "¡Eres malo, malo!") y probablemente, por si acaso, un poco de castigo corporal (unas palmadas, quitarle un juguete, etc.).. Casi la única interacción durante dos horas con el mundo adulto fue: "Eres malo. Deberías sentirte culpable".

Cuando somos bebés recibimos alabanzas casi interminables, incondicionales. Gu-gu-ga-ga. Una vez que crecemos un poquito y comenzamos a explorar nuestro mundo, nuestra forma primaria de interacción con los adultos -símbolos de poder, amor, autoridad y de la vida misma -es generalmente correctiva. *No* hagas esto. *No* hagas aquello. (La gente que escribe libros sobre cómo-educar-a-los-niños llama a esa etapa "Los terribles dos años" -positivo, ¿verdad?-).

Si hacemos un dibujo, nos alaban. Si lo volvemos a dibujar, recibimos menos alabanzas. Si lo repetimos cinco veces, nos dicen que dibujemos algo nuevo.

Si le damos mermelada al gato, nos regañan. Si le damos mermelada al gato una segunda vez, el regaño es más intenso. Algunos niños aprenden a hacer cosas negativas para recibir atención, porque la atención negativa es mejor que no recibir ningún tipo de atención. Ser ignorado, para un niño, es una forma de abandono.

Una parte de nosotros comienza a sumar las veces que nos dijeron que éramos "maravillosos" y las veces que nos

La niñez muestra al hombre,
Tal cual el alba muestra el día.
JOHN MILTON

dijeron que éramos "malos". En general, malo le gana a maravilloso por un gran margen.

Y puede que comencemos a creer que somos malos. Que si no hacemos algo nuevo y admirable y tremendo, nadie va a pensar que somos buenos. Que debemos esforzarnos, trabajar duro y no desobedecer nunca si esperamos recibir una mínima apreciación de este mundo. Que necesitamos *ganar* la valorización porque somos, después de todo, esencialmente malos.

Malos, indignos de amor, no suficientemente buenos, no merecedores, sin valor.

Puede que lleguemos a creer esto sobre nosotros mismos, y de éste fértil campo nace nuestro pensamiento negativo. Claro, tenemos una buena cantidad de pensamientos positivos, pero se nos hace más fácil creer los negativos. Cuando ponemos un pensamiento positivo al lado de nuestra creencia de desvalorización, lo catalogamos como "Falso". Un pensamiento negativo nos resulta cómodo. Nuestra desvalorización proclama que es cierto, verdadero, *correcto*.

Hoy en día, pocos padres prestan atención a lo que sus hijos les dicen. El antiguo respeto por la juventud está pasando de moda rápidamente.
OSCAR WILDE

Cuando reconocemos que deberíamos controlar nuestros pensamientos,llegamos al punto más elevado posible de la cultura moral.
CARLOS DARWIN

Los Pensamientos Negativos y las Enfermedades que Ponen la Vida en Peligro

Existen tantos ejemplos de cómo los pensamientos negativos ayudan a crear enfermedades que ponen la vida en peligro, como gente que las padecen. Cada uno de nosotros tiene su lista personal de desastres, de cosas que "nos llevaron al abismo", que nos hicieron decidir que no valía la pena vivir la vida.

Para algunos basta con una o dos tragedias, cuya profundidad e intensidad les hace crear el deseo de morir. Para otros, es una dosis diaria de pequeñas tragedias, las situaciones a las cuales respondemos con "¿Para qué me voy a molestar?", "No vale la pena". La acumulación al cabo de los años nos lleva a tener el deseo de no molestarnos más por nada.

A continuación transcribo un resumen de una conversación que tuve con una persona que tiene síntomas de SIDA. Aunque este ejemplo se aplica únicamente a la persona con quien estaba trabajando, otra gente puede encontrar modelos similares en sus propias vidas y en sus propias enfermedades. Sus ejemplos específicos pueden ser diferentes, pero el modelo general puede ser similar.

El apego es el fabricante de ilusiones
por excelencia; solamente alguien desapegado
puede llegar a la realidad.
SIMONE WEIL

Le decía: ¿Qué porcentaje de probabilidades hay de dar marcha atrás? Entre ochenta y noventa por ciento. Ese diez a veinte por ciento es lo que no estás dispuesto a hacer y que necesitas hacer, debido a la depresión, o a una actitud de "Me importa un bledo". Ésa es la parte de ti que te derrotará, si se lo permites. Pero no es necesario que se lo permitas. Déjame que te explique cómo se crea psicológicamente el SIDA, porque es allí donde puedes encontrar la cura:

Tal vez en algún momento pienses en alguien y te digas: "Realmente no le caigo bien, pero me gustaría gustarle". Y haces todo lo posible para gustarle. Y lo logras. Entonces te sientes bien. Hasta aquí no hay problema. Simplemente hiciste lo necesario para caerle bien a alguien. Esto es lo que se llama "hacer la corte" a alguien -un comportamiento común y corriente-. Pero luego se te da vuelta. Y a ti todavía te gusta. En ese momento, un pedacito tuyo muere. Entonces te entregas al sentimiento de "¡Ay, Dios mío!, ¿qué voy a hacer con este amor que siento? El está saliendo con otra persona. Y no me ama". Te contraes, te achicas. Tu espalda lo siente, tu cuello. Quieres liberarte de las presiones del cuerpo y del dolor de las emociones, y si puedes anestesiarte, lo harás. Inmediatamente aparecen el alcohol y las drogas. Ambos te distraen de los síntomas del cuerpo y las emociones.

El cuerpo y las emociones, sin embargo, están tratando de darte un mensaje. Te están diciendo que estás dolorido porque estás apegado a tus deseos.

El apego es lo que te mata, no el deseo. Puedes desear algo y, cuando se termina, desapegarte dentro tuyo, y te deja de doler. Es el apego el que duele. Y si estás apegado a una persona, y ésta se va, es como si tus brazos se estiraran y estiraran, hasta que al final dices "Más vale que me los corte". Y cuando te los cortas, parece que hubieras cortado parte de la esencia de tu vida.

Entonces quieres salir y encontrar a otra persona, para rehacer tu vida. Ahora te estás entregando a la búsqueda, a la persecución.

Encuentras a alguien, y ya estás bien otra vez por el momento, y te relacionas por un día, una noche, dos o tres días, tal vez una semana, pero probablemente no más de un mes, y se acaba. En tu mente dices: "Me ayudaron a salir del anterior, así que está bien".

Pero en el inconsciente, deseaste la muerte. Ofreciste la vida a cambio de algo que está fuera de ti (una persona, una cosa o una idea). Y de allí en adelante mueres muchas veces cada día. Sientes la necesidad de vivir con alguien -no necesariamente por el sexo-, sino por vivir con alguien, por la compañía, la amistad. Y no puedes encontrar eso, o cualquier cosa que te haga pensar que vale la pena vivir, este apego a las exigencias que el deseo tiene sobre tu vida hace que el alcohol se transforme en hábito, que las drogas se hagan adicción, y que encontrar alguien con quien practicar el sexo se convierta en algo irracional.

Era un pobre y débil ser humano, como ellos, un alma humana, débil y desamparada en su sufrimiento, estremeciéndose en los afanes de la eterna lucha del alma humana contra el dolor.

LIAM O'FLAHERTY

Los apegos son muy fuertes. Pueden funcionar como obsesión o posesión. Dices: "Aun cuando no estoy haciendo nada, se me aparece esta cosa. La única forma de librarme de ella es hacerla". Y eso la reaviva, porque le estás entregando tu vida.

Entregar tu vida a eso no es una acción que te apoye. Te deja vacío y agotado. Tal vez digas: "Estoy harto de ir a los bares. Estoy harto de ir a los baños turcos. Estoy harto de tratar de 'levantar' a alguien". Esta es la parte racional de tu mente, diciéndote: "No hagas estas cosas ya. No significan nada para ti. No haces más que repetir y repetir, y no recibes nada a cambio".

Entonces, si permites que tu cuerpo se debilite a causa del alcohol o las drogas y el agotamiento, el virus tiene oportunidad de entrar en ti, porque tu mecanismo de defensa está entumecido, anestesiado.

No estoy diciendo que el pensamiento negativo sea la *causa* del SIDA, o de ninguna otra enfermedad peligrosa. El virus del SIDA causa el SIDA. Lo que sugiero, en cambio, es que el pensamiento negativo promueve condiciones en la mente, el cuerpo y las emociones que hacen posible que el virus del SIDA (o cualquier infección oportunista) se afiance en el cuerpo.

La palabra clave en "infección oportunista" es *oportu-*

nista. El pensamiento negativo ayuda a proveer la *oportunidad*. La infección se ocupa del resto. Una vez afianzado, la velocidad del progreso y crecimiento del virus dependen de cuánto lo fertilicemos, y el pensamiento negativo es un gran generador de fertilizante.

En la actualidad, probablemente el pensamiento negativo más común en lo que concierne al SIDA es el miedo. Todo integrante del llamado "grupo de alto riesgo" es un candidato a la epidemia de miedo que se ha propagado mucho más rápidamente que el virus del SIDA (Actualmente la única gente que forma parte del grupo de alto riesgo es la que practica actividades altamente riesgosas). Si se ha hecho un examen que indicó la presencia de anticuerpos del SIDA (HIV) en su sistema, es probable que sea aún más susceptible a la enfermedad del miedo.

La enfermedad de la que estamos hablando aquí es el miedo desenfrenado, irracional -no el SIDA-. La epidemia de miedo (uno de los resultados de la epidemia del pensamiento negativo) es una de las enfermedades más contagiosas que existen. A diferencia de cualquier otra enfermedad viral, el miedo se puede contagiar por teléfono, leyendo el periódico o las revistas, y aún mirando televisión.

Para aquellos que tienen miedo de contagiarse de SIDA -especialmente los que han descubierto la presencia de los anticuerpos del SIDA (HIV) en su sistema- cualquier síntoma de cualquier enfermedad viene acompañado del terror de la muerte inminente.

¿Un resfriado? "¡Dios mío, pulmonía!". ¿Una magulladura? "¡Cáncer de piel!". ¿Una pequeña lastimadura en la

Si pudiéramos leer la historia secreta de nuestros enemigos, habríamos de encontrar en la vida de cada hombre, dolor y sufrimiento suficientes para desarmar toda hostilidad.
LONGFELLOW

boca? "¡Aftas!". ¿Un poco de transpiración porque el dormitorio estaba demasiado caluroso? "¡Fiebre nocturna!". Es el paraíso de los hipocondríacos: el miedo agranda cualquier síntoma menor y lo transforma en una enfermedad mortal.

Este modelo del miedo se extiende a la mayor parte de las enfermedades que ponen la vida en peligro. Hay un "grupo de alto riesgo" para cada enfermedad, y la gente que forma parte de él a menudo se tortura a sí misma con la preocupación. Para el cáncer, son los fumadores. Treinta por ciento de todas las muertes debidas al cáncer están relacionadas con fumar. Los fumadores se preocupan tanto del cáncer que necesitan fumar otro cigarrillo.

La gente que tiene una posible predisposición genética a una enfermedad tiende a preocuparse. "Mi padre murió a los sesenta y cinco años de un ataque al corazón, mi abuelo murió a los sesenta y cinco años de un ataque al corazón, y yo estoy por cumplir sesenta años". Miedo, miedo, miedo.

Son muchos los resultados trágicos de la epidemia de miedo:

1. De un punto de vista meramente médico, el pensamiento negativo suprime el sistema inmunológico, hace subir la presión sanguínea y crea un nivel general de tensión

Es más de temer el temor a la muerte,
que la muerte en sí misma.
PUBILIO SIRO Siglo 1 AC

y fatiga en el cuerpo. En pocas palabras, las infecciones oportunistas, las fallas cardiovasculares, la degeneración de los músculos y el crecimiento fortuito de células indeseables tienen mayores posibilidades.

2. Desde el punto de vista que afirma que los pensamientos son creativos, nuestra preocupación sobre una enfermedad en particular tiende a crear esa enfermedad. Hay un viejo dicho: "Lo que evitas, invitas". Es viejo porque contiene un cierto grado de verdad. Los estudiantes de medicina y de psicología a menudo sienten los síntomas de la enfermedad que están estudiando en ese momento y, en algunos casos, son capaces de crear la enfermedad en sí misma. El pensamiento: "¡Ay, Dios mío, es cáncer!", cada vez que tose, podría ser mal interpretado como una invitación o aún una orden.

3. Si está enfermo, y piensa que puede ser SIDA o cáncer de pulmón o la enfermedad de Lyme y termina siendo una simple gripe, usted dice: "Gracias, Dios, es solamente gripe". Ese entusiasmo con respecto a la gripe puede crear más gripe.

4. Cuanto más cree la gente que va a morir "en unos pocos años, con suerte", menos energía ponen en comenzar proyectos a largo plazo -objetivos profesionales, relaciones, cambios- lo que, a su vez, tiende a hacer la vida menos completa y satisfactoria, y por lo tanto menos vivible. Al cabo del tiempo la pregunta: "¿Y yo para qué vivo?",

> *Tal vez no haya nada tan malo y*
> *peligroso en la vida como el miedo.*
>
> JAWAHARLAL NEHRU

puede no tener una respuesta satisfactoria. Y se renueva el deseo de muerte.

5. Es una forma miserable de vivir. Si lleváramos una bomba atada al pecho y nos dijeran que puede explotar en cualquier momento tal vez, con el tiempo, aprenderíamos a vivir así. (Todos vivimos, en realidad, con una situación similar, porque sabemos que vamos a morir y no sabemos cuándo). Si en cambio, nos dijeran que la bomba va a hacer tic-tac exactamente mil doscientas treinta y cuatro veces antes de explotar, cada vez que la bomba comenzara a sonar nos quedaríamos paralizados, sin hacer nada más que contar tic-tacs. Algunos días puede hacer tic-tac diez veces. Otros días puede llegar a doscientas ochenta siete. Pero mientras hace tic-tac: pánico. Y, al poco tiempo, comenzaríamos a experimentar miedo de que *tal vez* comience a hacer tic-tac. Así que aún cuando no está haciendo tic-tac, tenemos miedo. Repito: es una forma miserable de vivir.

¿Es demasiado tarde una vez que el pensamiento negativo ha dado oportunidad a la enfermedad de afianzarse en el cuerpo? ¿Es irreversible el progreso de una enfermedad que pone su vida en peligro? Yo creo que no. Sin embargo, no es que sea increíblemente optimista: creo que algunas cosas son irreversibles.

Digamos, por ejemplo, que el pensamiento negativo lo llevó a arrojarse de un edificio de treinta pisos. Una vez en el aire, pienso que tal vez sea demasiado tarde para que el

> *La muerte en sí misma es nada;*
> *pero tememos no saber qué será, no saber dónde.*
> JOHN DRYDEN

cambio en la forma de pensar afecte seriamente el resultado físico.

Pero para cualquier cosa que no tenga que ver con la ley de la gravedad, hay una oportunidad. (Es por eso que se llama ley de la gravedad; la levedad no le afecta).

El virus del SIDA (HIV) es interesante. Parece tener la habilidad de hacerse latente por períodos indeterminados de tiempo. Mientras está latente, no crea ningún problema. Simplemente duerme, inactivo. La pregunta vital es, ¿Qué hace inactivo al virus, y qué lo mantiene inactivo? Deseo creer que una lluvia suave y constante de pensamientos positivos sobre la mente actúa como un somnífero sobre el anticuerpos del SIDA (HIV).

Las enfermedades cardiovasculares están directamente relacionadas con el estado general mental-emocional-físico del cuerpo. Cuanto más a menudo el cuerpo se relaje, menos necesita trabajar el corazón, y menos presión se ejerce sobre el sistema cardiovascular. Uno de los fines principales del ejercicio, de hecho, es permitir que el corazón trabaje menos a medida que se hace más fuerte.

Cuando se eliminan las presiones causadas por el pensamiento negativo, y el cuerpo vuelve a un estado de relajación natural, el sistema cardiovascular puede cicatrizarse a sí mismo y funcionar de forma correcta.

Las enfermedades musculares degenerativas pueden ser estimuladas en su proceso de degeneración por el

¿Qué físico, qué cirugía, qué riqueza, favor, autoridad, pueden aliviar, tolerar, mitigar o eliminar una conciencia en conflicto?
Una mente callada lo cura todo.
ROBERT BURTON 1622

"pensamiento degenerativo". Generar pensamientos generativos (positivos) puede reducir la velocidad de la degeneración y, tal vez, aún regenerar los músculos.

El cáncer es, por definición, un grupo de células que crece descontroladamente. Este crecimiento puede ser rápido o lento. Puede ocupar un órgano vital en pocas semanas, o puede llevarle décadas. Es posible que las células dejen totalmente de crecer durante períodos indefinidos de tiempo. Cuando se habla de cáncer "incurable" (y más del 50 por ciento de todos los cánceres son considerados curables en la actualidad), el mundo de la medicina tradicional no sabe exactamente por qué un cáncer puede tener un desarrollo lento, por qué puede detenerse o, más misterioso aún, por qué puede disminuir de tamaño.

Esto se conoce como "remisión". Cuando sucede como consecuencia del tratamiento médico, la comprendemos. "Su cáncer ha entrado en remisión". Cuando sucede "sin un buen motivo" (el deseo revivido del paciente por vivir y los cambios que esto implica en su estilo de vida no son considerados como una "razón" aceptable), se llama "remisión espontánea". Es tan espontánea como el relámpago y el terremoto. Sucede a veces. No sabemos por qué.

Decenas de miles de pacientes de cáncer, cuyos cánceres han estado en "remisión espontánea" desde hace años, saben por qué. Cambiaron su forma de pensar, y el pensamiento cambió el curso del cáncer.

Lo mismo sucede con cualquier infección, o cualquier enfermedad que ponga en peligro la vida. Algunas de las "curas milagrosas" no fueron milagrosas para la gente que las experimentó. Descubrieron por qué deseaban la muerte, cambiaron a un deseo de vida, y se ocuparon de cambiar todo lo que, hasta el momento, había contribuido a sus dificultades físicas.

Considere el resto de este libro como una canción de cuna para el virus del SIDA o cualquier otra infección; un mapa que indica las formas de darle un descanso a su sistema cardiovascular; lecciones sobre cómo curar las heridas del corazón y, por lo tanto, curar su corazón físico; instrucciones sobre cómo generar pensamientos generativos que neutralicen la enfermedad degenerativa; una guía para crear espontaneidad en sus remisiones y un llamado de atención a la valorización y el bienestar dentro suyo.

MACBETH: ¿No sabes curar su alma,
Borrar de su memoria el dolor,
Y de su cerebro las tenaces ideas que la agobian?
¿No tienes algún antídoto
contra el veneno que hierve
en su corazón?
MÉDICO: Estos males sólo puede
curarlos el mismo enfermo.
SHAKESPEARE

SEGUNDA PARTE

LA CURACIÓN

No hay remedio para el nacimiento y la muerte,
salvo disfrutar el intervalo.
GEORGE SANTAYANA

LA CURACIÓN

Sí hay una cura para la enfermedad del pensamiento negativo, docenas de curas, en realidad. Cualquiera de las técnicas, sugerencias o ideas de esta sección puede ser la que le sirva. Cualquier persona puede ser la llave que abra para usted nuevos mundos de amor por la vida, entusiasmo y salud.

Puede que su cerradura sea de combinación y requiera cinco llaves, o diez, o veinte, y puede que necesite usar todo lo que incluimos en este libro -y cien más que vaya descubriendo por sí mismo- para abrir las puertas de su reino interno de alegría, confianza en sí mismo y felicidad. Lo que haga falta es lo que hace falta.

Lo que haga falta, vale la pena.

Vamos a comenzar por hablar de la muerte (¡ay!) y del miedo a la muerte (¡ay! ¡ay!). A continuación, serviremos el almuerzo. Será un banquete de positividad, preparado con recetas aprendidas durante los sesenta y pico de años que -sumados desde distintas disciplinas y experiencias-, llevo trabajando con gente y conmigo mismo.

No voy a pretender que todo lo que presento es nuevo. Usted ya sabe todo lo que voy a decir. Parte lo sabe intuitivamente; parte lo aprendió hace mucho. (Nuestros

El sentido común no es tan común.
VOLTAIRE

padres y maestros nos enseñaron otras cosas, además de la desvalorización).

Pero en general estas sugerencias le parecerán familiares porque no son más que sentido común. Soy un pragmático: si algo funciona, lo usamos; si no funciona, pruebo otra cosa. Lo que le hago llegar lo aprendí a través de mi proceso de prueba y error. Estas sugerencias se basan en una fundación firme y sustancial de errores.

Este grupo de ideas no tiene ningún orden en particular. Nada de "haga esto primero y aquello después". Usted es el arquitecto que construye su propia cura. Naturalmente, como hace un buen arquitecto, consultará a otros profesionales, pero el Plano Maestro es suyo.

El sendero que lo lleva a la curación es sencillo: simplemente siga lo que le indica su corazón.

Antes de "comenzar" oficialmente (sé que comenzó cuando abrió este libro), sugiero que lea toda la sección hasta el final, marcando de alguna manera las páginas que le llaman la atención. Le llamarán la atención, sin duda, por alguno de los siguientes motivos:

1. *Algunas cosas le parecerán divertidas, interesantes o entretenidas.* Hágalas. Usted merece cosas divertidas, interesantes y entretenidas. (El camino del pensamiento negativo al positivo no necesita ser arduo, ¡al contrario!).

2. *No tendrá ganas de hacer algunas cosas, pero una parte suya sabe que ha llegado la hora de hacerlas.* Abandonar

La música que llega a lo más profundo,
Y cura todo mal, es lenguaje cordial.
EMERSON

malos hábitos no suele ser divertido, pero el éxito se suma a su confianza en sí mismo, le devuelve el poder, y hace destacar su valorización. Así que, aunque no sean exactamente "divertidas", vale la pena hacerlas.

He incluido una amplia gama de técnicas. Algunas son cosas que lleva haciendo desde hace años y ya no las necesita. Hay otras que no le van a hacer falta hasta dentro de mucho tiempo. Y algunas, espero, van a ser como en el cuento de Ricitos de Oro: perfectas. Preste atención a su corazón mientras lee, y tome nota de las que le parecen perfectas para usted.

Al terminar de leer el libro, vuelva atrás y relea las páginas que marcó. ¿Todavía le llaman la atención? Si es así, póngalas en acción.

Otra forma de seleccionar lo que desea poner en práctica y lo que puede esperar es pedirle a un buen amigo -alguien que lo conoce bien, y cuya opinión respeta- que lea esta sección y elija una técnica que, según él o ella, es la mejor para usted. Si la adopta o no es asunto suyo, pero la sugerencia de un amigo que nos aprecia suele ser iluminadora. Puede usar ese procedimiento también con su psicólogo, su médico, o cualquier persona que le merezca respeto. Pero siempre recuerde: el Plano Maestro está en su corazón.

Una vez que inicie la etapa activa del proceso puede darse cuenta de que se lo está tomando con demasiada

Sanar es una cuestión de tiempo, pero a veces también es una cuestión de oportunidad.

HIPOCRATES

460-400 AC

calma o, por el contrario, que se está exigiendo demasiado. Pronto se dará cuenta. Si está haciendo muy pocas cosas, agregue algunas. Si son demasiadas, deje algunas de lado. En cualquier caso, no sienta que ha "fracasado". Es un proceso orgánico. Los sarmientos de la viña no sienten que han fracasado porque necesitan retorcerse en todas direcciones para crecer y recibir la luz del sol.

Cada tanto lea nuevamente la sección completa. Tal vez encuentre que una técnica que usó durante algunos días, semanas o meses, produjo el resultado deseado, y ahora está listo para usar una nueva. Una vez más, confíe en su corazón. Aquello para lo que está listo será obvio.

Por supuesto, esa es solamente una de las formas de utilizar esta sección. Hay muchas otras. Por ejemplo puede:

• Abrir el libro en cualquier página y seguir las sugerencias que aparecen en ella.

• Arrancar todas las páginas, ponerlas en un sombrero, y sacar una al azar (o cinco, o diez).

• Desplegar todas las páginas en una cartelera y usar dardos para hacer su selección.

• Comenzar al principio y trabajar en orden, hasta que llegue al final.

• Acercarse a un desconocido en la calle y pedirle que él o ella elija por usted. Repetir el proceso hasta que (A) todos estén de acuerdo, o (B) ya no le queden desconocidos.

Estas sugerencias dejan mucho campo para la flexibilidad y la diversión.

Lo más importante es: no *lea* únicamente este libro, *úselo*. *Practique* algunas de las técnicas. *Pruébelas*. *Averigüe* si le funcionan, si le dan resultados estimulantes. Si es así, *practique* algunas más. Si no, *échelo* a la basura... Como dijo Dorothy Parker (y no sobre uno de mis libros, gracias al cielo): **"Este no es un libro para dejar de lado con suavidad, sino para lanzarlo lejos con mucha fuerza"**.

Y ahora, con mucha fuerza (y un empujoncito suave) lo arrojo (y lo insto) hacia La Curación. (¡Y que La Fuerza lo acompañe!).

Quien añora la muerte es un infeliz,
pero más infeliz es quien la teme.
JULIUS WILHELM ZINCGREF 1628

La Muerte—Primer Curso

Este es un curso acelerado sobre la muerte. ¿Por qué la muerte? ¿No es que iba a ocuparme de *cosas positivas*? Sí, pero primero necesito explorar la motivación *detrás* de todo este asunto de la positividad.

Si la razón por la cual va a pensar más positivamente es el miedo a la muerte, haga lo que haga -no importa cuán positivo sea- será una afirmación y una validación de ese temor.

Mientras el temor siga estando presente, es probable que usted continúe su proceso de mejora. Pero en cuanto el miedo se haga menos amenazador, es posible que regrese a sus viejos hábitos. Por ejemplo, cuando se descubra una cura para su enfermedad, ya no tendrá miedo a la muerte y tal vez sienta que puede regresar a sus hábitos de pensamiento negativo.

Lo que, por supuesto, recreará el deseo de muerte, y es posible que elija un método de muerte distinto al que utilizó antes.

Si, en cambio, utiliza las técnicas que aparecen en esta sección del libro porque desea vivir una vida más intensa, más feliz, con más alegría y amor, y más productiva, entonces tiene una base firme sobre la cual construir. Si hace uso de estos métodos en un intento frenético de esquivar el gran peligro de la muerte, está derrotado antes de comenzar.

¡Si pudiera caer muerto en este mismo instante,
sería el hombre más feliz de esta vida!
SAMUEL GOLDWYN

No es que sea necesario que quede impávido ante la idea de su propia mortalidad para que alguna de nuestras sugerencias le dé resultado. No es así. El miedo puede ser un gran motivador para comenzar algo. Pero si deseamos obtener resultados a largo plazo, es necesario remplazarlo gradualmente por el deseo de un resultado positivo. También resulta más agradable -es mucho menos disfrutable correr lejos de algo que se teme que correr hacia algo que se desea-.

Correr lejos del miedo no hace más que fortalecerlo -uno está demostrando el enorme poder que éste tiene. Al miedo hay que enfrentarlo y pasar a través de él. La forma de conquistar el miedo está muy bien explicada en el título del libro: *Sienta Miedo y Hágalo de Todas Formas* (Ni yo ni mis amigos lo hemos leído, así que no podemos recomendarlo, pero nos encanta el título). Solamente así podemos conocer la verdad sobre el miedo -que es simplemente una ilusión, no una realidad-.

Antes de continuar con nuestro corto curso sobre la muerte, pasemos al salón de clase siguiente a oír algunos puntos sobre el miedo.

Al aceptar nuestra propia muerte quedamos, de pronto, libres para vivir. No nos importa más nuestra reputación. No nos importa, excepto en la medida en que nuestra vida se puede usar tácticamente, para promover una causa en la cual creemos.
SAUL ALINSKY

El miedo es la fuente principal de la superstición, y
una de las fuentes principales de la crueldad.
Conquistar el miedo es el principio de la sabiduría.
BERTRAND RUSSELL

EL MIEDO - PRIMER CURSO

Hay cosas a las cuales está bien tenerles miedo: ingerir veneno, arrojarse de un rascacielos, tener sexo con un gorila, situaciones en las cuales nuestro cuerpo físico corre el riesgo de ser aniquilado, desmembrado, mutilado o extinguido.

Todos los otros miedos, los que enfrentamos más a menudo día a día, son ilusorios. No deberíamos otorgarles más credibilidad o autoridad sobre nuestras acciones que la que damos a los comerciales de televisión, las promesas de los políticos en campaña electoral o la gente que trata de vendernos flores en el aeropuerto.

La mayor parte de la gente se acerca a las situaciones de miedo como si el miedo fuera una pared. Supongamos que se trata de acercarnos a alguien que no conocemos y saludarlo, decirle "Hola".

Mientras pensamos en acercarnos al desconocido, se comienza a formar una pared. A medida que consideramos lo que el desconocido puede llegar a contestarnos, la pared se hace más densa. (La respuesta que nos imaginamos de la otra persona casi siempre es negativa: "¿Qué

Aunque ande en valle de sombras de muerte, no temeré mal alguno, porque tú estarás conmigo; tu vara y tu cayado me infundirán aliento.
SALMO 23

quiere? ¡Déjeme tranquilo!". Pocas veces nos imaginamos que la otra persona puede levantar la mirada, quedar flechado y comenzar a cantar una canción de amor). Si hacemos un movimiento físico en la dirección general del desconocido, la pared se hace casi sólida. Parece una barrera impenetrable. Nos damos vuelta, tarareando el estribillo de una canción conocida para disimular.

Pero el muro del miedo *no es real.*

Es una ilusión que hemos aprendido a tratar como si fuera real. Esto nos ayudó mientras éramos niños. Tal vez nuestros padres nos enseñaron a tenerle miedo a todo lo nuevo. Éramos demasiado pequeños para saber diferenciar entre lo legítimamente peligroso y lo meramente excitante.

Pero cuando llegamos a una edad suficiente como para saber la diferencia, nadie se molestó en volver a entrenarnos para que aprendiéramos a arriesgar, explorar nuevos territorios y tratar a los temores como las ilusiones que realmente son. El miedo debe ser puesto fuera de servicio junto con todos los otros mitos de la cálida niñez: Santa Claus, el Conejo de Pascua y el ratón que se lleva los dientes. (El ratón fue el más difícil de abandonar).

Si el miedo no es una pared, ¿qué es? Es una sensación, simplemente. No le impedirá (no puede hacerlo) un movimiento físico hacia algo, a no ser que usted se lo permita. Puede que se revele y se alborote, y que haga que su estómago se sienta como el lugar del zoológico donde guardan las mariposas, pero no puede detenerlo. Es usted quien se detiene.

El miedo de conocer a alguien, por ejemplo, es un miedo particularmente tonto. Suponiendo que no esté en un lugar donde alguien puede darle un buen golpe (no recomiendo los bares de los barrios bajos), lo peor que le puede suceder es que lo rechacen. Y usted se queda con el rechazo. Pero si no prueba, por otro lado, usted se ha rechazado a sí mismo, y se queda exactamente igual que si hubiera probado, es decir, con nada.

En cambio, si prueba, puede que logre lo que quería.

Aún cuando le rechacen, aprenderá más de la experiencia que si no hubiera probado. Puede aprender, por ejemplo, que ciertas formas de acercarse a cierta gente en ciertas situaciones funcionan mejor que otras. Podemos aprender tanto (a veces más) de lo que no funciona que de lo que sí funciona. Si no exploramos todas las formas que realmente funcionan y no funcionan, nos quedamos limitados a nuestra imaginación, y a lo que parece funcionar en las películas.

Por citar algo que vi escrito en una camiseta (tengo una amplia gama de recursos literarios): "Todo lo que vale la pena tener, vale la pena pedir. Algunos dicen sí, otros dicen no".

He aquí lo que es necesario hacer para sobreponerse al miedo. Darse cuenta de que el miedo existe, y *hacerlo, de*

No tengo miedo de morir. Es que no quiero estar presente cuando suceda. Es imposible experimentar la propia muerte objetivamente y seguir tarareando.
WOODY ALLEN

La vida no cesa de ser cómica cuando la gente muere,
como no cesa de ser seria cuando la gente ríe.
GEORGE BERNARD SHAW

todas formas. Muévase -físicamente- en la dirección de lo que quiere. Esté preparado para que el miedo empeore. Son pocas las veces en que actuará diferente. Pero cuando haya hecho varias veces aquello que su miedo trata de impedirle, el miedo disminuirá. Eventualmente, desaparecerá.

Como dijo Virgil Thomson una vez: **"Pruebe algo que no haya probado antes, y hágalo por lo menos tres veces: una para sobreponerse al miedo, otra para averiguar cómo hacerlo, y una tercera para saber si le gusta o no".** Y Virgil, en el momento en que escribió esto, tenía noventa y dos años.

El miedo es algo que necesita ser *atravesado*, no algo de lo que necesitamos *alejarnos*. De hecho, si se fija bien, descubrirá que la única diferencia entre el miedo (una emoción supuestamente negativa) y la excitación (una emoción que tiene reputación de positiva) es el nombre que le ponemos. La sensación es exactamente la misma. Simplemente le agregamos un "¡Uy, no!" al miedo, y un "¡Ay, sí!" a la excitación. Eso es todo.

Así que, manteniendo esto presente, volvamos a la muerte.

("¡Ay, sí!" "¡Uy, no!").

La gente que vive plenamente no teme a la muerte.
ANAIS NIN

Adquirimos fortaleza, valor y confianza con cada experiencia en la cual nos detenemos realmente a enfrentar el miedo. Uno puede decirse: "Viví a través de este horror. Puedo enfrentar lo que viene a continuación". Debemos hacer lo que pensamos que no podemos hacer.

ELEANOR ROOSEVELT

Cierta es la muerte para el que nace.
Y cierto es el nacimiento para el que muere; por eso,
sobre lo inevitable no habrás de penar.
BHAGAVAD GITA 2:27

La Muerte - Segundo Curso

C uando lo piensa en serio, el miedo a la muerte es uno de los miedos más inútiles que existen. La muerte es una de las pocas cosas en la vida que, más tarde o más temprano, todos vamos a experimentar.

Si le vamos a tener miedo a la muerte, deberíamos también tenerle miedo a la respiración, o a la gravedad, o a las repeticiones de *"Dinastía"* en la televisión y a todas las otras cosas inevitables de la vida.

Mi punto de vista es sencillo: si no logra aceptar la inevitabilidad de la muerte, se le hará difícil disfrutar de este intervalo que llamamos vida. (Este "**extraño interludio**", como lo llamaba Eugene O'Neill). En otras palabras, si no logra conquistar el miedo a la muerte, nunca podrá realmente apreciar la vida. Si no acepta morir realmente, no podrá nunca vivir del todo.

Un amigo me contó la historia de un hombre que fue capturado durante una guerra y sentenciado a muerte. Lo pusieron en una celda desde cuya ventana veía el lugar donde se llevaban a cabo las ejecuciones. Día tras día, hora tras

¡Funerales, impuestos y partos! Nunca hay un momento oportuno para ellos.
SCARLETT O'HARA (*Lo que el Viento se Llevó*)

La muerte nos es irrelevante ya que cuando existimos,
la muerte no ha llegado,
y al llegar la muerte, no existimos.
EPICUREO 341-270 AC

hora, veía a sus camaradas cuando eran conducidos frente al escuadrón de la muerte. No tenía idea de cuándo sería su turno. Así pasaron seis semanas. La guerra terminó, y fue dejado en libertad. A pesar de que es una de las personas más ocupadas que conozco, también es una de las más calmadas. Sabe que, pase lo que pase, lo peor que le puede pasar es morir, y ese es un miedo que ya enfrentó y aceptó.

Así que, teniendo en cuenta la sección sobre el miedo, ¿qué sugiero? ¿Morir, para perderle el miedo a la muerte? Si la muerte no fuera tan semi-permanente, no sería mala idea. (¿Alguna vez se dio cuenta de lo calmados pero contentos que están los gatos, con eso de que tienen siete vidas?)

No. Lo que sugiero es que revise bien su miedo a la muerte. Permítase experimentar el miedo. Averigüe de qué se trata. Explore todas las creencias que los seres humanos tienen sobre lo que pasa después de la muerte. ¿Son realmente tan terribles?

Revisemos algunas de las creencias más populares:

La muerte es el Punto Final, no hay nada más, ¡Finito!

Tan pronto como la sangre deja de fluir al cerebro, no hay más experiencias y nuestro tiempo aquí en la Tierra, el cual es totalmente biológico y nada más, se acaba.

Bueno, en ese caso, no tenemos de qué preocuparnos. Todo lo que experimentamos son reacciones bio-eléctricas y químicas, y cuando se terminan, se terminan.

¿Dónde está, oh muerte, tu aguijón?
¿Dónde, oh sepulcro, tu victoria?
1 CORINTIOS 15:55

Nuestro miedo a la muerte no es más significativo que el resplandor de una lámpara preocupándose de lo que pasará cuando se interrumpa la corriente. Cuando la luz se apaga, se apaga. Punto. Fin. Nada.

Es el Cielo o el Infierno (o tal vez el Purgatorio)

Cuando morimos Dios nos juzga y nos ubica en uno de tres lugares: el cielo (que es bueno), el infierno (que es malo) o (por lo menos así lo cree la gente) el purgatorio (ciertamente no tan bueno como el cielo, pero no tan malo como el infierno). Usted se va al infierno si ha acumulado uno o más pecados imperdonables. Y eso es todo, el fin, para toda la eternidad. Amén.

Bueno, si eso es lo que usted cree, la situación es bastante tétrica. Uno comienza a entender por qué George Bernard Shaw decía que si el cielo está poblado únicamente por gente suficientemente buena como para merecerlo, debe ser un lugar aburridísimo para gente como nosotros, y que por lo tanto es probable que lo pasemos mejor en el infierno al fin y al cabo.

Continuamos Regresando hasta que Aprendemos lo que Necesitamos Aprender

El Alma (quien somos, realmente) nunca muere; solamente el cuerpo físico muere. Si el Alma no ha aprendido todo lo que necesita aprender en un cuerpo, obtiene otro (al nacer) y continúa su educación. ¿Qué necesita aprender? Sobre los muchos niveles, aspectos

Nada más hermoso puede suceder que la muerte.
WALT WHITMAN

y variaciones de la creación de Dios. Esto es lo que se llama generalmente "reencarnación" y es la creencia más común sobre la vida y la muerte en el mundo, aunque no es tan popular en nuestro hemisferio. Si eso es lo que usted cree, la revista *Time* se reirá de usted, y muchos líderes religiosos lo considerarán perdido.

Bueno, si así es la cosa, no tenemos realmente nada de qué preocuparnos. La muerte es como pasar a otra habitación de una casa, o quitarse un traje y ponerse una bata (de seda, con nuestro emblema personal que dice "¿Cómo? ¿Preocuparme yo?" bordado en el bolsillo). La muerte se transforma en un descanso, una habitación para cambiarse de ropa, una vacación de verano entre dos cursos en la escuela.

Algunos dicen que la muerte es una experiencia tan maravillosa que más vale que no nos enteremos, o nos mataríamos todos para experimentarla. Por supuesto, si realmente pudiéramos percibir los disfrutes que nos esperan en "El Otro Lado", también sabríamos para qué vinimos aquí, así que no nos mataríamos después de todo. Estamos aquí por una razón. Todos tenemos un propósito.

Ya nos enteraremos de los detalles cuando nos llegue el momento. Mientras tanto, el miedo a la muerte puede servir para que nos quedemos aquí mientras nos ocupamos de hacer lo que tenemos que hacer. Es tanto el tema como la poesía lo que hacen que el monólogo de Hamlet sean las líneas más famosas de cualquier obra de teatro de la historia de la humanidad. Da forma a los pensamientos y temores que la mayoría de nosotros tenemos con respecto a la muerte.

¡Ser o no ser: he aquí el problema!

¿Qué es más elevado para el espíritu:

sufrir los golpes y dardos de la insultante fortuna, o

tomar las armas contra el piélago de calamidades y,

haciéndoles frente, acabar con ellas?

¡Morir... dormir: no más! ¡Y pensar que con un sueño

damos fin al pesar del corazón y a los mil naturales

conflictos que constituyen la herencia de la carne!

¡He aquí un término devotamente apetecible!

¡Morir... dormir! ¡Dormir...!

¡Tal vez soñar!

¡Si, ahí está el obstáculo!

¡Porque es forzoso que nos detenga el considerar

qué sueños pueden sobrevenir en aquel sueño de la

muerte, cuando nos hayamos librado del

torbellino de la vida!

SHAKESPEARE

O la muerte es un estado de la nada y de total incon-
sciencia, o, como dicen los hombres, hay un cambio
y migración del alma, de este mundo a otro. Ahora
bien, si la muerte es de naturaleza
tal, yo digo que morir es ganar; porque la eternidad
es, entonces, una sola noche.
PLATON

Y aquí yo, como escritor responsable, he llegado al borde del abismo. No puedo describir la muerte como una experiencia demasiado excitante, o parecería que estoy promoviendo el suicidio. No es así. Un pequeño miedo a la muerte, por lo tanto, parecería ser un miedo saludable. Es el terror mórbido, casi inconsciente, automático, que la mayor parte de la gente siente en cuanto se menciona el tema, que considero poco productivo.

Tómese el tiempo necesario para conquistar su miedo a la muerte. Tal vez viva hasta los cien años, y el tiempo que pase entre ahora y entonces, será más feliz, más saludable y más excitante. Y cuando le llegue el momento de morir, bueno, buen viaje.

¡Debo despedirme de todo eso! Adiós, queridas pintu-
ras que he amado tanto y que me han costado tanto.
JULES CARDINAL MAZARIN, 1661

CÓMO MORIR

La parte final del curso rápido sobre la muerte es una lista de diez sugerencias sobre cómo morir. Archívelas hasta que le hagan falta.

LAS DIEZ SUGERENCIAS

1. *Ponga sus cosas en orden.* ¿Hay cosas que no quiere que nadie vea? Destrúyalas. ¿Cosas que quiere dar a ciertas personas? Repártalas. (**"Que la época de dar sea suya y no de sus herederos"**, Kalil Gibran, *El Profeta*). Pague sus deudas. Tome notas de lo que ha hecho. Facilite las cosas para la persona que tendrá que ocuparse de ellas.

2. *Haga un testamento.* Decida quién recibirá las cosas que no repartió. Escríbalo. Legalícelo. Elija alguien que ejecute sus deseos. ¿Quiere que lo entierren o que quemen su cuerpo? Decida qué tipo de funeral quiere, si es que quiere alguno. Bette Davis dijo: **"No quiero que hagan donaciones en mi nombre a obras de caridad. ¡Quiero cantidades y cantidades de flores!"**. Si eso es lo que quiere, dígalo y por escrito.

3. *Diga adiós.* No hace falta decir adiós en su lecho de muerte. Puede despedirse de la gente y luego volver a verlos a diario durante los siguientes cincuenta años. Dígales

Si no vas al funeral de otros hombres, ellos no irán al tuyo.
CLARENCE DAY

lo que quiere que sepan como si nunca los fuera a volver a ver. Deles la oportunidad de hacer lo mismo. Generalmente es simplemente "Te quiero".

4. *No pase tiempo con gente con quien no desea estar.* Cuando la gente se entera de que alguien está cerca de la muerte, todos quieren hacer su peregrinación. A algunas de estas personas no las ha visto desde hace años, y si llegara a vivir cien años probablemente no las volvería a ver. Dígales adiós por teléfono. Explíqueles que no está preparado para que lo visiten. Usted no le debe nada a nadie.

5. *Pase tiempo solo.* Reflexione sobre su vida. Haga las paces. Acéptela. Perdónese a sí mismo por todo. Aprenda lo que pueda de lo que ha sucedido, y deje ir el resto. Lamente la pérdida de su vida. Llegue a la comprensión y a la aceptación. Puede que se sorprenda de lo rápido que llegará.

6. *Disfrute.* Haga una lista de todas las películas que quiere ver. Alquílelas. Véalas. Lea los libros que nunca leyó. Escuche su música favorita.

7. *Descanse.* Duerma. No haga nada. Quédese en la cama. Recuéstese.

8. *Rece.* Escuche. La gente está más cerca de Dios cuando nace y cuando muere. Si se Lo pasó por alto la primera vez, no Lo deje escapar la segunda. Cualquiera sean las creencias que lo inspiren o espirituales que aprecia especialmente, protéjalas en su corazón. Usted también está protegido.

Saúl y Juan fueron encantadores y agradables en sus vidas, y en su muerte no se separaron: fueron más veloces que las águilas, fueron másfuertes que los leones.
SAMUELII 1:23

9. *Disfrute cada momento.* Aprecie todo. Esté presente en el aquí y el ahora. Es acá donde se encuentra la eternidad. Puede que le queden pocos momentos aquí y ahora, pero son unos pocos más de los que tiene la mayoría de la gente.

10. *Cuando llegue el momento de irse, váyase.* Déjese ir. Diga adiós por última vez, y hágalo honestamente. Diga adiós de una manera tan completa que nunca más tenga el deseo de regresar, o de mirar atrás. Llévese todo lo bueno con usted. El resto no es más que decir adiós y seguir adelante.

¿Le parece que la mayoría de estas sugerencias se aplican más a la vida que a la muerte? Así es. La mejor manera de morir es vivir cada momento en toda su intensidad. Entonces, cuando llega el momento de la muerte -ya sea la semana próxima o dentro de cincuenta años- es simplemente un evento más en una vida rica en eventos.

No hay tema sobre el cual nuestras ideas sean tan
distorsionadas y lamentables como el de la muerte.
Dejad a los niños caminar con la naturaleza,
dejadles ver las hermosas combinaciones y
comuniones de la muerte y la vida, su gozosa
e inseparable unidad, como se enseña en los bosques y
las praderas, llanuras y montañas y arroyos de
nuestra estrella bendita, y aprenderán que en verdad
la muerte no duele y es tan hermosa como la vida, y
que la tumba no tiene victoria, porque nunca pelea.
Todo es armonía divina.
JOHN MUIR

La plegaria es sin duda buena,
pero al mismo tiempo que llama a los dioses,
el hombre debería echarse una mano.
HIPOCRATES

SEGUNDA PARTE:
LA CURACIÓN

UNO:
HAZ-ENTÚE LO POSITIVO

Sí, ya sé que acentúe no se escribe "haz-entúe". Pero quiero poner énfasis sobre la necesidad de hacer. Algunos dicen: "Hacer es ser". Otros dicen: "Ser es hacer". Yo creo que es una combinación de "hacer, ser, hacer, ser". El énfasis es sobre la *acción*.

Y usted puede hacer.

*No soy un pesimista; percibir el mal donde existe es,
en mi opinión, una forma de optimismo.*
ROBERTO ROSSELLINI

El Caso Contra
"El Pensamiento Positivo"
—Primera Parte

Como seguramente habrá notado en lo que ha leído hasta ahora, estoy obviamente en contra del pensamiento negativo. Así que, si estoy en contra del pensamiento negativo, debería por lo tanto, *ipso facto*, estar a favor del pensamiento positivo.

No.

¡¿No?!

No.

El pensamiento positivo, como lo enseña y practica mucha gente, no es tan peligroso como el pensamiento negativo, pero tiene sus inconvenientes.

Los pensamientos tienen un poder enorme, mucho más grande de lo que la mayoría de la gente reconoce. No son, sin embargo, *omnipotentes*. Existen más factores en la realidad, además de los pensamientos.

Por ejemplo, trate de dar vuelta la página de este libro sin ninguna acción física. No lo toque ni lo mueva; simplemente tenga el libro quieto y trate de dar vuelta a la página con sus pensamientos. O trate de pensar un vaso de agua en sus labios, o levante el teléfono y marque un número con el pensamiento. ¿Ve lo que estoy diciendo? Nuestro cuerpo físico también tiene mucho poder.

Cuando algunas personas se dan cuenta del poder que tienen los pensamientos, comienzan a adorar la mente de la misma manera que otros adoran a Dios. Niegan la verdad de lo que está pasando realmente, y la reemplazan con una imagen mental que les resulta más grata. Esto crea una separación entre el pensador positivo y su realidad. Esta separación puede causar desorientación, confusión y, eventualmente, enfermedad.

Por ejemplo, suponga que tiene una herida pequeña en la frente. Un pensador positivo podría decirle: "Tu frente está bien. Esa herida no es más que una ilusión. *Piensa* que tu frente está curada. *Imagina* que tu frente está en perfectas condiciones".

Yo probablemente diría: "¡Oh, se cortó la frente! Vamos a limpiar la sangre, pongámosle un antiséptico y vendemos la herida". Mientras físicamente me ocupo de lo que es necesario hacer, tal vez le sugeriría que mantuviera una imagen positiva en su mente para que la cicatrización sucediera más rápidamente. Pero lo más probable es que preguntara: "¿Qué pasó?", porque hablar sobre el incidente tiene una cierta cualidad terapéutica. Y además, tendría curiosidad de saber.

Si no estoy a favor del pensamiento positivo, ¿a favor de qué estoy? Si estoy en contra del pensamiento negativo, debo estar a favor de *algo positivo*. Así es.

Lo que recomiendo es *enfocarse hacia lo positivo*.

¡Oh! ¿Quién pudiera sostener un fuego en su mano pensando en el escarchado Cáucaso?

¿O empalagar el filo hambriento del apetito con la mera imaginación de un banquete?

¿O revolcarse desnudo en la nieve de diciembre pensando en el fantástico calor del verano?

¡Oh, no! La captura de lo bueno otorga el mejor sentimiento a lo peor.

SHAKESPEARE

¿Por qué suponen que nadie me ha enviado aún la limosina perfecta? ¡Ah no! Siempre me toca la suerte de recibir una rosa perfecta.
DOROTHY PARKER

ENFOCARSE HACIA LO POSITIVO

En un momento dado, existen amplias pruebas de que la vida es un lecho de espinas o un lecho de rosas. Cómo nos sentimos con respecto a la vida depende de dónde ponemos nuestra atención, sobre qué nos enfocamos.

¿Alguna vez se dio cuenta de que cada vez que le dan una rosa, la flor está rodeada de espinas? (Si le quita las espinas, la flor se marchita más rápido. Los floristas lo saben y, por lo tanto, dejan las espinas). Acaso pregunta: "¿Por qué me estás dando este palo lleno de espinas?" Por supuesto que no. Usted admira la belleza de la rosa. Aun si, en el medio del entusiasmo, se pincha con la espina, no parece dolerle: está demasiado dedicado a apreciar la rosa y a la persona que se la dio.

Ahora mismo, en este momento, sin moverse de donde está, usted puede encontrar amplias pruebas de que su vida es una carga miserable, triste, terrible, o puede encontrar pruebas de que su vida es una aventura abundante, llena de alegría y estimulante.

Comencemos con lo negativo. Observe las imperfecciones a su alrededor. No importa lo bueno que sea todo, podría ser mejor, ¿no es cierto? Observe la suciedad, el

Pero seré el novio de mi
muerte, y correré hacia ella
como hacia el lecho de
mi amada.
La caricia de la muerte
es como el mordisco
de la amada,
Que duele, y es deseado.
SHAKESPEARE

desorden y el polvo. Fíjese en todo lo que necesita limpiarse, repararse, cambiarse. Esa cantidad enorme de cosas, caos, catástrofe que ataca sus sentidos. ¡De-sa-gra-da-ble!

Ahora abandone la conciencia de queja y mire la situación con una actitud de gratitud y apreciación.

Observe el mismo lugar que acaba de revisar, y encuentre todo lo bueno. Puede comenzar con el objeto sobre el cual está sentado o recostado. Probablemente sea más suave que un piso de concreto. Observe todos los otros objetos que utiliza a diario sin prestarles atención: vasos, mesas, ventanas, las paredes y el techo que lo protegen de los elementos. Considere las maravillas de la luz eléctrica. Hace cien años hubiera necesitado ser muy rico, o tener mucha suerte para disfrutar de la luz eléctrica. Y posiblemente usted tenga más de una de las muchas maravillas electrónicas de nuestra época (una televisión, una radio).

¿Qué le gusta especialmente de las cosas que lo rodean? ¿Esa pintura que no ha mirado realmente hace años? ¿Los detalles de la prenda de ropa que tiene puesta?

Uno debiera solidarizarse con el gozo,
la belleza, el color de la vida; cuanto menos se
diga de las llagas de la vida, mejor.
OSCAR WILDE

¿Una flor? ¿Un florero? ¿El papel de la pared? ¿La alfombra? ¿Cuándo fue la última vez que dedicó un momento a apreciar los colores?

¿Se dio cuenta de que tiende a sentirse mejor cuando se enfoca en las cosas positivas a su alrededor? El proceso de enfocarse sobre lo positivo para producir más sentimientos positivos funciona de la misma manera con las cosas más íntimas, por ejemplo, su cuerpo.

Si pone atención a todo lo que hay de malo en su cuerpo, ¡ay!, va a encontrar mucho. Aquí le duele, allí tiene algo feo, más acá tiene la piel seca, más allá se ve gordo... la lista continúa y continúa (y a medida que envejecemos continúa y continúa y continúa).

Pero observe lo que está bien en su cuerpo. Si le duele el pie izquierdo, puede estar agradecido de que no le duele el derecho. ¿Y qué tal todos los procesos que da por sentados? Digestión, circulación, respiración, asimilación, pensamiento. Sí, pensamos pensamientos sin necesidad de pensar que los pensamos. Y no nos olvidemos de los sentidos. Hay gente que los tiene tan olvidados que no logra acordarse de los nombres de los cinco sin pensar: "A ver, ¿cuál era el quinto?".

Es como si tuviéramos dos abogados en la mente, uno juntando pruebas para apoyar la declaración: "La Vida es Terrible", y el otro juntando pruebas para apoyar la declaración: "La Vida es Maravillosa". Usted es el juez, y puede

Trate de pensar en el amor, o algo así.
CHRISTOPHER FRY

eliminar cualquier evidencia que quiera. Su decisión es definitiva. ¿Qué decisión judicial piensa que le conducirá a más alegría, felicidad, paz y tranquilidad?

Enfocarse en lo positivo no significa negar las señales de advertencia de algo de naturaleza "negativa" que, si son ignoradas, eventualmente lo llevarán a la inconveniencia, en el mejor de los casos, y al desastre en el peor de los casos. (Si usa las señales "negativas" para evitar el desastre, dejan de ser tan negativas después de todo. Algunos las llaman ángeles guardianes).

Digamos que está conduciendo su automóvil y se prende una luz roja que le informa que se le está por acabar la gasolina. No sugiero que ignore esa pequeña información "negativa" y se enfoque sobre lo maravilloso que es que no se estén prendiendo otras luces de advertencia. En cambio, le sugiero que pare y ponga gasolina.

Es aquí donde puede aparecer el *pensar* negativo. La *realidad* negativa es que tiene poca gasolina. El *pensamiento* negativo comienza a decir: "A ver si me quedo sin gasolina antes de que aparezca la próxima salida de la autopista. ¿Qué haré entonces? Estoy en el medio de la nada. ¿Qué haré si aparecen ladrones y me asaltan? Si logro llegar a una estación de gasolina, ¿aceptarán mi tarjeta de crédito? Seguro que aquí la gasolina la cobran más cara. Seguro que tengo que ponérmela yo, y que me quedarán las manos oliendo a gasolina. Yo sabía que tenía que poner gasolina en ese pueblo que pasé. ¿Por qué seré tan flojo y tan estúpido?", etc., etc., etc.

Nos asombra contemplar la posibilidad
de que pueda haber vida en otros
lados del universo, pero nos negamos a
contemplar la posibilidad de la vida en la tierra.
NORMAN COUSINS

Durante este discurso (que, para los pensadores negativos más eficientes no dura más de cinco segundos), el conductor, en medio de su ansiedad, suele aumentar la velocidad, lo que por supuesto le hace desperdiciar gasolina.

Lo que le sugiero es lo siguiente: tome nota de la información negativa, decida lo que va a hacer al respecto (cualquiera que sea la acción correctiva que parezca lógica) y, mientras la lleva a cabo, regrese a su enfoque sobre lo positivo (en este caso, la música de la radio, el paisaje, los pasajeros) mientras trabaja para "eliminar" lo negativo.

Con respecto a las condiciones médicas, es una buena idea llevar cuenta de los síntomas, pero no hace falta estar inmerso en ellos. El pensador positivo puede negar los síntomas tempranos de una enfermedad, haciendo que la cura sea más difícil. El pensador negativo puede llegar a pensar que una picadura de mosquito es un cáncer de piel.

Los que se enfocan en lo positivo eligen el centro del camino. Toman nota correcta de los síntomas para poder reportárselos a su médico. Hacen una cita. Más allá, no hace falta seguir pensando en los síntomas, así que prestan atención a cosas más positivas.

Teniendo en cuenta la idea de que hay suficiente evidencia en todo momento para probar que la vida es maravillosa o que la vida es terrible, observemos cómo funciona este principio en nuestro interior: en nuestro proceso mental, nuestros recuerdos del pasado y nuestra anticipación del futuro.

Aquí también podemos quedarnos atrapados en lo negativo: "¡Qué estúpido fui anoche!", "Pablito no quería jugar conmigo cuando teníamos seis años", "La semana próxima tengo que ir al dentista, y odio ir al dentista".

O podemos pensar positivamente: "Este año voy a ganar un Oscar", cuando hemos participado en una película. "La semana próxima voy a dar una caminata por las montañas, y voy a pasar la noche al aire libre", cuando acabamos de pasar por una operación quirúrgica importante. "Tengo tantos buenos amigos", cuando hace una semana que el teléfono no suena.

O podemos probar de enfocarnos en los buenos recuerdos de cosas que realmente sucedieron, o en planes realistas para el futuro que nos dan placer: "La película que vi anoche en televisión fue muy buena". "Mañana viene Helena a visitarme; voy a disfrutar de verla". "El libro que pedí por correo debe estar por llegar en cualquier momento".

Sí, es un buen objetivo ese de "vivir en el momento", pero ¿quién logra hacerlo todo el tiempo? Si está viviendo de recuerdos del pasado o proyecciones a futuro, lo menos que puede hacer es tener recuerdos *felices* y proyecciones *alegres*.

Más adelante ofreceré algunas técnicas con las cuales puede dejar que su mente se bañe en una positividad total. Puede ser de enorme valor. De lo que estoy hablando aquí es del pensamiento diario. Desde mi punto de vista, los pensadores negativos necesitan recuperar sus mentes de la cloaca, y los pensadores positivos necesitan recu-

¡Qué vida tan maravillosa he tenido! Solamente desearía haberme dado cuenta antes.

COLETTE

perar sus mentes de las nubes. Pueden encontrarse en el punto medio de la sabiduría.

¿Quedó clara la distinción entre *pensar positivamente* y *enfocarse en lo positivo*? Es una diferencia sutil pero muy importante. Los pensadores positivos imaginan cualquier cosa maravillosa, sin que les importe la falta de relación con la vida real. El que se enfoca sobre lo positivo usa como punto de partida lo que está sucediendo, la realidad, y parte de allí en una dirección llena de alegría.

Si usted pasa su tiempo en un futuro positivo, ¿cuándo podrá apreciar el presente? El presente es el futuro que soñó hace mucho tiempo. Disfrútelo.

El optimismo, dijo Cándido, es la manía de afirmar
que todo está bien cuando las cosas andan mal.
VOLTAIRE

El Caso Contra "El Pensamiento Positivo" —Segunda Parte

Hay una historia que cuenta que un anciano Maestro vio un día un perro muerto, cuyo cuerpo se descomponía al costado de un camino. Sus discípulos trataron de ocultarle esa visión desagradable, pero el Maestro se paró delante y observó en voz alta: "¡Qué dientes tan blancos!". En medio del mal olor y la descomposición, encontró algo hermoso para observar.

El Maestro no dijo, como podrían sugerir algunos pensadores positivos, que el perro estaba "dormido". Tampoco agarró un palo y lo lanzó lejos, diciendo: "Anda, perrito, busca el palo". El Maestro observó primero la *realidad*, y luego encontró algo positivo en ella.

Los pensadores positivos algunas veces usan el pensamiento positivo como una forma de justificar su falta de habilidad para aceptar el momento. Tienen una larga lista de "debería", y si la realidad no se acomoda a su estado imaginario de perfección (y eso no sucede prácticamente nunca), se retraen en sus pensamientos positivos afirmando que, gracias a sus pensamientos, las condiciones futuras del mundo serán mejores para todos.

Puede que un optimista vea una luz
donde no la haya, pero ¿por qué debe
el pesimista siempre correr a apagarla?
MICHEL DE SAINT-PIERRE

En otras palabras, algunas personas utilizan el pensamiento positivo como una forma superior de negación.

Uno de los principales problemas del pensamiento positivo y la enfermedad, especialmente las enfermedades que ponen la vida en peligro, es: "¿Qué se hace con una enfermedad?". Si le dicen que piense positivamente sobre su cuerpo recuperándose, y luego se siente más enfermo, tal vez no le quede más remedio que agregar sentimientos de culpa a la enfermedad. "Si yo pudiera ser más positivo, ahora estaría mejor. ¿Dónde fallé? ¿Dónde me fallaron?". Si sufre las subidas y bajadas propias de este tipo de enfermedad, encuentre algo por lo que estar agradecido cada día, cada hora, cada minuto. Cada vez que encuentre algo, aparecerá una sonrisa en su corazón. Adueñese de su vida y de sus curas.

Pensar positivamente sólo abre una brecha entre donde usted está físicamente y donde piensa que "debería" estar. No existen los "debería" para las enfermedades peligrosas. Será más feliz, y probablemente se curará más rápido, si deja de prestar atención a los "debería". (Más sobre este tema, más adelante).

Ahora quiero explorar un aspecto de la posición de los pensadores positivos del cual estoy fundamentalmente en contra: cómo responder a la pérdida. Los pensadores positivos podrían decir: "No existe la pérdida, es solamente una oportunidad para tener nuevas experiencias. ¡Alégrate!". Yo digo: perder duele. También da furia. Es lo natural. Es lo humano. Negar el dolor y la ira con una actitud trivial puede hacer más mal que bien.

Ya no se oye el susurro de su falda de seda.

Sobre el pavimento de mármol no hay más que polvo.

Su habitación vacía está fría y quieta.

Las hojas muertas se apilan contra las puertas.

Añorando a esa adorable dama.

¿Cómo puedo dar descanso a mi corazón dolorido?

HAN WU-TI 157-87 AC
Con motivo de la muerte de su amante

APRENDA A LAMENTAR

Esta es una vida de adioses. A medida que pasan los años irá diciendo adiós a gente (a través de las mudanzas, los cambios o la muerte) y a cosas (la juventud, ese cuerpo más o menos esbelto que tenía, el pelo, posesiones materiales que apreciaba, etc.)... Eventualmente le dirá adiós a todo, con su propia muerte.

Aprender a lamentar, a hacer el duelo, a decir un buen adiós, es una herramienta invaluable.

Cuando perdemos algo, la mente, el cuerpo y las emociones pasan por un proceso de cicatrización tan natural y tan milagroso como la cicatrización de una herida física. Sepa que sentirse perdido, triste, furioso, dolido, con miedo y con ganas de llorar cuando dice adiós, es una parte natural del proceso de cicatrización.

Los seres humanos se recuperan de las pérdidas pasando por tres fases diferentes, que se superponen. La primera es *shock/negación*; la segunda *ira/depresión*; la tercera *comprensión/aceptación*.

No importa cuál sea la pérdida -desde perder un número de teléfono a la muerte de un ser querido- el cuerpo pasa por esas tres etapas de recuperación. La única diferencia es la cantidad de tiempo que le lleva pasar por cada estado, y la intensidad de los sentimientos en cada paso.

El primer paso es shock/negación. Cuando nos enteramos de una pérdida, nuestra reacción inicial suele ser: "¡Oh, no!". No podemos creer lo que acabamos de oír. Nos paralizamos.

Esta habilidad de negar y sentirnos entumecidos es una bendición. Las pérdidas catastróficas son demasiado difíciles para apreciarlas en toda su intensidad de una vez. Hay quien ha sugerido que la razón por la cual ciertas personas mueren después de una enfermedad larga y lenta es porque les lleva mucho tiempo decir adiós, y quieren hacerlo bien.

El siguiente paso, ira/depresión, es el que más habitualmente asociamos con la pérdida. Nos lamentamos y protestamos contra la situación, la gente, las cosas y los destinos crueles que "causaron" nuestra pérdida. (Ira). Lloramos. Nos sentimos tristes. Nos sentimos dolidos. No queremos seguir adelante. (Depresión).

Una de las áreas más difíciles de aceptar es la ira que sentimos contra alguien que está por morir (aún cuando se trate de nosotros mismos). "¿Por qué me abandonas?", pregunta una voz desde adentro. Es difícil, porque nosotros, como cultura, no aceptamos que nadie sea responsable de su propia muerte, excepto cuando se trata de un suicidio. Aun la gente que muere de cáncer del pulmón

¡Oh tibio sol del verano, brilla aquí con ternura! ¡Oh tibio viento del sur, sopla aquí con suavidad! ¡Oh verde césped que la cubres, sé liviano, liviano. Buenas noches, corazón mío, buenas noches, buenas noches.
MARK TWAIN (*Epitafio para su hija*)

después de fumar dos paquetes de cigarrillos por día durante treinta años son considerados, de alguna manera, inocentes con respecto a su muerte.

No estoy sugiriendo que se culpe a nadie -y culpar es una actividad sin sentido de todas maneras-. Pero sepa que sentirse furioso con alguien por morirse, o estar furioso consigo mismo porque va a morir, es perfectamente normal. Es un paso natural de la recuperación, y es inevitable pasar por él. Pasarlo sí, pero no quedarse en él.

Finalmente llegamos a la comprensión/aceptación. Aceptamos lo que es. Lo que es es, después de todo, lo que es, y podemos sentirnos desgraciados o no. Si no nos sentimos desgraciados, lo que es continúa siendo. Aprendemos a entender que sentirnos desgraciados no va a cambiar lo que pasó; lo único que hace es hacernos sentir desgraciados. ¿Y para qué?

Incluyo esta información sobre cómo lamentar en la sección titulada "Haz-entúe lo Positivo" porque lamentar es una característica humana positiva. Nos permite la flexibilidad de adaptarnos al cambio. No es "negativo" sentir dolor y furia frente a una pérdida. Es una respuesta natural, humana. La negatividad hace su entrada cuando se niega el proceso de cicatrización, que es, en realidad, un regalo.

Nos libramos de un sufrimiento
sólo cuando lo experimentamos plenamente.
MARCEL PROUST

Acepte el proceso. Acepte el sentirse paralizado, el dolor, la furia, la tristeza, las lágrimas y, eventualmente, acepte la aceptación.

Aceptar la aceptación puede ser difícil. La gente puede esperar que usted se lamente más tiempo del necesario, o puede tratar de "apurar" su proceso. La gente a menudo nos conforta basándose en su propia incomodidad. "Bueno, bueno", dicen, "todo está bien", cuando, en realidad, todo *no* está bien.

El proceso de lamentación dura el tiempo que necesita durar. Negar la realidad humana de que el dolor duele solamente alarga el proceso. Tome el tiempo necesario para lamentarse, para decir un buen adiós. En el momento que llegue a la comprensión y aceptación genuinas de su propia muerte (no simplemente a una comprensión y una aceptación construidas mentalmente) encontrará la habilidad de entender y aceptar todo el proceso de la vida.

A los cielos y a la tierra llamo por testigos hoy contra
vosotros, que os he puesto delante la vida y
la muerte, la bendición y la maldición; escoge, pues,
la vida, para que vivas tú y tu descendencia.
DEUTERONOMIO 30:19

HOY, ELÍJASE A SÍ MISMO

Ha llegado el momento de elegir. La elección de la que hablo es La Elección Más Importante: vivir o morir ("Ser o no ser"). Si tuviera que hacer una elección final, de una vez por todas, ¿qué elegiría?

El problema es que hay una trampa en esta decisión.

Si sabe en lo más profundo de su ser que ya no desea vivir -cualquiera que sea el motivo- saberlo conscientemente puede ayudarle a evitar una gran cantidad de confusión, tormentos y angustia. Si se subió a un avión que va a Cleveland, de nada sirve quejarse con los demás y consigo mismo, diciendo "No quiero ir a Cleveland".

Si ha elegido morir, evitar los pensamientos negativos sigue siendo importante. El pensamiento negativo contamina "el momento", y entre ahora y el momento de su muerte ¿por qué no disfrutar?

La ironía es que cuando la gente finalmente "se da por vencida" y aprecia el momento, a menudo se da cuenta de que la vida puede ser estupenda. Se da cuenta de que no era la vida la causa del problema, sino su *reacción* frente a la vida.

Y a veces comienza a desarrollar un modelo de pensamiento negativo que dice: "No quiero morir, después de

El destino no es una cuestión de suerte, es una cuestión de elección; no es algo que se espere, es algo que se logra.

WILLIAM JENNINGS BRYAN

todo" el cual, una vez más, contamina el momento, lo que hace la vida menos vivible, así que para qué vivirla, da lo mismo que me muera, etc., etc.

Otra gente, cuando le preguntan: "¿Quieres vivir o morir?", contesta de inmediato y con enorme emoción: "¡Quiero vivir!". Esta gente puede pasar tanto tiempo peleando contra la muerte que la vida se transforma en una batalla agonizante, y una parte de ellos se pregunta: "¿Y todo esto, para qué?".

¿Se da cuenta, entonces, de la trampa que hay en la decisión a tomar de una vez por todas, de vivir o morir?

La decisión de vivir o morir no se puede tomar de una vez por todas, eso es todo. Hay que tomarla en cada momento individual. Y esa decisión se demuestra con la acción.

Si está participando en actividades que no apoyan la vida, recreándose en la miseria y regodeándose en el pensamiento negativo, entonces -no importa lo que piensa que piensa- yo diría que, en ese momento, usted está eligiendo morir.

Si está participando activamente en actividades que apoyan la vida y las está disfrutando con un enfoque positivo y con entusiasmo, yo diría que, en ese momento, usted está eligiendo vivir. (La palabra *entusiasmo* es magnífica. Viene del Griego *en-theos*, que significa "uno con Dios" o "inspirado por Dios". Me gusta pensar que significa "unido a la energía de Dios").

Si usted se pregunta en este momento, "¿Deseo vivir o morir?", yo le digo: "Observe lo que está haciendo, sintiendo y pensando, y tendrá la respuesta".

¿Está haciendo todo lo que puede para apoyar su salud, felicidad y enfoque positivo? ¿Y lo está haciendo con una actitud que dice: "Esto sí me hará más sano, más feliz y más positivo", o se está quejando: "Si no hago todo este maldito proceso saludable me moriré, y yo no quiero morirme, así que tengo que hacerlo"?

Observe con frecuencia sus pensamientos, sentimientos y actividades. Ponga la alarma del reloj despertador a intervalos regulares, digamos cada hora. No importa lo que esté haciendo cuando suene la alarma, pare y mire con honestidad dónde está y lo que está haciendo -mental, emocional y físicamente- desde que sonó la alarma por última vez.

Si lo que ha hecho es de naturaleza apoyadora, alegre y positiva, felicítese. Si no, "corrija el curso". (Los aviones comerciales, mientras vuelan sobre océano, están fuera de su curso el noventa y cinco por ciento del tiempo, pero aún así llegan a destino. El sistema de navegación hace correcciones minuto a minuto).

Si su evaluación de los intervalos entre uno y otro sonido de la alarma indican alguna negatividad, no se sorprenda. No se moleste. Simplemente haga cambios.

Ser negativo sobre ser negativo es una de las trampas más sofisticadas de la negatividad. Parece que usted está de acuerdo que pensar negativamente es algo malo (tan malo, en verdad, que vale la pena molestarse realmente cada vez que lo hace). Y así sigue y sigue, cuesta abajo.

Déjelo ir. Perdónese. Haga las correcciones que parezcan necesarias. Siga adelante. (Más adelante le daremos técnicas específicas para practicarlo).

Debemos tener cuidado de extraer de una experiencia solamente la sabiduría que contiene, y detenernos. No seamos como el gato que se sienta sobre la estufa caliente y nunca más volverá a sentarse sobre una estufa caliente. Y eso está bien, pero tampoco volverá a sentarse sobre una fría.
MARK TWAIN

Hasta que uno no está comprometido, hay titubeos,
la oportunidad de retirarse, siempre la falta de
efectividad. Existe solamente una verdad elemental
relativa a todos los actos de iniciativa (y creación),
cuya ignorancia mata innumerables ideas y
espléndidos planes. Pero en el momento en que uno se
compromete definitivamente, la Providencia hace acto
de presencia. Ocurren todo tipo de cosas que nos ayu-
dan que, de otra manera, no habrían ocurrido nunca.
Toda una corriente de eventos surge de
la decisión, poniendo a nuestro favor todo tipo de
incidentes inesperados y encuentros y asistencia ma-
terial, con los que nadie hubiera soñado contar. He
adquirido enorme respeto por las palabras de Goethe:
"Sea lo que sea que puedas hacer, o soñar
que puedes hacer, comiénzalo.
La audacia implica genio, poder y magia".
W. H. MURRAY
Expedición Escocesa al Himalaya

Haga un Compromiso con la Vida

No importa lo que piense de su decisión sobre vivir o morir, haga un compromiso con la vida.

Por comprometerse con la vida no quiero decir comprometerse a vivir cierta cantidad de años. (¿Cuántos años "deberíamos" vivir, después de todo?) Lo que quiero decir es que se comprometa a vivir cada momento de forma total, productiva, alegre. Comprométase con la salud, la abundancia y la felicidad -no como un sueño lejano, sino como una realidad de aquí y ahora-.

Puede ser que todavía no sepa *cómo* hacerlo, pero los "cómo" no son más que métodos. Una vez que el compromiso está claro, un deseo surge de él, y los métodos aparecen por sí mismos. Así que en lugar de decirse: "No sé cómo vivir plenamente la vida, así que no puedo comprometerme a hacerlo", haga el compromiso, y luego vaya descubriendo cómo hacerlo.

Esto puede ser resumido en una de mis frases favoritas: "Estar dispuesto a hacer crea la habilidad para hacer". Esté dispuesto a vivir su vida plenamente. La habilidad, los métodos y las oportunidades de hacerlo irán apareciendo.

Nunca dejes para mañana
lo que puedas hacer pasado mañana.
MARK TWAIN

VIVA SU VIDA AHORA

No deje el vivir la vida para más adelante, para cuando se sienta "mejor". Ésa es probablemente la última de una serie de razones perfectas que ha usado para justificar por qué no ha vivido plenamente hasta el momento. ("Ya lo haré cuando sea mayor", "Lo haré cuando haya aprendido más", "Lo haré cuando encuentre a mi compañero del alma", "Lo haré cuando tenga tiempo", "Lo haré cuando...").

Con respecto a todo lo que ha dejado para "más adelante", recuerde lo siguiente: "más adelante" es ahora.

Comience a hacer *ahora* las cosas que siempre quiso hacer. Comience a disfrutar *ahora* cada momento (encontrando en él algo disfrutable).

No estamos hablando de llevar a cabo cada gran sueño que su imaginación ha creado. ("Siempre quise ser el Amo del Mundo"). Estamos hablando de sobreponerse a la tendencia de decir: "Cuando mi vida sea mejor, podré comenzar a enfocarme en lo positivo".

Comience ahora.

A menudo hacemos un hábito de la desidia. Dejamos para más adelante las tareas que no nos agradan, pero también dejamos para más adelante las que nos agradan. Vamos repartiendo el placer, el bienestar y la felicidad como si estuvieran racionados. La existencia de estas cosas no tiene límites (como tampoco tiene límites la existencia de miseria, dolor y sufrimiento). Somos nosotros quienes las racionamos.

Si se pone a observar, encontrará todas las razones perfectas por las cuales no debe disfrutar de la vida, por las cuales necesita posponer el disfrute hasta que ciertas condiciones hayan cambiado. Nosotros decimos que lo único que necesita ser diferente para que usted disfrute su vida es dónde enfoca su atención. Mire todas las cosas positivas que están sucediendo en usted y a su alrededor *ahora mismo*. A medida que las encuentra, se sentirá naturalmente más alegre.

En la vida tenemos o razones o resultados. Si no tenemos lo que queremos (resultados), generalmente tenemos una larga lista de razones razonables para explicar la falta de resultados. Tendemos a racionalizar. Todo esto es (A) un desperdicio de energía y (B) un argumento convincente de que no podemos tener lo que queremos, lo que se convierte en (C), otra razón para no vivir.

Sugerimos que cuando no logre lo que desea, en lugar de perder tiempo y energía explicando por qué no lo tiene, encuentre otra forma de lograrlo. Si no puede encontrar nada positivo en su ambiente, mire otra vez con "ojos nuevos". Pruebe otro punto de vista. Sea creativo. ¿Qué hay de bueno que está pasando por alto? Si no puede encontrar nada, aguante la respiración. En unos pocos minutos verá que *realmente* está agradecido de poder respirar.

La muerte no es la mayor pérdida de la vida.
La mayor pérdida es lo que muere adentro de noso-
tros, cuando todavía estamos vivos.
NORMAN COUSINS

Intensifique su Deseo de Vivir

Su deseo de vivir puede ser intensificado. Obviamente tiene *algo* de deseo de vivir, o no estaría vivo. (Cuando la gente pierde totalmente el deseo de vivir desaparece muy rápido).

Y aún más, ha llegado hasta este punto de un libro que es, obviamente, una afirmación con respecto a la vida. Hay un proceso de auto-selección que se lleva a cabo con los libros que apoyan el crecimiento personal: la gente que no está preparada para ellos, no los lee. Su deseo de no crecer es más intenso que su deseo de crecer; por lo tanto, dejan el libro de lado y no lo vuelven a tocar. Así que si usted ha llegado hasta esta parte del libro, diría que su deseo de vivir es bastante intenso.

El deseo de vivir puede intensificarse con una técnica sencilla, pero a menudo incómoda.

La técnica es la siguiente: párese frente a un espejo, mírese a los ojos y diga en voz alta, una y otra vez: "Quiero vivir".

Lo que generalmente sucede es que surgen muchos de los pensamientos, sentimientos y actitudes que han creado su deseo de *no* vivir. Puede sentirse raro, asustado, indigno, tonto, estúpido, vergonzoso, enojado, lloroso, furioso o deprimido. Estos sentimientos no son fáciles de sentir, y la tendencia es a evitarlos, a interrumpir el proceso.

Este es el gozo verdadero de la vida, el ser usado para un propósito que uno reconoce como poderoso; ser usado hasta lo último antes de ser arrojado como desperdicio; ser una fuerza de la naturaleza en lugar de un afiebrado y egoísta manojo de dolencias y agravios, quejándose de que el mundo no se dedica a hacerle feliz.

GEORGE BERNARD SHAW

Le sugiero que persevere. Detrás de todo el miedo, la ira, la desvalorización y la frustración está el deseo natural de vivir: el amor que siente por usted mismo y por su vida. Cuando se pone en contacto con este amor y afirma su deseo de vivir, el deseo se intensifica. Su deseo de vivir se hace más fuerte.

Puede hacer este proceso tan a menudo como desee, pero comience despacio. Ponga una alarma y hágalo, digamos, durante un minuto. La próxima vez, si un minuto no estuvo tan mal, hágalo durante dos minutos. Luego tres, luego cuatro.

Antes de comenzar le sugiero pedir que una luz blanca lo rodee, lo llene y lo proteja, sabiendo que sólo aquello que es para su mayor bien sucederá durante este proceso. (Más adelante hablaré nuevamente sobre la Luz blanca).

Aunque a veces resulta incómodo, decir: "Quiero vivir", le dará no solamente un deseo más intenso de vivir, sino también un diagrama de su propia negatividad. ¿Es más hacia la ira, o más hacia el miedo? ¿Cómo hace para convencerse de que es indigno? ¿Qué sentimientos y pensamientos le hacen sentir que quiere salir corriendo de la vida? Este proceso le dará esas respuestas en muy poco tiempo.

El que tiene un por qué en la vida,
puede soportar casi cualquier cómo.
NIETZSCHE

El objetivo del proceso es intensificar su deseo de vivir y no necesariamente de vivir una cierta cantidad de años, pero sí de vivir la vida con total plenitud, momento a momento.

Si cuida bien ese momento, los años se ocuparán de sí mismos.

EL DESEO DE CAMBIAR

"El universo es cambio; nuestra vida es lo que nuestros pensamientos hacen de ella". ¿Le suena como uno de esos pensamientos radicales de los últimos años? Pues no era nuevo, ni siquiera cuando lo dijo Marco Aurelio Antonino (121-180 DC).

Conquistar el pensamiento negativo puede requerir de algunos cambios importantes, no solamente mentales, sino también emocionales y físicos, lo que generalmente se llama su Estilo de Vida. Puede que necesite cambiar de trabajo, casa, ciudad, amigos, ropa, hábitos, de todo tipo de cosas. Como dice el Corán (13:11): **"Dios no cambia lo que hay en la gente, hasta que ellos cambian lo que está en ellos"**.

Si quiere sentirse mejor, esté dispuesto a cambiar, ábrase al cambio. Dé la bienvenida e invite a su vida los cambios de naturaleza positiva. Recuerde: "No hay nada tan permanente en la vida como el cambio". (¿Más tonterías metafísicas o psico-bla-bla? Heráclito dijo, alrededor del año 500 AC: **"Nada perdura más que el cambio"**).

A pesar de la enfermedad, a pesar aun del más poderoso de los enemigos, el dolor, uno puede permanecer vivo mucho más allá de su momento natural de desintegración, si uno no tiene miedo al cambio, si su curiosidad intelectual es insaciable, si se interesa por grandes cosas y es feliz de maneras pequeñas.
EDITH WHARTON

Si se siente estancando, si se ha acostumbrado a tolerar situaciones intolerables, el cambio puede resultarle incómodo y difícil. Hace falta valentía para echar una mirada honesta a la vida propia para descubrir lo que ya no funciona y cambiarlo. Mark Twain nos recuerda: **"La valentía es el manejo del miedo, no la ausencia del miedo"**.

Si se enfrenta a una enfermedad que pone en peligro su vida, francamente, no tiene muchas posibilidades. (Estoy asumiendo que ha tomado la decisión de vivir).

Lo que tiene actualmente en su vida es el resultado de lo que pensó, sintió e hizo hasta este momento. Si quiere que las cosas sean diferentes, mejores, tendrá que cambiar lo que piensa, siente y hace.

Es tan sencillo como eso. Sencillo, pero no necesariamente fácil. No necesariamente fácil, pero necesario. Como escribió Anais Nin en su diario: **"La vida se encoge o se expande en proporción a lo valiente que uno es"**.

Eche una buena y honesta mirada a todo lo que hay en su vida. Decida qué cosas, situaciones y gente tienden a hacerlo sentir más negatividad. Elimínelas. Sí, a ésa. A ésa que le hizo pensar: *"Si solamente pudiera eliminar..., pero no me atrevo"*.

A esa misma. Atrévase.

Elimínela, mándela al diablo, abandónela.

En otras palabras, cambie.

La valentía es el precio que la vida exige, a cambio de la paz. El alma que no lo sabe, no conoce la liberación de las cosas pequeñas; no conoce la soledad descarnada del temor,ni la cima de la montaña, donde la amarga alegría puede oír el batir de las alas.
AMELIA EARHART

Ame al prójimo como a sí mismo,
pero elija bien al prójimo.
LOUISE BEAL

Usted No *Tiene* que Hacer Nada

Haga lo que haga, hágalo porque elige hacerlo, no por un sentido mal entendido del deber u obligación.

Algunas veces la gente necesita ser empujada hasta el borde del abismo antes de darse cuenta de que su vida les pertenece a ellas, no a las exigencias y deseos de los demás. Si usted tiene una enfermedad que hace peligrar su vida, está en el borde. Si aprende que esta es su vida, podrá dar algunos pasos atrás más fácilmente.

Pruebe a decir en voz alta: "No *tengo* que hacer nada". Dígalo unas cuantas veces. ¿Siente la sensación de alivio, de libertad, de descarga?

Puede agregar: "Y lo que elijo hacer, puedo hacerlo".

Juntos se transforman en una afirmación muy agradable (y, tal vez, necesaria): "No tengo que hacer nada, y lo que elijo hacer, puedo hacerlo".

Repítala en voz alta y en silencio a menudo.

Me rodeo únicamente de hombres que dicen "sí".
¿A quién le hacen falta los hombres que dicen "no"?
MAE WEST

Evite a la Gente y las Situaciones que lo Alteran

Esas cosas, gente, situaciones y experiencias que no le gustan: evítelas. No se les acerque. Aléjese. Haga otra cosa.

Algunos pueden opinar que eso es ser cobarde. Yo lo llamo ser inteligente. El mundo está repleto de cosas, gente y experiencias. Nunca lograremos experimentarlas todas, aunque vivamos diez mil años, así que, ¿por qué no elegir las que le resultan naturalmente agradables?

Cierto, en algunas situaciones usted querrá realmente C, y para tener C necesitará pasar por A y B. En esos casos, mantenga la vista fija en C. Recuérdese constantemente *por qué* está lidiando con A y B. Repítase que pronto llegará a C, y cuando llegue a C, todo el esfuerzo habrá valido la pena.

Algunos ejemplos de cosas que puede evitar: fiestas a las que no quiere ir, gente que no quiere ver, programas de televisión que no tiene ganas de mirar (pero que piensa que debería), películas que todos han visto, pero que a usted no le interesan, etc.

La idea es lo contrario de la actitud "Confróntelo Todo" que promueven algunos libros de este tipo. Esos libros explican que uno crece a través de la confrontación.

Sí, es cierto. Las tribulaciones y la confrontación son grandes maestros. Pero, por otro lado, ya hay bastantes tribulaciones *naturalmente* en nosotros. No *hace* falta perseguir más. Ellas lo perseguirán a usted, y en algunos casos serán inevitables. *Ése* es el momento de practicar aceptación, paciencia e indulgencia.

Si puede evitar las cosas desagradables desde el primer momento, hágalo sin dudar un instante.

No Adore al Dios de la Opinión Ajena

Alguna gente (o más bien, para decir la verdad: la *mayoría* de la gente) hace cosas que no quiere hacer (o no hace cosas que quiere hacer) porque tiene miedo de lo que van a pensar o decir los demás.

A esto lo llamo "adorar al dios de la opinión ajena". La opinión de los demás se transforma en más importante que nuestros deseos y necesidades. Como decía Charles Dudley Warner: **"La opinión pública es más poderosa que el congreso, y casi tan poderosa como los Diez Mandamientos"**. Es mucho lo que sacrificamos al Gran Dios de la Opinión: felicidad, autoestima, libertad. Y la opinión es generalmente incorrecta. **"La verdad es un absoluto eterno"**, escribió Wendell Phillips, **"pero la opinión es la verdad filtrada por los estados de ánimo, la sangre, la disposición del espectador"**.

Si tiene mucha fe en sí mismo, la opinión de los demás (la que, a menudo, heredaron de la opinión de otros, quienes a su vez la heredaron de la opinión de otros más) no tiene tanta influencia. Como dijo Thoreau: **"La opinión pública es un tirano débil comparado con nuestra propia opinión privada. Lo que un hombre piensa de sí mismo, eso es lo que determina, o más bien señala su destino"**.

Y cuando uno cita a Thoreau, uno debe también citar a Emerson: **"Es fácil vivir en el mundo de acuerdo con la opinión del mundo; es fácil en soledad vivir de acuerdo**

Su nombre es la Opinión Pública.
Se le rinde pleitesía. Decide todo. Algunos piensan que es
la voz de Dios. La lealtad a la opinión petrificada no ha
roto aún una cadena, ni liberado un alma humana.
MARK TWAIN

con la nuestra; pero el gran hombre es el que, en medio de la multitud, mantiene con perfecta dulzura la independencia de la soledad".

O, como dijo más sencillamente George John Whyte-Melville: **"Al elegir un caballo o una esposa, un hombre debe complacerse a sí mismo, e ignorar la opinión y el consejo de los amigos"**.

Por supuesto, si usted vive en la libertad de sus propios pensamientos y deseos, debe dar la misma libertad a los demás. Aprenda a aceptar el comportamiento de los demás que no se acomoda al modelo de sus opiniones. (Como la opinión de que los demás no deberían tener opiniones sobre usted).

Cuando se dé cuenta de que está desaprobando a alguien, examine sus opiniones. Explore su lista de "debería" y "no debería". Vea su opinión como simplemente una opinión, no la verdad, y entonces no hay motivo para alterarse.

Las opiniones que los demás tienen de usted, y las opiniones que usted tiene de los demás, son la causa de una gran cantidad de pensamientos negativos.

Todo el pensamiento negativo es innecesario, pero la culpa, el temor y el resentimiento generados por las opiniones son particularmente innecesarias.

Uno puede hablar de la tiranía de Nerón y Tiberio,
pero la tiranía real es la tiranía de su vecino. La opi-
nión pública es una influencia penetrante, que exige
obediencia. Nos obliga a pensar los pensamientos de
otros, a hablar las palabras de otros,
y a seguir los hábitos de otros.
WALTER BAGEHOT

Aprenda, de hecho, a disfrutar de las diferencias entre la gente. Imagine lo aburrido que sería el mundo si todos pensáramos, habláramos y actuáramos igual. (Pase un verano en Maine alguna vez y entenderá lo que le quiero decir. O más bien, créame lo que le digo y ahórrese el veraneo).[4]

"No sería mejor si todos pensáramos igual", nos dice Mark Twain. **"Son las diferencias de opinión las que crean las carreras de caballos"**. Aplauda la libertad donde ésta surja. Aprenda a valorar las idiosincrasias, las excentricidades, las rarezas y las singularidades de los demás. Eso ayudará a que valoren las suyas.

---

[4] Maine es una región del noreste Norteamericano, conocido como lugar de veraneo de gente conservadora, de alto nivel económico. (El ex presidente Norteamericano, George Bush veranea en Maine).

El beneficio de su trabajo debe ser la satisfacción que
su trabajo le proporcione, y la necesidad que
el mundo tenga de él. Cuando es así, la vida es un
paraíso, o tan parecida al paraíso como es posible.
Cuando no es así -con un trabajo que desprecia,
que le aburre, y que el mundo no
necesita- la vida es un infierno.
WILLIAM EDWARD BURGHARDT DU BOIS

¿LE GUSTA SU TRABAJO?

El señor Du Bois sabía de lo que hablaba: este mensaje le fue dado a su pequeño biznieto el día que el señor Du Bois cumplió noventa años. Le encantaba su trabajo (fundó, entre otras asociaciones, la NAACP[5]) y siempre mantuvo el espíritu (y el trabajo) en alto hasta que llegó a los noventa y cinco años.

La mayoría de la gente tiende a pensar de la división entre el trabajo y el placer de la misma manera que lo veía Mark Twain: **"El trabajo consiste de todo lo que el cuerpo está obligado a hacer. El placer consiste de todo lo que el cuerpo no está obligado a hacer"**.

Hay gente, sin embargo, que ha descubierto lo mismo que dijo Shakespeare: **"Si todos los días fueran fiestas deportivas, el deporte sería tan tedioso como el trabajo"**. O, como lo puso Jerome Klapka Jerome: **"Es imposible realmente disfrutar del ocio si uno no tiene una buena cantidad de trabajo por hacer"**.

---

[5] N. del T.: NAACP (National Association for the Advancement of Colored People) es una asociación Norteamericana dedicada a la defensa de los derechos humanos de la gente de color.

Si tiene un trabajo que le desagrada, lleno de cosas que odia hacer, con gente que no le gusta, busque otro trabajo. **"Si no puede trabajar con amor sino solamente con disgusto"**, nos dice Kahlil Gibran, **"sería mejor que dejara su trabajo"**.

El trabajo ocupa demasiadas de nuestras horas despiertos para permitir que sea una penuria. **"Todo hombre realmente capaz, no importa en qué trabaje"**, escribió Emerson, **"si se habla sinceramente con él, considera que su trabajo, no importa cuán admirado sea, es menos efectivo de lo que debería ser"**. (Cada vez que se cita a Thoreau, también se debe citar a Emerson, pero no al revés necesariamente).

Consiga un trabajo que le guste. Antes de encontrar ese trabajo, tal vez necesite encontrar su carrera, su inspiración, su vocación. **"Bendito sea el que ha encontrado su trabajo"**, dijo Carlyle. **"Que no se le permita pedir más bendiciones"**.

"Para que la gente esté feliz en su trabajo", nos dice John Ruskin, **"hacen falta estas tres cosas: Deben estar preparados para él, no deben hacer demasiado de él, y deben recibir de él un sentido de éxito"**.

La palabra "trabajo" implica que es algo que usted no haría si no lo recompensaran a cambio. Para la mayoría de la gente, la recompensa es el dinero. Si usted asocia la recompensa principal con "el dinero", le sugiero que cambie de recompensa. Pruebe el amor, por ejemplo. O el servicio: saber que está dando a la gente algo que realmente necesita.

No me gusta trabajar -a nadie le gusta- pero me gusta lo que el trabajo implica: la oportunidad de encontrarse a uno mismo. La propia realidad -para uno, no para los demás- que ninguna otra persona sabrá jamás.
JOSEPH CONRAD

A veces no hará falta que cambie de trabajo. Todo lo que necesitará cambiar es su actitud sobre el trabajo. Se han dicho muchas cosas buenas sobre el trabajo y el trabajar a través de los años: **"El regreso al trabajo: ¡el soñador que está haciendo realidad el sueño!"** (Berton Braley), **"El trabajo nos mantiene apartados de tres grandes males: aburrimiento, vicio y necesidad"** (Voltaire), **"El trabajo es la guadaña del tiempo"** (Napoleón).

Si quiere hacer realidad sus sueños, necesitará trabajar haciendo algo que no necesariamente le encante con el fin de lograr su objetivo. Uno debería saber, como nos dijo Thomas Alva Edison, que: **"No hay sustituto para el trabajo duro"**.

Alguna gente se pone religiosa con el trabajo. El lema de la orden Benedictina es: *"Orare est laborare, laborare est orare"* (**"Rezar es trabajar, trabajar es rezar"**). Otros, como Carlyle, rozan con lo poético: **"Todo el trabajo es como una semilla sembrada; crece y se expande, y se vuelve a sembrar a sí mismo nuevamente"**. Mientras otros, como nuestro viejo amigo Marco Aurelio Antonino, son francamente bruscos: **"En la mañana, cuando se siente perezoso de levantarse, tenga presente este pensamiento: 'Me estoy levantando para enfrentar el**

Trabajaré a mi manera,
de acuerdo con la luz que hay en mí.
LYDIA MARIA CHILD

trabajo de un hombre'".

Dudo que ese pensamiento me levante de la cama, pero este de Gibran, es posible que sí: **"El trabajo es amor hecho visible"**.

Si pensamos que el trabajo es una forma de manifestar nuestro amor, no importa en qué trabajemos, nos resultará satisfactorio.

Si usted trabaja en *McDonald's*, en lugar de pensar: "¡Ay, Dios mío, otro autobús lleno de turistas con un ataque de *'Big Mac'*!", puede pensar: "Estoy ayudando a proveer comida para que esta gente disfrute más de su paseo". De una forma o de otra tendrá que envolver la misma cantidad de hamburguesas, y poner la misma cantidad de papas fritas en las cajas. Con una actitud, sin embargo, se sentirá desgraciado; con la otra, se sentirá amoroso.

Así que, si odia su trabajo, cambie de trabajo o cambie de actitud hacia el trabajo. Uno u otro. No se quede hundido en la negatividad.

Podría decir: "No me puedo dar el lujo de quedarme sin este trabajo". Pero si está completamente obsesionado con el odio que le tiene, no se puede dar el lujo de quedarse con él.

Si tiene una enfermedad que pone en peligro su vida, recuperar la salud es su trabajo No. 1. Hasta que su trabajo No. 1 esté terminado, todo lo demás es superfluo.

El espíritu de ayudarse a sí mismo es la raíz de todo
crecimiento genuino en el individuo; y, demostrado en
la vida de muchos, constituye la fuente verdadera del
vigor y la fortaleza de una nación. La ayuda exterior
es a menudo debilitante en sus efectos,
pero la ayuda desde adentro nos hace,
invariablemente, más vigorosos.
SAMUEL SMILES 1859

LO QUE SE PRACTICA, SE INTENSIFICA

Una actitud mental fuerte se construye de la misma manera que se gana fuerza física: repitiendo. Trabajar con pesas fortalece el cuerpo físico. Trabajar con los pensamientos fortalece la mente.

Puede que tenga el hábito de pensar negativamente, construido al cabo de los años mediante la acumulación de pensamientos negativos. Esta repetición se ha transformado en un hábito fuerte.

Enfocarse en lo positivo puede no ser igualmente fuerte todavía; es más, posiblemente sea algo débil. La manera de hacerlo fuerte es ejercitándolo. Utilícelo a menudo. Contrariamente a lo que sucede con el ejercicio físico, cuando lo practique en exceso no se levantará dolorido a la mañana siguiente.

Decida en qué quiere hacerse más fuerte, y hágase más fuerte practicándolo.

Soy distinto de Washington; tengo principios más
elevados, más grandiosos.
Washington no podría mentir.
Yo puedo, pero no lo hago.
MARK TWAIN

COMPROMISOS

Si quiere ser feliz en la vida, cumpla con sus compromisos y no espere que los demás cumplan los suyos.

Cuando hacemos un compromiso, "damos nuestra palabra". Dar algo tan valioso y poderoso como nuestra palabra no se debe hacer de manera casual. Cuando no cumplimos con nuestra palabra, una parte de nosotros comienza a perder fe en nosotros mismos. A lo largo del tiempo los efectos de los compromisos no cumplidos se acumulan. Uno comienza a padecer un caso serio de duda de sí mismo y se siente mal.

Esta duda alimenta la desvalorización, causando cansancio, confusión, falta de claridad y una sensación general de "No puedo hacerlo".

Paralela a esta desintegración de nuestra relación con nosotros mismos va el deterioro de nuestra relación con los demás. Si usted hace una serie de compromisos y no los cumple, la gente -en el mejor de los casos- le pierde la confianza. En el peor de los casos, produce sentimientos heridos, ira, traición, abandono, etc.

Recordando esto es fácil ver que si usted no ha estado tomándose sus compromisos en serio, ya sea consigo mismo o con los demás, ha estado arando, regando y fer-

Hay una manera de averiguar si un hombre es honesto:
preguntarle. Si contesta "sí",
ya se sabe que es un delincuente.
GROUCHO MARX

tilizando bien el campo en el cual crece mejor el pensamiento negativo.

Tengo algunas sugerencias para cambiar esta situación, y prevenir la futura fertilización:

1. **No haga compromisos que no está seguro de poder cumplir.** Si no está seguro, diga que no está seguro. Si no alcanza con un tal vez definitivo, es mejor que diga que no.

2. **Haga únicamente compromisos que sean importantes para usted.** Si un compromiso es suficientemente importante, lo cumplirá. Si no es suficientemente importante, no lo haga.

3. **Aprenda a decir no.** No haga compromisos que son importantes para otra persona pero no importantes para usted nada más que porque tiene miedo de "herir sus sentimientos". Si lo hace, (A) terminará rompiendo el compromiso más adelante, causando más sentimientos heridos o (B) cumplirá el compromiso, hiriendo sus propios sentimientos. Es mejor decir: "No, gracias" desde el primer momento.

4. **Comuníquese.** Tan pronto sepa que no podrá cumplir con un compromiso, hágaselo saber a la otra persona. Aún si piensa que no podrá cumplirlo, avísele. Y no diga simplemente: "Lo lamento, no puedo hacerlo". Negocie. Cambiar un compromiso es un favor. Pídalo amablemente.

Podemos asegurarnos la aprobación de otra gente,
si actuamos correctamente y trabajamos mucho;
pero la nuestra, vale cien veces más.
MARK TWAIN

5. **Escriba sus compromisos con otras personas.** Tenga un libro de citas, y anote sus compromisos. Esto (A) le ayuda a recordarlos y (B) evita conflictos cuando hace planes.

6. **Escriba sus compromisos consigo mismo.** Escriba en la primera página de su agenda: "Todos los compromisos que haga conmigo mismo quedarán escritos aquí. Todo lo demás es simplemente una buena idea". Esto le impide pensar que la "buena idea" de salir a correr mañana a las seis de la mañana no es en realidad un compromiso. Si es un compromiso, escriba en su agenda: "Correr, seis de la mañana". Y hágalo.

7. **Declare terminadas las cosas.** Si tiene media docena de libros a medio leer alrededor de la cama, juntando polvo, declare que ha terminado de leerlos. Ponga marcas en las páginas hasta las cuales leyó, y guárdelos. Dígase: "Por el momento lo doy por terminado". Siempre puede volver a ellos pero, por ahora, libérese del compromiso implícito que tiene consigo mismo y que no ha completado. Lo mismo sucede con los compromisos con los demás. Cuando sabe que no va a participar en algo, y hay gente que supone que sí, hágales saber que hasta nuevo aviso no piensa participar. Es increíble cuánta energía liberará dentro suyo dando por terminadas varias cosas.

8. **Perdónese.** Perdónese por cualquier compromiso que haya roto en el pasado. Perdónese por haberse juzga-

Ama la verdad, pero perdona el error.
VOLTAIRE

do por haber roto compromisos. Y ya que está, perdónese por romper cualquier compromiso que pueda hacer en el futuro. (Más adelante volveré a hablar sobre la técnica de perdonarse).

Tal vez saber cuáles son las principales razones por las cuales la gente rompe compromisos le ayude a mantener los suyos, y a no hacer los que no piensa cumplir. Las razones son:

A. **Aprobación**. Decimos que vamos a hacer algo que no planeamos hacer porque tenemos miedo de que alguien nos desapruebe. El problema es que, en el proceso, perdemos nuestra propia aprobación -un intercambio poco satisfactorio-.

B. **Comodidad**. Es más cómodo romper un compromiso. Pero se trata, en realidad, de una sensación de comodidad falsa. Si, por ejemplo, desea perder peso y le parece más cómodo no cumplir con la dieta y comer un poco de postre, es posible que sienta más incomodidad después de comer el postre que si no la hubiera comido.

C. **Rebelión**. Para los rebeldes, romper compromisos es una reacción automática cuando se sienten presionados, limitados o atados de alguna manera. Los rebeldes se rebelan especialmente contra (A) las figuras que representan la autoridad y (B) los ultimátum. Lamentablemente, rebelarse contra "las órdenes del médico" (¡una figura autoritaria que nos presenta un ultimátum!) puede ser fatal.

Cumplir con los compromisos (y no hacer compromisos que no pensamos cumplir) es una buena forma de aprender cómo necesita de la aprobación de los demás, y de reemplazarla por la aprobación propia, cómo expandir su "zona cómoda" para tener mayor libertad, y cómo cambiar la rebelión automática, no pensada, en cooperación consciente y voluntaria.

La segunda parte de mi pequeño "secreto de la felicidad" es sencilla: cuando alguien rompe un compromiso con usted, olvídelo. En su mente, libere inmediatamente a la otra persona del compromiso. Imagínese que lo llamaron y le dieron la mejor excusa del mundo, y le pidieron disculpas. Déjelo ir.

Esperar que los seres humanos cumplan con sus compromisos: (A) no es realista y (B) es una invitación a la ofensa.

Cuando alguien rompe un compromiso, especialmente una persona que es importante para usted, puede recordarle imágenes y sentimientos del pasado, de desilusiones, traiciones y abandonos. Use la oportunidad para cicatrizar esos recuerdos del pasado, no para lastimarse más aún. (Más adelante hablaré más de la cicatrización de la memoria).

*Haz lo que puedas, de acuerdo con lo que tengas
y donde te encuentres.*
THEODORE ROOSEVELT

LA PIRÁMIDE PENSAMIENTO-SENTIMIENTO-ACCIÓN

Con el fin de hacer progresos en el mundo físico, hacen falta tres cosas -un pensamiento, un sentimiento y una acción (actividad dirigida). Forman una pirámide:

PENSAMIENTO   **SENTIMIENTO**

ACCIÓN

Si tenemos un pensamiento y un sentimiento que lo acompaña, pero no hay acción, no logramos nada. Si los pensamientos y los sentimientos son negativos, suelen crear preocupación, depresión y angustia. Si los pensamientos y sentimientos son positivos, suelen crear una sensación de "positividad" igualmente improductiva. (Practicar meditación, contemplación, visualización o hacer ejercicios espirituales no son catalogados como "improductivos". Hablaré más de esto más adelante). Es necesario que intervenga una *acción física* para que algo se haga realidad.

Si tenemos un pensamiento y una acción, pero no hay sentimiento, es probable que la acción no continúe durante mucho tiempo. Nuestros sentimientos son nuestros motivadores más importantes. La mente puede iniciar los sentimientos, pero son los sentimientos los que mueven el cuerpo. Para que haya acción física duradera necesitamos sentir *algo* sobre lo que estamos haciendo.

Si tenemos un sentimiento y una acción, pero no hay pensamientos que los dirijan, somos como un bote a motor sin timón. No hay dirección lógica, racional. Esto sucede a menudo con los comportamientos adictivos: comer en exceso, abusar de las drogas, alcoholismo, actividad sexual compulsiva. Las emociones dicen: "Quiero". El cuerpo dice: "Aquí está", antes de que la mente tenga la oportunidad de intervenir. Es posible que más tarde la mente diga: "Ya sabes que no deberías haber hecho eso". Lo sabía, pero se me "olvidó". Demencia temporal.

Si falta uno de los tres lados de la pirámide, la estructura se desploma. No podemos hacer ningún trabajo productivo, duradero, apoyador de la vida. La vida se transforma en frustrante. No logramos lo que queremos lograr.

Teniendo esto en cuenta, le ofrecemos el siguiente consejo: si no tiene los tres elementos -un pensamiento, un sentimiento y una acción- al mismo tiempo, deje ir todo.

Tom salió a la acera con un cubo de pintura blanca y un pincel de mango largo. Inspeccionó la cerca, y toda alegría lo abandonó, y una profunda melancolía se apoderó de su espíritu. Treinta yardas de cerca de madera, de nueve pies de alto. La vida le parecía vacía de propósito y la existencia, una carga.

MARK TWAIN

Dios, danos la gracia de aceptar con serenidad las co-
sas que no podemos cambiar, la valentía de cambiar
las cosas que deben ser cambiadas, y la sabiduría de
distinguir entre ambas.
REINHOLD NIEBUHR, 1943

Si no tiene un pensamiento, un sentimiento y una acción que coincidan, libérese de los que tiene.

Por ejemplo, si tiene un pensamiento que dice: "Me gustaría ir a nadar", y sus emociones dicen: "¡Nadar! ¡Qué lindo!", pero no hay agua disponible, deje ir el pensamiento y el sentimiento. Uno "lo deja ir" enfocándose sobre otra cosa, algo que esté físicamente disponible.

Si está en un lago, en traje de baño, y su mente dice: "Nadar nos haría bien", y su cuerpo dice: "Estoy listo", pero sus sentimientos dicen: "En este momento no estoy emocionalmente equipado para enfrentarme con el agua fría", deje ir el pensamiento y la preparación física.

Si las emociones quieren ir a nadar, y el cuerpo está listo, pero la mente dice: "Creo que esta agua no es pura y puede que no sea sano nadar aquí", deje ir el sentimiento y la preparación física.

"Lo deja ir" enfocándose en algo que la mente, las emociones y el cuerpo desean -y pueden- hacer *juntos*.

Cuando nos quedamos con uno o dos lados de la pirámide, pero nos faltan uno o dos que coincidan, estamos invitando frustración, futilidad, falta de efectividad, enfermedad, desesperación, desesperanza, desaliento, depresión, tristeza, abatimiento y culpa a que vengan a entretenerse con nuestra mente, nuestro cuerpo y nuestras emociones.

Si está pensando lo importante que es perder peso, pero sus emociones y su cuerpo están comiendo postre de chocolate, necesita llegar a un equilibrio: o las emociones y el cuerpo tendrán que dejar de lado el postre (y el sentimiento y la ansiedad física por el postre) o la mente tendrá que dejar de lado su concepto de perder peso. Si las cosas continúan como en el presente -los "debería" de la mente vs. los sentimientos de las emociones y las acciones del cuerpo- está dando campo libre a la culpa. (Más sobre la culpa (y el postre de chocolate) más adelante).

¿Alguna vez sintió que estaba tratando de ir en tres direcciones al mismo tiempo? ¡Tal vez fuera verdad! Tal vez su mente quería una cosa (limpiemos la casa), las emociones otra (vayamos a bailar) y el cuerpo otra (durmamos un ratito). La misma persona no puede ir en tres direcciones al mismo tiempo. Dos de los tres deseos tendrán que desaparecer -o tal vez los tres-, y el triunvirato mente-cuerpo-emociones se pondrá de acuerdo para hacer otra cosa.

Es como si la mente, el cuerpo y las emociones tuvieran pequeñas "mentes" individuales. Algunas veces necesita pedirle a su Henry Kissinger interno que dirija las negociaciones por usted. (Tal vez prefiera pedírselo a Donald Trump). "Primero dormiremos una sienta, después limpiaremos la casa, y finalmente iremos a bailar. ¿De acuerdo?".

Otras veces necesitará imponer (suavemente) la ley y decirle al cuerpo: "No hay siesta", a las emociones: "No hay baile", o a la mente: "La casa está suficientemente limpia".

La armonía es amor puro,
porque amar es total acuerdo.
LOPE DE VEGA

Cualquiera que sea la forma en que lo trabaje, no se quede atrapado en el pensamiento, los sentimientos o las acciones improductivas. El resultado es la falta de efectividad, y la falta de efectividad alimenta la falta de valoración ("Ya sabía que no podía hacerlo"), lo que lleva a más pensamientos negativos, lo que conduce a la Respuesta Pelea-Huida, lo que... bueno, usted ya leyó esa parte del libro.

El placer más grande que conozco es hacer el bien
a hurtadillas, y que alguien lo reciba de sorpresa.
CHARLES LAMB

Si Quiere Sentirse Bien Consigo Mismo, Haga Cosas Buenas

Vivimos, como Madonna tuvo la gentileza de informarnos, en un mundo material. Una de las maneras más fáciles de hacer para sentirnos bien con nosotros mismos es hacer cosas buenas. La palabra operativa aquí es *hacer*.

¿Qué es "bueno"? Le dejo la decisión a usted. Lo que piense que es bueno, siempre que no se lastime a sí mismo y no lastime a otros, a mí me parece bien.

Pueden ser cosas buenas para usted: mentales (aprender algo nuevo, enfocarse en lo positivo, leer un buen libro -pero eso ya lo está haciendo-), físicas (ejercicio, masaje, meditación) o emocionales (practicar el perdón, pasar tiempo con un ser amado, ver una buena película).

O pueden ser cosas buenas para con alguien que conoce, o alguien que no conoce, o un grupo que hace servicio, o la naturaleza, o las ballenas, o la paz mundial, o el planeta.

Una vez más, la clave es *acción, hacer, movimiento, participación*. Como dijo la Guía Espiritual de Madonna, Olivia Newton-John: "Démosle a lo físico". Enviar pensamientos agradables a alguien es, bueno, algo lindo de hacer, pero enviarle una nota que dice lo que piensa es aún más lindo.

Siempre digo, mantén un diario,
y algún día él te mantendrá a ti.
MAE WEST

Escriba lo Bueno

Cuando sucede algo bueno, escríbalo. Compre un cuaderno especial -tal vez uno cubierto de tela, especial, de portada dura -y úselo para escribir todo lo que hay de bueno en su vida.

Incluya las cosas buenas que le pasan a usted y las cosas buenas que hace por usted y por otros. Dedique por lo menos diez minutos al día -o más- a recordar y escribir lo bueno.

No tiene que escribir mucho. Y no es necesario que lo que escriba tenga sentido para nadie más. "Vi un amanecer hermoso". "Hablé con abuela". "Vi una buena película en televisión". "Ya me duele menos el brazo izquierdo". "Recibí carta de Juan".

Comience su cuaderno escribiendo: "Me compré este hermoso cuaderno...", y agregue: "Estoy escribiendo el libro más maravilloso", porque eso es lo que hará.

Tendemos a olvidar lo bueno y recordar lo malo. Parecemos estar programados de esa manera. Escribir lo bueno nos ayuda a reprogramarnos. Nos entrenamos para enfocarnos en lo positivo, y luego extendemos esa positividad de una manera física, material (escribiendo).

Use el libro cada vez que se sienta decaído o algo triste. Léalo. Recuerde lo bueno. Le levantará el ánimo.

Hay días en que pienso que me voy a morir
de una dosis excesiva de satisfacción.
SALVADOR DALI

HACER LAS COSAS CON ALEGRÍA CREA MÁS ALEGRÍA

Si quiere más alegría en su vida, haga lo que tenga que hacer con alegría.

¿Cómo? Haciéndolo. ¿Cómo se comporta cuando está alegre? Compórtese así. ¿Cómo piensa cuando está alegre? Piense así. ¿Cómo se siente cuando está alegre? Siéntase así.

La alegría da pie a un ciclo de alegría, lo que produce más alegría, lo que a su vez produce aún más alegría.

No es necesario que haga nada especial o diferente -puede conducir el automóvil o hacer la cama o leer un libro-. No importa lo que haga, hágalo con alegría.

Lo mismo pasa con el amor, la felicidad, la compasión y todas las actitudes buenas (¿o deberíamos llamarlas beatitudes?) de la vida. Hacer las cosas con amor produce más amor. Hacer las cosas con felicidad produce más felicidad. Hacer las cosas con compasión produce más compasión.

Es un espiral ascendente, maravilloso, que empieza en el momento en que usted decide empezarlo. ¿Qué tal ahora mismo?

No puedo darles la fórmula del éxito,
pero puedo darles la fórmula del fracaso,
que es: "Trata de complacer a todos".
HERBERT BAYARD SWOPE

Puede Tener Cualquier Cosa que Quiera-Lo que no Puede es Tener Todo lo que Quiera

No importa lo poderosos que seamos los humanos, tenemos algunas limitaciones importantes:

1. Podemos poner nuestro cuerpo físico en un sólo lugar a la vez.

2. Tenemos únicamente veinticuatro horas cada día, trescientos sesenta y cinco días cada año. (Excepto cada cuatro años, cuando tenemos un día extra).

3. Pasaremos una cierta cantidad de años en este planeta y no más. (Entre cero y, máximo, ciento cincuenta).

Teniendo todo esto en cuenta es obvio que no podemos, contrariamente a lo que dicen los pensadores positivos, los libros de superación personal, y los comerciales de televisión, "Tenerlo todo". Hay demasiado de "todo" y no hay suficiente tiempo.

Pero usted puede, sin embargo, contrariamente a lo que dicen los pensadores negativos, los maestros de tercer grado y los que siempre escuchan lo racional, tener *cualquier* cosa que quiera. Las únicas limitaciones a "cualquier cosa" son: "¿Lo puede tener cualquiera?" y "¿Está disponible?". Si la respuesta a esas dos preguntas es sí, también usted puede tenerlas.

No se quede perdido en lo que es "posible" e "imposible". Si no tiene dinero, y dice: "Quiero tener diez millones de dólares", puede parecerle imposible. Pero no lo es. Mucha gente ha comenzado sin dinero y ha reúnido diez millones de dólares.

Ocúpese únicamente de si "funciona" o "no funciona". No funciona podría ser: "Quiero ser el primer hombre que llegue a la luna". No funciona. Ya lo hicieron. Pero ser la primera *mujer* en la luna, funciona. No ha sido hecho aún.

Obtener lo que quiere, requiere de diez pasos sencillos. Sencillos, pero si su deseo es gigantesco (no imposible, no, no, nada más gigantesco), tal vez no sean fáciles. Estos diez pasos también funcionan para deseos no-gigantescos, en cuyo caso la cosa será más fácil.

Si tiene presente que no puede tener *todo* lo que quiere, he aquí cómo puede tener cualquier cosa que quiera:

1. Enfoque su atención en lo que quiere. Interésese. "Obsesiónese".

2. Visualice e imagínese a sí mismo haciendo o teniendo lo que desea.

3. Sienta entusiasmo por lograrlo y tenerlo.

4. Sepa exactamente lo que quiere. Escriba una descripción detallada. Haga dibujos. Construya modelos.

5. Deséelo por encima de todo. Por encima de todo. Por encima de todo.

6. Tenga fe. Participe. *Sepa* que puede tenerlo, que ya es suyo. Participe en lo que necesita hacer para tenerlo.

No debe quedarse sin deseos. Son estimulantes pode-
rosos para crear, para amar y añorar la vida.
ALEXANDER BOGOMOLETZ

7. Haga el trabajo necesario. ¿Cómo sabe cuánto trabajo hace falta? Cuando lo tenga, ya es suficiente. Hasta que lo tenga, no es suficiente.

8. Deje de lado todo lo que interfiera con su meta.

9. Pretenda que ya lo tiene.

10. Esté agradecido por lo que ya tiene.

Bueno. Eso es todo. Cómo obtener cualquier cosa que quiera.

Si tiene una enfermedad que pone en peligro su vida, este puede ser un mapa para su recuperación. Si *una sola persona* ha sobrevivido la enfermedad que usted tiene actualmente, usted puede ser la número dos. Si nadie la ha sobrevivido, usted puede ser la número uno.

Francamente, el punto a tener en cuenta aquí -la letra chica del contrato- es el número cinco: *Deséelo por encima de todo.* Hay personas que, en su proceso de tener una enfermedad que pone en peligro su vida, se preguntan qué hay más allá del mundo físico. Comienzan a desear -por encima de todo- una respuesta a la pregunta: "¿Qué pasa después de la muerte?"

Si creen en Dios, a menudo -por encima de todo- quieren conocer a Dios, sentir con mayor abundancia la presencia de Dios, prepararse, como dicen, "a conocer a su creador".

Aun W. C. Fields, poco antes de su muerte, fue encontrado por un amigo leyendo la Biblia. "¡Bill!", dijo su

> *Durante días vivimos sin nada*
> *más que comida y agua.*
> W. C. FIELDS

amigo, "tú no crees en Dios. ¿Para qué estás leyendo la Biblia?".

"Estoy leyendo entre líneas", contestó Fields. Nos puede gustar pensar que encontró lo que buscaba.

El problema no está simplemente entre el hábito de pensar negativamente y el enfoque positivo requerido para curar su cuerpo; el problema también está en decidir entre quedarse aquí, en este cuerpo en este planeta, o ir a otro lado que mucha, mucha gente ha descrito como mucho mejor que este.

Como decía el Rey en *El Rey y Yo*: **"Es un acertijo"**.

O como decía el letrero: "Todos quieren ir al Cielo, pero nadie quiere morirse".

O como decimos nosotros: "Puede tener cualquier cosa que quiera; pero no puede tener todo lo que quiera".

Todo tiene su tiempo,
y todo lo que se quiere
bajo el cielo tiene su hora.
Tiempo de nacer y tiempo de morir;
tiempo de plantar,
y tiempo de recoger lo plantado;
Tiempo de matar, y tiempo de curar;
tiempo de destruir,
y tiempo de edificar;
Tiempo de llorar, y tiempo de reír;
tiempo de endechar,
y tiempo de bailar;
Tiempo de esparcir piedras,
y tiempo de juntar piedras;
Tiempo de abrazar,
y tiempo de abstenerse de abrazar;
Tiempo de buscar, y tiempo de perder;
tiempo de guardar,
y tiempo de desechar;
Tiempo de romper, y tiempo de reparar;
tiempo de callar,
y tiempo de hablar;
Tiempo de amar, y tiempo de aborrecer;
tiempo de guerra,
y tiempo de paz.
ECLESIASTES 3:1-8

¿Cuál es su Propósito en la Vida?

Todos tenemos un propósito en la vida. Muy poca gente sabe cuál es el suyo. ¿Cuál es el suyo?

Un propósito puede ser resumido en unas pocas palabras. Generalmente comienza: "Yo soy...". Es una declaración sencilla y poderosa sobre por qué está aquí, qué vino a hacer.

De hecho, es lo que ha estado haciendo hasta ahora. Ha estado cumpliendo con su propósito durante toda la vida, aun cuando no sepa conscientemente cuál es.

Un propósito no es un objetivo. Un propósito no puede nunca ser logrado y descartado. Un propósito se llena, se completa, continuamente, a cada momento. Los objetivos que pueden ser definidos, obtenidos, no son más que estaciones de descanso en el camino.

Las declaraciones de propósito suenan así: "Soy un explorador alegre", "Soy un amante de la vida", "Soy un siervo del espíritu", "Soy un repartidor de felicidad", "Soy un estudiante voluntario de la vida", "Soy un sirviente de la humanidad", "Soy el que da con alegría", "Aprendo y enseño", "Sé y crezco", "Soy un contribuidor silencioso", "Soy un discípulo alegre", "Soy el que aprecia con intensidad", "Soy un creador de buena disposición", etc. ¿Ya tiene una idea?

Un propósito es suficientemente general como para acomodarse a muchas situaciones en cualquier momento de la vida, pero suficientemente específico para acomodarse perfectamente a usted. "Soy un estudiante de la vida"

> *Nada contribuye tanto a tranquilizar la mente*
> *como un propósito firme: un punto sobre el cual*
> *el alma pueda fijar su ojo intelectual.*
> MARY WOLLSTONECRAFT SHELLEY

puede coincidir casi con cualquiera. Pero "Soy un alegre estudiante de la vida" puede representarlo a *usted*.

Puede que *quiera* que su vida siga cierto camino. Ése no es necesariamente su propósito. Las declaraciones sobre lo que quiere en la vida se llaman afirmaciones. Hablaremos de ellas más adelante. Su propósito es lo que *ya está haciendo*. Puede mirar atrás y decir: "Sí, eso es lo que he estado haciendo todo el tiempo", y puede mirar hacia adelante y decir: "Sí, eso es lo que voy a hacer de ahora en adelante".

El propósito también implica alguna acción dirigida y movimiento. "Estoy aquí", o "Soy un ser humano", o "Soy hijo de Dios" pueden ser frases correctas, pero no indican movimiento. Un propósito incluye tanto movimiento como dirección.

Para descubrir su propósito, comience por decirse: "Quiero saber cuál es mi propósito". Puede que se le haga evidente de inmediato, o que pase un tiempo antes de que se le revele.

Observe su vida. Escriba las palabras (inspiradoras, por favor) que describan las actividades y la dirección general de su vida hasta ahora. Mientras escribe, algunas pueden parecerle las palabras "justas". También puede pedirle a gente que conozca que le sugieran palabras (inspiradoras, por favor) que se apliquen a su caso.

Escriba las palabras que le parezcan "justas" en otra página. Experimente con ellas. Eventualmente se harán evidentes dos o tres que describan el impulso que ha tenido su vida hasta ahora.

Un propósito no es algo que usted *crea*; es algo que *descubre*.

Una vez que sabe cuál es su propósito, se transforma en el emblema de su vida. Cuando se pregunta: "¿Debería hacer esto o aquello?", observe su propósito. Si una de las posibilidades está alineada con su propósito y la otra no, la elección se hace clara. Si ninguna de las dos está alineada con su propósito, busque otras opciones. Y si ambas están alineadas con su propósito, elija la que le guste más.

Puede ser buena idea mantener su propósito en privado. Puede ser su pequeño secreto consigo mismo. Esto lo mantiene poderoso, evita comentarios tales como: "A mí no me parece que actúes como alguien que da con alegría", y no permite que el descubrimiento de su propósito se transforme en una función del ego. ("Veamos, ¿qué suena *realmente bien*?").

Una vez que descubra su propósito, ha contestado una pregunta que existe desde los comienzos de la humanidad: "¿Para qué estoy aquí?".

Si sabe cuál es su propósito, pero no ha estado actuando tan de acuerdo con él como sería posible, este puede ser uno de los factores que contribuyen a su descontento.

Si sabe que su propósito es "dar con alegría", pero ha estado dando con resistencia, o guardando todo para usted con enorme alegría, puede estar obstruyendo su energía, o

El secreto del éxito
es la constancia en el propósito.
BENJAMIN DISRAELI

sintiendo que no pertenece a este lugar, o que "algo no está bien" (con todos los pensamientos negativos que acompañan a ese sentimiento), es decir, puede estar causando una enfermedad.

Cuando se siente más alineado con su propósito de manera participativa, haciendo, moviéndose, puede notar que su energía fluye más libremente, que desaparecen las obstrucciones y tensiones del cuerpo y que se siente más activo, vibrante, vivo; es decir, más sano.

Quiero que la muerte me sorprenda
plantando mis repollos.
MICHEL EYQUEM DE MONTAIGNE, 1533

¿QUÉ QUIERE?

La mayor parte de la gente no sabe realmente lo que quiere. Piensan que saben, pero en realidad no saben. Una entrevista puede resultar en algo así:

- ¿Qué quiere?"
- Quiero un millón de dólares.
- ¿Qué haría con él?
- Dejar de trabajar.
- ¿Y luego?
- Comprar cosas.
- ¿Qué compraría?
- Un automóvil. Una casa. Muebles.
- ¿Y después?
- Viajaría.
- ¿A dónde?
- Bueno, a Europa, a Hawái.
- ¿Y luego?
- Descansaría y disfrutaría el resto de mi vida.
- ¿Haciendo qué?
- Conduciendo mi carro. Viviendo en mi casa. Nadando en mi piscina. Mirando televisión.
- ¿Todo el tiempo?
- Bueno, todo el tiempo no. Haría otros viajes.

*El punto más elevado de la felicidad es
que un hombre esté dispuesto a ser quien es.*
DESIDERIO ERASMO 1465-1536

- ¿A dónde?

- Eh... no sé. ¡Déjeme tranquilo! ¿Qué le pasa? *¡Déjeme
tranquilo!*

La mayoría de la gente no sabe realmente lo que quiere
en la vida. No podrían hacer una lista -de uno a diez, en
orden de importancia- de lo que quieren tener, hacer o ser.

Esa lista es invaluable. Nos ayuda a elegir entre las
oportunidades que surgen en nuestra vida. (Contrariamente al dicho popular, la oportunidad llama a la puerta
más de una vez, en realidad, llama hasta el cansancio).
Nos ayuda a plantearnos objetivos. Nos asiste cuando hacemos planes. Contesta la pregunta que nos persigue a
todos: "¿Qué voy a hacer con el resto de mi vida?".

Evite la falta de exactitud en la que suele caer la gente
cuando se siente perdida. No diga: "Si solamente recuperara la salud (o lo que sea que perdió recientemente), ¡no
pediría nunca más nada!". No se engañe. Si recuperara la
salud, pronto querría otras cosas. Así que averigüe cuáles
son. Algunas veces, con sólo saber cuáles son esas cosas y
hacerlas, su salud volverá "milagrosamente".

Para hacer la lista, puede comenzar escribiendo todo lo
que quiere tener, hacer o ser. Sin discriminación. Sin límites.
Escriba todos sus deseos, objetivos, necesidades. Dedíquele
tiempo. Incluya objetivos materiales, mentales, emocionales, físicos y espirituales. Haga una lista bien completa.

Debemos cultivar nuestro jardín.
VOLTAIRE

Ahora revise la lista. ¿Cuáles son las cosas que *usted* realmente quiere, y cuántas incluyó únicamente porque le *pareció* que debería quererlas? ¿Quiere realmente, digamos, un Rolls Royce, o es simplemente el símbolo de alguna otra cosa? (¿Alguna vez *condujo* un Rolls Royce?). Elimine de la lista las cosas que *usted* no desea realmente.

Revise la lista otra vez y, teniendo en cuenta los diez pasos del capítulo "Puede Tener Cualquier Cosa que Quiera; lo que no Puede es Tener Todo lo que Quiera", pregúntese con respecto a cada renglón: "¿Estoy dispuesto a hacer el trabajo que se requiere?", "¿Estoy dispuesto a hacer un plan y seguir todos los diez pasos para lograr esto?". Si descubrió su propósito, pregúntese: "¿Está esto alineado con mi propósito?". Si la respuesta a cualquiera de estas preguntas es no, táchela de la lista y *déjela ir*. La próxima vez que piense sobre el tema, dígase: "Ya pensamos sobre este asunto y decidimos no hacerlo, ¿recuerdas?".

Ahora vea si las cosas que todavía quedan en la lista son contradictorias entre sí. "Quiero ser dueño de una fábrica de chocolates, y comer todo el chocolate que se me dé la gana" puede estar en conflicto con: "Quiero un cuerpo delgado, esbelto, saludable". "Quiero ser concertista en piano" puede estar en conflicto con: "Quiero ganar una medalla olímpica". (Ambos requieren de una enorme dedicación y práctica diaria). "Quiero ir a una fiesta cada noche" y "Quiero disfrutar de la tranquila vida hogareña" parecen estar en conflicto. (Si se va de fiesta todo el tiempo, puede tener una tranquila vida de hogar -usted no estará allí, pero su hogar estará tranquilo-). Entre dos deseos en conflicto, elija el que desea más, y tache el otro de la lista.

Ahora haga una primera lista por prioridades. Marque cada renglón con una "A" (esto es algo que quiero mucho, mucho, mucho), "B" (esto es algo que quiero mucho), o "C" (esto es algo que quiero).

Una vez que ha terminado, cuente la cantidad de A, B y C. Si tiene más de diez A, elimine todas las B y las C. Si tiene diez entre A y B, elimine las C. (La gente rara vez incluye C de todas maneras, así que ¿para qué preocuparse de ellas?) Siga eliminando hasta que tenga diez renglones.

Escriba nuevamente los diez renglones en una hoja limpia. Revise la lista y elija *una* que sea la más importante. Escríbala en una hoja nueva, y táchela de la lista anterior. Ahora revise las otras nueve preguntándose: "¿Cuál es la más importante?" Pásela a la hoja nueva, y táchela de la lista anterior. De las ocho que quedan, ¿cuál es la que *más* desea? Continúe así hasta que las diez estén copiadas en la nueva lista, en orden de importancia.

Ahora vuélvalas a copiar en otra hoja nueva, numerándolas y agregándoles comentarios. Al final de cada una conteste una pregunta importante: "¿Cómo sabré que he logrado este objetivo?" Sea específico, de manera que sepa cuándo podrá tachar un renglón e incluir otro.

Contemple su Plan de Vida.

Teniendo en cuenta que sólo tiene veinticuatro horas en un día, trescientos sesenta y cinco (o trescientos sesen-

Ponga todos sus huevos en una canasta,
y CUIDE LA CANASTA
MARK TWAIN

ta y seis) días por año, y una cierta cantidad de años en este planeta, tal vez lo que está en esa lista sea todo lo que puede lograr. Ciertas cosas materiales aparecerán y serán reemplazadas por otras, pero otros objetivos, tales como estar sano, sentirse feliz y conocer a Dios, le pueden llevar el resto de su vida, aun cuando le queden otros noventa y nueve años.

HÁGALO

Ahora que sabe lo que quiere, haga un plan, póngase en movimiento, comience a conseguir lo que quiere, haga lo que necesita hacer, participe y dé los pasos necesarios. Si no nos erizáramos cada vez que oímos una expresión que solía ser motivante, diríamos: "¡Hágalo ya!".

La diferencia entre eficiencia y efectividad es la siguiente: "La eficiencia completa el trabajo correctamente. La efectividad completa el trabajo correcto". Ahora que sabe cuál es "el trabajo correcto" para usted (su lista de "los diez"), está listo para dedicarse a la acción efectiva.

He aquí algunos pensamientos sobre la acción exitosa:

1. *Divida el objetivo en pasos razonables.* Si quiere ser abogado, pero todavía no terminó la secundaria, su próximo paso razonable podría ser: "Llamar al Consejo de Educación y averiguar cuándo es el próximo examen de equivalencia de secundaria". El segundo paso podría ser: "Presentar el examen". Una vez que reciba el resultado del examen, sabrá cuáles son los próximos pasos.

2. *Haga un plan.* Una vez que tenga sus objetivos por escrito, con sus primeros pasos razonables, prográmelos. Consiga un calendario o una agenda (si es que ya no los tiene) y programe los pasos en su momento adecuado.

Aun cuando se encuentre en el camino correcto,
se lo llevarán por delante si se queda sentado.
WILL ROGERS

3. *Sea flexible.* A medida que va cumpliendo con los pasos, descubrirá nueva información que puede resultar en cambios de los pasos siguientes.

4. *Esté dispuesto.* Recuerde: "Estar dispuesto a hacer crea la capacidad de hacer".

5. *No permita que lo que siente con respecto a algo le impida hacer lo que sabe que necesita hacer.* Sienta el sentimiento (miedo, aburrimiento, resistencia, etc). y hágalo de todas maneras. Mueva el cuerpo físicamente en la dirección de sus objetivos. Dé los pasos siguientes. Los sentimientos pueden quejarse. Espere que así sea. Deles las gracias por el "consejo" y siga adelante.

6. *Transforme el miedo en excitación.* Como dijimos antes, si presta atención a lo que siente notará que el sentimiento fisiológico que llamamos "miedo" y el sentimiento fisiológico que llamamos "excitación" son el mismo. A uno lo catalogamos como "malo", al otro como "bueno". Si siente "ese sentimiento" y automáticamente lo llama "miedo", haga el cambio y llámelo "excitación". Cada vez que se oye decir (a sí mismo o a los demás): "Tengo miedo", cámbielo a: "Estoy excitado". Este sentimiento del cual se ha hablado tan mal, es en realidad una bendición. Es *energía de preparación.* Mantiene su mente enfocada, su energía a alto nivel, su atención clara: exactamente lo que necesita para ayudarse a hacer cosas nuevas y "excitantes".

7. *Transforme la terquedad en determinación.* Como el miedo y la excitación, la terquedad y la determinación son el mismo tipo de energía. Ambos incluyen firmeza, constancia, poder e impulso. Para la mayor parte de la gente se trata de cambiar el "poder del no" (terquedad) por "poder del sí" (determinación). Cuando se da cuenta de que está siendo terco (*No* quiero esto), averigüe lo que sí quiere, y usando la misma energía oriéntese hacia ello. Use el *sí* para ir más adelante del *no*. El *hacer* para ir más adelante del *no hacer.*

8. *Hágalo como si se lo estuviera enseñando a alguien.* Dé un buen ejemplo, aún cuando no haya nadie alrededor. Use la precisión, dedicación, valentía, bondad y persistencia que uno esperaría de un gran maestro educando a un estudiante amado. En un sentido eso es exactamente lo que está haciendo: está enseñando a ciertas partes suyas (su mente, su cuerpo y sus emociones) a vivir con mayor plenitud.

9. *Sea responsable.* Esté dispuesto a responder a cualquier cosa que se presente en su camino. No caiga en la trampa del pensamiento negativo que llama a ciertos hechos "dificultades" o "desilusiones". *Responda* a ellos de manera que consiga lo que quiere. Eso es responsabilidad.

10. *Pida.* Aprenda a pedir lo que quiere. Pida asistencia, ayuda, guía, instrucción -lo que necesite-. Lo más que puede suceder es que no se lo den -que es exactamente lo mismo que sucedía antes de que pidiera-. Como solían decir en televisión: "Tiene todo que ganar y nada que perder". Además, no espere que los que han ofrecido ayuda

El destino de la humanidad no se decide
mediante la computación material.
Aprendemos que somos espíritus, no animales, y que
algo está sucediendo en el espacio y el tiempo,
y más allá del espacio y el tiempo, lo cual,
nos guste o no, se llama deber.
WINSTON CHURCHILL

(especialmente los más próximos) aprendan a leer su mente. Hágales saber lo que necesita a medida que lo necesita. No asuma que "deberían" saber "si realmente me amaran". Pueden amarlo mucho, y aún así no saber. Pídales.

11. *Hágalo con amor.* Sea suave y dulce con usted mismo y con los demás. No se obsesione tanto con el objetivo que el proceso se le haga desagradable. Envíe la luz de su amor para que le abra el camino. Y cuando llegue a la meta, su amor habrá preparado un lugar para usted. Sea bondadoso, dulce, y disfrute del proceso.

No podemos soportar
ni nuestros males ni nuestras curas.
LIVIO 59 AC - 17 d. de C.

Si No Está Participando Activamente en Obtener lo que Quiere, no lo Quiere Realmente

E scriba la frase anterior en letras grandes, y póngala donde la pueda ver a menudo. Una gran cantidad de pensamientos negativos, depresión, frustración, enfermedad, etc., surge de que la gente *piensa* que quiere algo que realmente no quiere.

¿Cómo sabe lo que quiere realmente? Lo que quiere realmente es lo que está tratando de *lograr activamente*. Todo lo demás es lo que piensa que quiere. Si *piensa* que quiere algo, pero no está participando activamente en lograrlo, se está contando un cuento.

Es verdad que, en cada momento, no puede estar participando en hacer algo por *todo* lo que quiere. Así que ¿cómo sabrá si está activamente involucrado?

Usemos su calendario. ¿Tiene programadas actividades que apoyan cada meta que desea lograr? ¿Los "pasos" siguientes que necesita tomar están programados a corto plazo, digamos durante las próximas dos semanas? Si no es así, pregúntese: "¿Está este objetivo pasando a ser uno de los 'para después'?", ("Lo haré después, lo haré después", y nunca se hace).

No existe más fracaso que el no seguir intentando.
ELBERT HUBBARD

Soy pragmático. Si alguien me dice: "Puedes confiar en mí, puedes contar conmigo", respondo: "Muy bien", y luego observo. Si *ella* (en el último ejemplo lo usé a *él, así que* usémosla a ella esta vez) llega tarde tres veces seguidas, pero continúa diciendo que puedo confiar en ella, tenderé a basar más mi opinión en sus acciones que en sus palabras. No es que esté tratando de engañarme a propósito. Es posible, por otro lado, que se esté engañando a sí misma.

Si la gente dice que desea tener salud, observo lo que está *haciendo*. ¿Están realmente involucrados en su curación? ¿Están haciendo todo lo que pueden para promover la presencia de ideas saludables, sentimientos saludables y acciones saludables en sus vidas? Si es así, diría que realmente quieren tener salud. Si no, no.

Más aún, si están involucrados en actividades que dañan la vida -son distintas para las distintas enfermedades y los distintos individuos- diría que no solamente no desean más salud sino que tienen, en realidad, un deseo de tener menos salud.

Somos más que nuestras mentes, más que nuestro proceso de pensamiento. También somos más que nuestros sentimientos y más que nuestro cuerpo. La mayor parte de la gente dedica tanto tiempo a pensar o a sentir que terminan *pensando* que un pensamiento, o *sintiendo* que un sentimiento es *ellos*. No es así. Es sólo un pensamiento o un sentimiento. Pensar que quiere algo, o sentir que quiere algo no significa necesariamente que lo desee.

Lo que quiere -lo que realmente quiere- es lo que manifiesta activamente en su vida: lo que hace realidad a través de la acción.

Si piensa que quiere algo, pero no está haciendo mucho para lograrlo, tiene tres posibilidades:

1. Puede continuar como hasta ahora: haciéndose el cuento y pretendiendo que realmente quiere esta cosa que, basándonos en los resultados, no quiere realmente. Esto causa frustración ("¿Por qué nunca puedo tener lo que quiero?"), dolor ("Nunca logro lo que quiero"), resentimiento ("¿Por qué otra gente logra lo que quiere y yo no?") y desvalorización ("Debe ser que no me lo merezco").

2. Olvidar el objetivo. Darse cuenta de que es una buena idea, y si estuviera a su disposición en la habitación de al lado probablemente iría y la disfrutaría, pero que no es, en realidad, algo que quiere *más* que las *otras cosas* que está tratando de lograr activamente. Reconoce que está ocupando su tiempo en buscar otras cosas; por lo tanto, debe quererlas más que lo que quiere esto; por lo tanto, olvídese de ella por el momento.

3. Hacer lo que haga falta para lograr el objetivo. Elimine de su programa todas las actividades que apoyan metas de menor importancia que esta. A medida que se acerca a la meta, aparecerán algunos reparos mentales, emocionales y físicos. A pesar de las quejas de su mente, emociones y cuerpo, *si sabe que necesita hacerlo, hágalo de todas maneras.* Suavemente, amorosamente -pero con firmeza- enséñele a las partes que ponen reparos que tiene una nueva meta,

> *Creo que cualquiera puede conquistar*
> *el miedo haciendo lo que tiene miedo de hacer,*
> *siempre que continúe haciéndolo hasta acumular*
> *un acervo de experiencias exitosas.*
> ELEANOR ROOSEVELT

una nueva prioridad, y que sus acciones estarán de ahora en adelante alineadas con el logro de esa meta.

Esas son sus posibilidades. La mayor parte de la gente elige no eligiendo: "eligen" la número uno porque no eligen otra, y las cosas siguen como en el pasado. Sugiero que elija entre las opciones dos y tres. Cualquiera de las dos le dará un control más activo de su vida, de sus pensamientos, sentimientos y acciones.

Un último punto. Si salud, felicidad, alegría y/o amor aparecen en su lista de metas, tiene un barómetro continuo aquí y ahora que le indica si se está acercando a su objetivo: dónde, momento a momento, tiene enfocada la atención.

¿Está enfocado en lo que no está bien, no está correcto, no es como usted lo quiere? Si es así, salud, felicidad, alegría y amor pueden ser incompatibles con esa acción.

Si se está enfocando en lo que está bien, correcto, agradable, lo que vale la pena apreciar a su alrededor (y dentro suyo), yo diría que está haciendo mucho para promover la salud, la felicidad, la alegría y el amor.

La fe es una excitación y un entusiasmo: es una condición de magnificencia intelectual a la cual debemos aferrarnos como un tesoro, y no derrocharla en la moneda chica de las palabras vacías.
GEORGE SAND

PRACTICAR LA FE

La fe, en sí misma, puede ser un poco pasiva. Me gusta pensar en la fe como un proceso activo, y es por eso que uso la expresión *practicar la fe*.

Practicar la fe es confiar en que todo funcionará para el mayor bien de todos los involucrados. Más allá, practicar la fe es darse cuenta de que todo ya está funcionando para el mayor bien de todos los involucrados. Tal vez no nos guste la forma en que están sucediendo las cosas, pero con fe nos damos cuenta de que nuestra opinión y nuestro deseo de cómo *debería* ser no es necesariamente la mejor.

Practicar la fe es dejar activamente de lado nuestras debería, tendría, nuestras opiniones y creencias, y unirnos a lo que *está sucediendo realmente*. Cuando practicamos la fe, le damos más importancia a la aceptación que a nuestra opinión.

Jesús dijo que si alguien tuviera la fe de una semilla de mostaza, podría mover una montaña. ¿Qué es la fe de una semilla de mostaza? Una semilla de mostaza es una semilla muy pequeña, pero, cuando la plantamos, crece y se transforma en un enorme árbol, y produce millones de semillas de mostaza.

La semilla de mostaza no tiene que *pensar*: "¡Ah! Soy en realidad un árbol y sé que puedo ser un árbol". La semilla

Porque como el cuerpo sin espíritu está muerto,
así también la fe sin obras está muerta.
SANTIAGO 2:26

de mostaza pone la fe en la *acción*. En ella está todo lo que necesita para transformarse en un árbol. Una vez plantada -si se la alimenta apropiadamente- simplemente lo *hará*.

Si tenemos fe de que todo va a salir bien, la siguiente conclusión lógica es que todo *ya* está bien. Donde estamos ahora es el "está bien" en el que tuvimos fe en un tiempo pasado, cuando estábamos practicando la fe.

Hay gente que usa la fe pasiva para negar el momento. "Tan pronto como esta realidad coincida mejor con mi idea de cómo debería ser, todo estará bien". Pero si todavía no se ha dado cuenta (por citar a Roseanne Roseannadanna): **"Cuando no es una maldita cosa, es la otra"**.

Este momento está bien, tal como es.

Practicar la fe funciona *aquí y ahora*. Reconoce que hay un plan, y que el plan se está desarrollando perfectamente. Puede que no nos guste, pero continúa desarrollándose perfectamente de todas maneras. Practicar la fe es fluir con lo que sucede, no importa lo que sea.

El que vive de la esperanza, morirá ayunando.
BENJAMIN FRANKLIN

LOS DOS LADOS DE LA ESPERANZA

¿Se acuerda de la historia de la Caja de Pandora? Pandora era una especie de Eva de la Mitología Griega; la Primera Mujer a quien Dios (Zeus, en este caso) le dijo que no hiciera algo, y ella lo hizo de todas formas.

A Pandora le dieron una caja (en realidad era un frasco) y le dijeron que no lo abriera, porque contenía todos los males del mundo. Ella se llevó el frasco/caja a su luna de miel. Y como la luna de miel estaba bastante aburrida, lo abrió.

Tal como en la película "Los Cazadores del Arca Perdida", cuando los Nazis abrieron el Arca y todos los espíritus salieron disparados, acompañados de sonido Dolby, cuando Pandora abrió el frasco/caja se escaparon todos los males del mundo. El último de los males que había en el frasco/caja era la esperanza. Lo que sucede es que la esperanza no es clara. Algunas historias dicen que se quedó adentro; otras dicen que logró salir. Pero todos están de acuerdo que era el último mal en el frasco/caja.

La mayoría de la gente interpreta esto como buenas noticias: sí, el mal ha llegado al mundo; sin embargo, también se nos ha dado la esperanza, que puede conquistar a todo el mal del mundo.

¿Alguna vez consideró que la esperanza puede ser uno de los males del mundo? La única diferencia es que la

La esperanza es un buen desayuno,
pero una mala cena.
FRANCIS BACON, 1624

esperanza tiene un agente de relaciones públicas superior al de los otros males. (Los otros males dependen de los comentarios que van de boca en boca, y la verdad es que tampoco les va mal).

Si no fuera por la esperanza, tal vez hubiéramos ya eliminado todos los otros males desde hace tiempo. Nos hubiéramos cansado de ellos y los hubiéramos encerrado nuevamente - "¡Vuelve al frasco/caja!".

Lo que solemos hacer, en cambio, es tolerar el mal y tener la esperanza de que va a desaparecer. "¡Oh!, espero que todo haya mejorado mañana", suspiramos, sin hacer absolutamente nada productivo para desembarazarnos de "ello" hoy. ("Ello" quiere decir cualquier mal que en este momento lo esté haciendo suspirar).

La esperanza de la que hablamos es el tipo de esperanza que inspira pasividad, resignación y estancamiento.

Hay gente que usa la palabra *esperanza* de distinta manera, casi como una plegaria: "Tengo la esperanza de que no llueva, pero por si acaso me traje el paraguas". Como dijimos antes, espere lo mejor, prepárese para lo peor, y apunte al medio.

Si hay una situación en su vida -ya sea una enfermedad grave o algún otro "mal"- y está utilizando la esperanza para estimularse a sí mismo a niveles más y más profundos de inactividad, desidia y estupor, está siendo dominado por el lado oscuro de la esperanza.

Un caballero que había pasado por un matrimonio muy infeliz, volvió a casarse inmediatamente después de la muerte de su esposa. Johnson dijo, fue el triunfo de la esperanza sobre la experiencia.

BOSWELL

Sáquesela de encima. Póngase en actividad. Haga algo para reemplazar el mal por lo que realmente quiere. Póngase en movimiento, acercándose a una condición positiva en la cual no exista el mal. (No "elimine" el mal: reemplácelo por lo que prefiere, y enfóquese sobre lo bueno que hay en todo).

Puede tener la esperanza de que las cosas mejoren -como una forma de mantener imágenes positivas- y eso está bien. Pero si no está realizando acciones específicas, energéticas y frecuentes para hacer que las cosas mejoren, está poniendo a trabajar para usted la clase incorrecta de esperanza. (O, más bien, a trabajar *contra* usted).

El uso casi epidémico del tipo limitador de esperanza en nuestra cultura se refleja en la palabra "*esperanzadamente*" (que acabo de inventar, y que significa, por supuesto, tener esperanza). Según lo que aprendimos en la clase de gramática la palabra "esperanzadamente" sería un adverbio (termina en mente); por lo tanto, debería ser usado para modificar (describir) un verbo.

Los verbos son, por supuesto, palabras que indican acción -correr, saltar, trotar, mirar, caminar- palabras que describen movimiento. Usted puede correr "esperanzadamente", saltar "esperanzadamente", trotar "esperanzadamente", mirar "esperanzadamente" y caminar "esperanza-

No hay nada tan sabido como que no debemos esperar
algo a cambio de nada -pero todos lo hacemos-,
y lo llamamos Esperanza.
EDGAR WATSON HOWE

damente", lo que significa que está corriendo, saltando, trotando, mirando y caminando *con esperanza*.

Como dice la canción: "Camina, camina, con esperanza en el corazón". Usted está *caminando*, y lo está haciendo con una actitud de *esperanza*.

Todo esto está bien. Es correcto desde el punto de vista del lenguaje y es -desde mi punto de vista- correcto como forma de vida. Usted tiene esperanza mientras *hace algo*. *Toma acción* mientras anticipa (tiene esperanza) que la situación tenga un resultado positivo. Muy bien.

Pero la mayoría de la gente usa la palabra esperanza (o "esperanzadamente") como un substituto de la palabra "ojalá". "Tengo la esperanza de que vayamos a la tienda" significa: "Espero (ojalá) que vayamos a la tienda". "Tengo la esperanza de que este problema desaparezca" significa: "Espero (ojalá) que este problema desaparezca". "Tengo la esperanza de poder hacerlo" significa: "Espero (ojalá) que pueda hacerlo".

Tradicionalmente, este uso de la palabra *esperanza* es incorrecto pero tanta gente la usa que muchos gramáticos le han concedido (desganadamente) ese segundo uso. No estamos aquí para debatir la gramática. Estamos más interesados en cómo la palabra pasó de su forma activa "tener esperanza mientras se toma acción" a la más pasiva de "espero" u "ojalá". ¿Es tal vez una reflexión de nuestra cultura?

Viajar con esperanza es mejor que llegar.
SIR JAMES JEANS

Espero con esperanza el día en que la gente no permita que la esperanza le impida hacer lo que necesita hacer. La combinación de esperanza (anticipar un resultado positivo) y acción es un método poderoso para obtener lo que uno tiene la esperanza de tener.

Por favor use esta información sobre la esperanza para su inspiración, y no como un arma contra otros (o contra sí mismo). Si alguien dice: "Espero que te mejores", no conteste: "¿Ah sí? ¿Y qué estás haciendo para que eso suceda?". Vaya a la esencia de la comunicación -están deseándole lo mejor- y agradézcales.

Pero no deje de oírse a sí mismo. Cuando usa la palabra esperar, o esperanza, pregúntese: "¿La estoy usando como un *reemplazo* de la acción o como un *agregado* a la acción?". Si es un reemplazo, ¡a moverse! Si es un agregado, continúe moviéndose.

Es natural que un hombre se entregue a las ilusiones de la esperanza. Tendemos a cerrar los ojos a la verdad dolorosa, y a escuchar el canto de la sirena hasta que nos transforma en bestias. ¿Es esto lo que impulsa al hombre sabio, comprometido con la enorme y ardua lucha por la libertad? ¿Estamos dispuestos a ser parte de quienes, teniendo ojos, no ven, y teniendo oídos, no oyen las cosas que hacen peligrar tanto su salvación temporal? Por mi parte, cualquiera que sea la angustia espiritual que me cueste, estoy dispuesto a saber toda la verdad; saber lo peor y prepararme para ello.
PATRICK HENRY

*Aquellos que persiguen satisfacer la mente
del hombre envolviéndola con las ceremonias y la
música, y pretendiendo caridad y devoción,
se han apartado de su naturaleza original.*
CHUANG-TZU 368-286 AC

¡POBRE CARIDAD!

La caridad comenzó siendo una palabra magnífica. Para citar **El Diccionario del Origen de las Palabras**: "Caridad comenzó siendo un amor interno; luego un símbolo de este sentimiento; luego una acción o un acto". Las raíces de la palabra *caridad* incluyen *Carités*, del Griego, que significa "gracias, o gracia", y *caritas*, del Latín, que significa "amor, consideración, afecto", y *carus*, "preciado". (*Carus* es también la raíz de palabras tales como *caricia* y *acariciar*).

¿Y qué significa *caridad* actualmente? Las primeras tres definiciones del diccionario dicen: "1. Proveer ayuda o asistencia a los pobres; el acto de dar limosna. 2. Algo que se da para ayudar a los necesitados; limosna. 3. Una institución, organización o fundación establecida para ayudar a los necesitados".

Dar caridad bajo esta definición produce inmediatamente una grieta, una distancia entre el que da y el que recibe. Aunque las necesidades materiales del que reciben hayan sido solucionadas, tanto el que da como el que recibe sufren una separación. "Yo, superior y bendito entre la gente, orgullosamente te doy a ti, pobre necesitado". "Yo, pobre necesitado, acepto con humildad este regalo que me das, persona rica y benevolente".

La caridad denigra a quienes la reciben,
y endurece a quienes la dispensan.
GEORGE SAND 1842

Por cierto que no estamos criticando la caridad o los sentimientos caritativos. Es que una palabra muy buena, que comenzó significando amor, consideración y afecto, ha pasado a significar, para mucha gente, lástima.

Este estigma sobre la palabra afecta a la gente que, como dicen, "se ve forzada a aceptar la caridad ajena". (No deje pasar por alto el desamparo y la incapacidad implicados en la frase). Algunas veces la gente necesita lo que se da por caridad, de la misma manera que necesitamos agua de la compañía del agua, o electricidad de la compañía de electricidad.

La carga de tener que ir a una institución caritativa, debido a una mala y popular definición de la palabra, puede afectar profundamente el sentido propio de valorización, precisamente lo que uno no necesita cuando está necesitado.

Irónicamente, la mayoría de las instituciones de caridad -siempre que tengan los medios- están más que felices de dar ayuda a la gente que realmente la puede usar. Ese es el motivo por el cual se formó la institución en primer lugar. La gente que trabaja en la mayoría de las instituciones de caridad tiene el genuino deseo de ayudar a otros.

Las últimas definiciones de caridad del diccionario se acercan más a mi punto de vista: "4. Un acto o sentimiento de benevolencia, buenos deseos o afecto. 5. Indulgencia o abstinencia en cuanto a juzgar a los demás; benevolencia.

La caridad es la creadora de una multitud de pecados.
OSCAR WILDE

La caridad comienza por casa.
TERENCE 190-159 AC

6. *Teol.* a. La benevolencia de Dios para con el hombre. b. El amor del hombre por sus semejantes; amor filial".

El problema es que las últimas definiciones del diccionario no representan la percepción común de la palabra. Temo que *caridad* es la palabra que se asociará para siempre con el tipo de condición humana descrito en la inscripción de Emma Lazarus en la Estatua de la Libertad:

Dadme a los cansados, a los pobres,

A las masas confusas que anhelan respirar la libertad,

Los miserables deshechos que llenan vuestras costas,

Enviadme a esos, los que carecen de hogar, los

arrastrados por la tempestad:

Yo levanto mi lámpara junto a la puerta dorada.

Esta no ha sido, por supuesto, la filosofía del Servicio de Inmigración desde hace años (si es que alguna vez lo fue). Es, en cambio, la forma en que muchas instituciones de caridad representan a la gente cuando solicitan fondos. Es una táctica exitosa. Funciona. Sin duda, continuará funcionando.

Todos estamos a favor del buen trabajo que hacen las instituciones de caridad. Lo que me preocupa es la imagen de "los privilegiados" ayudando a "los necesitados". *Todos* necesitamos ayuda de los demás, cualquiera sea el nivel en que estemos.

En lugar de rehabilitar la palabra *caridad*, voy a presentar una alternativa: la palabra *servicio*.

Haz todo el bien que puedas, con todos los recursos
que puedas, de todas las maneras que puedas, en
todos los lugares que puedas, en todos los momentos
que puedas, a toda la gente que
puedas, durante tanto tiempo como puedas.
JOHN WESLEY

La Alegría de Servir

Irónicamente, la palabra servicio -que tiene sus raíces en las palabras siervo, servil, y servidumbre- parece indicar actualmente un intercambio más libre entre iguales. "¿En qué puedo servirle?" suena muy distinto a: "¿Aceptaría mi caridad?".

El servicio, como lo defino aquí, es el arte de cuidarse tan bien a sí mismo que no puede menos que cuidar a los demás. Cuando se llena a sí mismo de amor, felicidad y compasión, el deseo de compartir con los demás es automático.

Uno de los grandes secretos públicos de la humanidad es que sirviendo a los demás nos servimos a nosotros mismos. Como dijo Emerson: **"Una de las bellas compensaciones de esta vida es que nadie puede sinceramente tratar de ayudar a otro sin ayudarse a sí mismo"**. Aquellos que han dado a los demás por la alegría de dar, saben que la recompensa es justamente ésa: alegría.

Servir es una acción egoísta en el sentido más básico de la palabra. Lo hacemos porque *nos hace sentir bien*. Y como nos hace sentir tan bien, queremos hacerlo más. Un

Señor, hazme un instrumento de Tu paz. Donde haya odio, hazme cosechar amor; donde haya perjuicio, perdón; donde haya duda, fe; donde haya desesperación, esperanza; donde haya oscuridad, luz; y donde haya tristeza, alegría.
SAN FRANCISCO DE ASIS

poeta escribió una vez: "El mejor regalo es llenar una necesidad que no ha sido notada". Este es un regalo tanto para quien lo da como para quien lo recibe. "El amor que te doy es de segunda mano: lo sentí yo primero".

Los que dan a los demás y se sienten despojados, no se han tomado el tiempo para darse totalmente a sí mismos antes. Siempre dé a los demás del exceso, y si se está dando a sí mismo incondicionalmente, el exceso será más y más cada vez.

En el verdadero servicio, el que sirve y el que es servido son uno. Son iguales. Al permitir que otros le sirvan, usted sirve. Sirviendo a los demás, se está sirviendo a sí mismo. Es el ciclo de dar y recibir más magnífico. Pronto será difícil saber quién da y quién recibe. Se transforma en un fluir.

Entre el sentirse bien, y el saber que ha hecho el bien a los demás, la revista *American Health* en su número de mayo de 1988, indica que hacer el bien a los demás tiene resultados fisiológicos positivos.

Un estudio llevado a cabo en Tecumseh, Michigan, por ejemplo, indicó que hacer trabajo voluntario regularmente aumentó dramáticamente el promedio de vida del grupo, más que ningún otro factor. "Los hombres que no hacían trabajo voluntario tenían dos veces y media más de posibilidades de morir durante el estudio que los hombres que hacían trabajo voluntario por lo menos una vez a la semana".

El artículo también indica que hacer el bien a los demás refuerza el sistema inmunológico, baja el nivel de colesterol, fortifica el corazón, hace disminuir los dolores pectorales y reduce la tensión en general. Un interesante estudio hecho en Harvard demostró que aun *pensar* en hacer servicio produce resultados fisiológicos positivos.

Se puede hacer servicio de muchas maneras. Aún desde la cama. El teléfono es un aparato de servicio maravilloso a través del cual usted puede influir en la vida de otros.

*En tanto que amemos, servimos; en tanto que seamos
amados, diría que somos casi indispensables; y nadie
es inútil mientras tenga un amigo.*
ROBERT LOUIS STEVENSON

PERMITA QUE LOS DEMÁS LE SIRVAN

Una de las mejores formas de servir es permitir que los demás lo sirvan. Puede que al principio le den con espíritu "caritativo", pero tal vez gradualmente aprendan la alegría de dar, y, al permitirles dar, usted se habrá convertido en su maestro.

Dar a otros nos hace sentir bien; fortifica la fisiología y estimula la valorización de uno mismo. Cuando permite que otros le den, les está dando un regalo de buenos sentimientos, una fisiología fortalecida y una valorización estimulada.

Cada vez que alguien hace algo por usted, recuerde: "Yo me lo merezco". Si no se lo mereciera, no estaría sucediendo. (Pragmatismo, Primer Curso). Usted sí se lo merece. Acepte el servicio.

Cuando, a través de su propio servicio, ve cuánto se puede recibir sirviendo, le complacerá permitir a otros que le sirvan. O puede aprender cuánto se gana tan solo observando las caras de la gente cuando le sirven.

Puede que lleguen tensos, después de un día de duro trabajo, y se transformen en pocos minutos, sencillamente al dar con libertad, sin pensar en recibir nada a cambio. Los rostros se relajan, la respiración se hace más lenta, la

¿La independencia? Es una blasfemia de la clase
media. Todos dependemos unos de otros,
cada alma que habita en el planeta.
GEORGE BERNARD SHAW

tensión disminuye; fluye el amor, la alegría y la risa. Todo porque usted está ahí, aceptando el don de su servicio.

Uno de los más grandes mitos de nuestra cultura es el del "recio individualista" independiente: "Yo puedo hacerlo solo". ¿Ah, sí? Imagine su vida si tuviera que ocuparse de *todas* su necesidades.

¿Usted se hizo la ropa? ¿Tejió la tela? ¿Cultivó el algodón? ¿Cortó el árbol para hacer el telar y trabajó en la mina, sacando el mineral de donde hizo la aguja? ¿Fabricó las herramientas que usó para cortar el árbol y trabajar en la mina? ¿Inventó todas esas cosas? ¡Ja!

Si retrocedemos unos pocos niveles, el mito de la "independencia" desaparece rápidamente. Somos, en realidad, inextricablemente interdependientes. Dependemos de cosas que alguien ha hecho -o está haciendo- para prácticamente todo en nuestras vidas. Y otra gente depende de lo que nosotros hacemos o hicimos.

Si puede ayudar a otros, sin extenuarse o agotarse, hágalo. Si quiere ayuda, pídala -y recíbala-. Es todo parte del fluir, la interacción, la interdependencia, la interconexión de la vida.

Lo superfluo, algo muy necesario.

VOLTAIRE

Apártese de la "Rutina de la Excitación"

Hay gente que se hace adicta a la excitación, a la intensidad mental-emocional-física de cualquier tipo. Una parte es "positiva", otra parte es "negativa", pero completa es *excitante*.

La adicción a la excitación, como cualquier otra adicción, requiere que los niveles de excitación futuros sean más altos y más altos, y aún más altos.

Los resultados fueron ilustrados gráficamente en una película que vimos, cuyo protagonista era un desafortunado ratón. (No, no era una de esas películas de Disney que hacen propaganda sobre las drogas. Este ratón era verdadero).

El ratón tenía conectados alambres que hacían que el centro del placer de su cerebro fuera estimulado por una corriente eléctrica cada vez que el ratón tocaba un botón que había en la jaula. El ratón tocaba el botón y una corriente eléctrica le estimulaba el centro del placer; el ratón caía patas arriba, en pleno éxtasis.

Al principio un "choque" le duraba mucho tiempo. El ratón quedaba tendido, fumaba un cigarrillo, se preguntaba si se respetaría a la mañana siguiente, comía alguna cosita y daba un vistazo a la televisión, para ver quien estaba en el programa de la noche.

En Roma, añoras la campiña; en la campiña -¡oh inconstante!- alabas sin cesar la ciudad distante.
HORACIO 65-8 AC

Pero a medida que pasó el tiempo, el intervalo entre uno y otro choque se fue haciendo más corto, y la cantidad de tiempo que el ratón mantenía el botón apretado, más larga. Eventualmente, el ratón abandonó el sustento, y se sentó frente al botón, apretándolo espasmódicamente cientos de veces por minuto.

Los humanos adictos a la excitación hacen más o menos lo mismo. Más y más a menudo necesitan más y más y lo disfrutan menos y menos.

Si sabe que está inmerso en esta rutina, apártese. Disminuya la velocidad. Tómese las cosas con calma. Aprenda a apreciar los placeres de la vida más tranquilos, sutiles, sencillos.

El proceso es el mismo que comentamos antes: enfocarse en lo positivo. Lo positivo no es algo necesariamente excitante: "¡Ay, sí!". Lo positivo es, algunas veces, contemplar la maravilla de una planta, o reflexionar sobre el tiempo y la atención dedicados para hacer el más simple de los objetos, por ejemplo, un vaso.

Reemplace la idea de "excitación" por la de "disfrute". Cuando siente la necesidad de excitación, vea si, en cambio, puede encontrar algo disfrutable. El exceso de excitación agota al cuerpo. El disfrute, de una manera sutil, lo fortalece.

En los valles buscas las montañas, en las montañas has buscado ríos. No hay adónde ir. Estás donde tienes que estar. Puedes vivir la vida que soñaste.
JUDY COLLINS

No tomes la vida demasiado en serio.
No te permitirá escapar con vida.
ELBERT HUBBARD

Tómese las Cosas con Más Calma

Sea más condescendiente consigo mismo, con los demás, y con todas las cosas. Suspenda lo más que pueda sus juicios sobre cómo "deberían" ser las cosas, cómo "tienen que ser". Esos juicios pueden contribuir a cualquier incomodidad o enfermedad presente en su vida.

Considere la tranquilidad como el antídoto para la enfermedad.

Haga las cosas que lo hacen sentirse tranquilo: caminatas, descanso, baños de inmersión, estar con amigos, meditar, contemplar, leer, escribir.

Acérquese a la vida con nuevas actitudes: aceptación, paciencia, fluidez, servicio, gracia, facilidad, sencillez; consintiendo, permitiendo, perdonando, siendo flexible.

Escriba estas palabras -y otras similares- en tarjetas y póngalas en lugares donde pueda verlas. Elija una de estas actitudes cada día, y durante todo el día, pase lo que pase, practique esa actitud.

A menudo me despierto durante la noche y comienzo a pensar sobre un problema serio, y decido que debo informar al Papa sobre él. Luego me despierto por completo, y recuerdo que yo soy el Papa.
PAPA JUAN XXIII

¿QUÉ HARÍA UN MAESTRO?

Cuando una situación le resulte desafiante y no sepa exactamente cómo responder a ella, pregúntese: "¿Cómo lo manejaría un Maestro?" o "¿Cómo lo manejaría el _____ perfecto?" (Llene el espacio con el nombre de cualquier "papel" que esté interpretando: el *amigo* perfecto, el *jefe* perfecto, el *empleado* perfecto, el *amante* perfecto, el *paciente* perfecto, etc.).

Si tiene creencias religiosas o espirituales, pregúntese como respondería a la situación Aquel en quien usted cree. Si admira a ciertos líderes o maestros en sus respectivos campos, pregúntese qué harían ellos.

Probablemente recibirá una respuesta. No está obligado a hacer lo mismo, pero por lo menos tendrá otra opción.

La mayoría de los Maestros no se enojan. Tienen, como se suele decir, "la sabiduría de Salomón", "la paciencia de Job" y "el amor del Cristo". Si usted tiene esa sabiduría, paciencia y amor, ¿qué puede molestarle? Creo que, dentro nuestro, todos tenemos esa sabiduría, paciencia y amor. Se trata únicamente de tener acceso a ellas y usarlas.

La forma de tener acceso a ellas es preguntar: "¿Qué haría _____ en esta situación?", o: "¿Cómo respondería a esta situación un Maestro?", y luego actuar de acuerdo con la respuesta.

La vida es demasiado corta para desperdiciarla
en piares de crítica y ladridos de cinismo, pelea o
reprimendas: pronto llegará la oscuridad; ¡arriba!
ocúpate de tu propia puntería,
¡Y que Dios te lleve raudo a la meta!
RALPH WALDO EMERSON

QUEJARSE

Hay gente muy efectiva para saber no solamente lo que no está bien en una situación, sino también a quién comunicárselo y cómo. Esta es la gente que llamamos "los quejumbrosos efectivos". Sus quejas a menudo resultan en mejoras considerables.

La mayoría de la gente, sin embargo, simplemente se queja. Se lamentan, gimen, lloriquean y se quejan frente a cualquiera que les preste atención.

Este es un fenómeno que puede ser contemplado de cuatro a siete de la tarde, en días laborales. Es la Convención Nacional diaria del "Club ¡Qué Horrible!, ¿No?". El lema del Club es *Miseria Libere Companio* ("La Miseria Ama la Compañía"). Los bares de todo el país sirven tragos a precios especiales, y, por el precio de un trago, la gente puede contarse todos sus problemas entre sí. Por alguna razón desconocida, a esto se le llama "La Hora Feliz".

Las conversaciones entre mucha gente consisten de una letanía sobre cómo es de injusta la vida. Cuando cierta gente le pregunta a sus amigos: "¿Qué hay de nuevo?", lo que en realidad quiere decir es: "¿Qué noticias tienes de nuevos desastres?".

Teniendo presente la actitud de enfocarse en lo positivo, es obvio que el hábito de quejarse es (mezclando metáforas), no fluir con la corriente del río en la dirección que lleva el caballo. O sea, si está buscando algo de qué quejarse, lo va a encontrar, y también encontrará las consecuencias del pensamiento negativo.

Tengo dos sugerencias para cambiar ese hábito:

1. Quéjese únicamente con alguien que esté en posición de hacer algo sobre el asunto. Si la cuenta del agua le parece demasiado alta, no hace falta que se lo comunique a nadie más que a la compañía del agua. Si la recepción de la televisión no es suficientemente buena, de nada le servirá decírselo a un amigo, a no ser que su amigo sepa reparar aparatos de televisión. Esto lo ayudará a mantener sus conversaciones positivas. Tal vez se dé cuenta de que hay gente con quien no tiene nada que hablar.

2. Haga por lo menos un comentario agradable por cada vez que se queja. Si es un quejoso que logra cambiar las cosas usando la Queja Creativa, muy bien. Es útil saber a quién y cómo quejarse. Sugiero, sin embargo, que agregue un paso a cada comunicación negativa -un comentario positivo-. Por cada carta que escribe quejándose de algo, escriba una alabando algo. (No tiene que ser a la misma persona o compañía). Cada vez que llame al mesero para quejarse de la comida, llame al mismo mesero para alabar algo.

Si, de paso, encuentra algo que alabar antes de presentar la queja, (A) es posible que la persona que recibe la queja se sienta mucho más dispuesta a oírla (y a hacer algo al respecto) y -más importante- (B) usted estará aprendiendo a ver lo positivo aún en las situaciones que merecen quejas.

Algunos de ustedes, muchachos, me han estado diciendo: "Eh, Papo, ¿qué significa eso de 'qué mundo tan maravilloso'? ¿Y las guerras? ¿Son maravillosas? ¿Y el hambre, y la contaminación? ¿Qué tiene todo eso de maravilloso?". A mí me parece que no es el mundo el que anda mal, sino las cosas que hacemos en él. Y todo lo que digo es, vean qué maravilloso podría ser el mundo, si le diéramos una oportunidad. Amor, mamacita, amor -ése es el secreto-. Sí. Si nos amáramos unos a los otros, arreglaríamos muchos problemas. Y el mundo sería un jolgorio.
LOUIS ARMSTRONG

Uno madura el día en que, por primera vez
se ríe -realmente- de sí mismo.
ETHEL BARRYMORE

Si Va a Ser Cómico Mañana, ya es Cómico Hoy

Probablemente algunas de sus mejores anécdotas se relacionen con cosas desastrosas que le sucedieron. Con el paso del tiempo, la mayor parte de las tragedias tienden a transformarse en comedias.

Una vez estaba viajando para dar una conferencia. El avión llegó retrasado, y el equipaje de todos salió antes que el nuestro. En algún lugar, al otro lado de la ciudad, había varios cientos de personas en un salón alquilado, esperando que yo les hablara -tal vez sobre la importancia de ser puntual- y cada vez se hacía más tarde.

Finalmente empezó a llegar nuestro equipaje. (Llevábamos con nosotros el equipo de sonido, así que no hubiera cambiado nada que me fuera sin esperarlo). Una de las maletas se había abierto, y la ropa iba cayendo a medida que se acercaba a nosotros en la cinta transportadora. Otra maleta estaba evidentemente dañada. La gente que viajaba conmigo se iba poniendo cada vez más molesta.

Finalmente dije: "Cálmense, esto es cómico. Dentro de algunas semanas estaremos contando este incidente y riéndonos. Si va a ser cómico mañana, también es cómico hoy". Y comenzamos a observar la situación como si fuera una película de Woody Allen. Cuando descubrimos que

No apreciamos a nuestros amigos por su habilidad
para entretenernos, sino por nuestra habilidad
para entretenerlos a ellos.
EVELYN WAUGH

parte del equipaje se había perdido, sonreímos. Cuando la empresa que alquila automóviles no pudo encontrar nuestra reservación (ni un automóvil para nosotros), nos reímos. Cuando nos enteramos que había huelga de taxis, nos carcajeamos.

Claro que todo el mundo pensó que estábamos locos, pero nos divertimos muchísimo. Cuando llegamos finalmente a la conferencia, tuve tema para comenzar con un monólogo estupendo.

Comience a ver las "malas" situaciones de la vida como material para hacer un monólogo. ¿Alguna vez notó que la mayoría del humor se basa en los inconvenientes? ¿Cuál es la diferencia entre reírse de algo y llorar por algo? La actitud. ¿Qué prefiere hacer?

Sí, a veces es apropiado llorar. No tratamos de transformar la risa en una forma de negación. Pero a menudo la risa es la mejor forma de responder a las tragedias de la vida. A medida que aumentan las tribulaciones, dígase: "¡Esto es increíble! ¡Cuando se lo cuente a fulano...!".

Y esa gente que conoce que se ríe a menudo, hábleles con frecuencia.

El crecimiento de la mente humana es todavía una gran aventura, casi la mayor aventura de la tierra.
NORMAN COUSINS

LA RISA

Hace muchos años, Norman Cousins fue desahuciado. Le dieron seis meses de vida. Sus posibilidades de recuperación se estimaron en una en quinientos.

Se dio cuenta de que todas las preocupaciones, la depresión y la ira de su vida habían contribuido a, y tal vez ayudado a causar, su enfermedad. Se preguntó: "Si la negatividad puede causar la enfermedad, ¿podrá la positividad causar el bienestar?".

Decidió experimentar consigo mismo. La risa es una de las actividades más positivas que conocía. Alquiló todas las comedias que encontró. (Esto fue antes de que inventaran el VCR, así que tuvo que alquilar las películas). Leyó, y le pidió a sus amigos que le leyeran, historias divertidas. También les pidió que lo llamaran cuando oyeran un chiste que les hiciera reír, o les pasara algo divertido.

Estaba padeciendo grandes dolores, tan intensos que no podía dormir. Reír durante cinco minutos, descubrió, le aliviaba el dolor durante varias horas, lo que le permitía dormir.

Se recuperó totalmente de su enfermedad. Actualmente está vivo y saludable. (Describió su experiencia en su libro *Anatomía de una Enfermedad*).[6] Atribuye su recuperación a la visualización, al amor de su familia y de sus amigos, y a la risa.

---

[6] N. del T.: Norman Cousins murió en 1992.

Sólo he dirigido una corta plegaria a Dios: "¡Oh Dios!,
haz que mis enemigos sean ridículos".
Y Dios me lo concedió.
VOLTAIRE

Hay gente que piensa que reír es "una pérdida de tiempo". Es un lujo, dicen, una frivolidad, algo para hacer de vez en cuando.

Nada más lejos de la verdad. La risa es esencial para nuestro equilibrio, nuestro bienestar, nuestra vitalidad. Si no se siente bien, la risa lo ayudará a sentirse bien. Si se siente bien, la risa lo ayudará a continuar así.

A partir del trabajo innovador y "subjetivo" de Cousins, hay estudios "científicos" que han demostrado que la risa tiene efectos curativos sobre el cuerpo, la mente y las emociones.

Así que, si le gusta reír, considere que tiene carta blanca para hacerlo tan a menudo como pueda. Si no le gusta reír, tome su medicina: ría de todas maneras.

Use cualquier cosa con tal de reír: películas, comedias de la televisión, discos, libros, chistes del periódico, bromas, amigos. Cada vez que algo le haga gracia, dese permiso para reír durante largo tiempo y haciendo mucho ruido. La gente que le rodea tal vez piense que usted es raro, pero más tarde o más temprano ellos también comenzarán a reírse, aunque no sepan de qué.

Algunas enfermedades pueden ser contagiosas, pero ninguna es tan contagiosa como la cura: reír.

Nadie es un fracasado si disfruta de la vida.
WILLIAM FEATHER

Haga lo Que lo Hace Feliz

No importa qué lo hace feliz, hágalo, siempre que no se hiera a sí mismo o a los demás.

Planifique actividades placenteras en su vida con la misma dedicación, precisión y dándoles la misma prioridad que las actividades menos placenteras.

Hay gente que piensa que la felicidad sucede y, sí, es verdad, hasta cierto grado. Pero la felicidad tiene mejores posibilidades de suceder en situaciones que le resultan disfrutables. Los "enfocadores" positivos experimentados pueden encontrar felicidad en la basura, pero aún a los enfocadores positivos experimentados se les hace más fácil encontrar felicidad en un museo (o leyendo un buen libro, o viendo un buen programa de televisión, o en la playa, o...).

Haga una lista de las cosas que le gusta hacer. Hágalas a menudo. La búsqueda activa de la felicidad puede ser lo mismo que la búsqueda activa de la salud.

¿Sabes lo que es ser niño?
Es algo muy distinto
del hombre de hoy.
Es tener el espíritu
aún fluyendo
de las aguas del Bautismo;
es creer en el amor,
creer en la belleza,
creer en creer;
es ser tan pequeño
que los duendes
puedan susurrarte al oído;
es transformar calabazas
en carrozas y
ratones en caballos,
la bajeza en lo sublime,
la nada en el todo,
porque cada niño lleva
su hada madrina consigo,
en el alma.

FRANCIS THOMPSON SHELLEY

Aprenda a Jugar Otra Vez

¿Alguna vez se ha quedado contemplando a los niños mientras juegan? Pueden crear enormes cantidades de diversión, entusiasmo y alegría con cualquier cosa que tengan cerca. Un palo se transforma en un cetro. Una piedra, en trono. Dos minutos después, el palo es una varita mágica, y la piedra un dragón.

En algún momento nosotros los "adultos serios" nos olvidamos de cómo jugar. Capture nuevamente la sensación de estar en el momento, con lo que sea que el momento ofrece.

Una forma es jugar con chicos pequeños de cinco, seis, o siete años. Expandirán su imaginación mientras le renuevan la sensación de lo maravilloso que alguna vez tuvo.

Hasta puede comprarse algunos juguetes con los cuales jugaba -o quería jugar- cuando era niño: acuarelas, equipos de construcción, lápices de colores, muñecas. Vaya a la juguetería y *cómprese* lo que le guste.

Sea un padre amoroso. Dese permiso para jugar.

Si tuviera que definir la vida en una palabra, diría:
La vida es creación.
CLAUDE BERNARD
Del Boletín de la Academia de Medicina de Nueva York

SEA CREATIVO

Uno de los grandes placeres de la vida es la creatividad. Entra la información, se la baraja con el resto, y de allí salen formas nuevas e interesantes. Cualquiera sea la actividad creativa que siempre quiso hacer, hágala ahora. Escribir, pintar, esculpir, cocinar, tener un jardín, coser, tejer, cantar, tocar un instrumento, componer, bailar, crear coreografías, sacar fotos, actuar, dirigir..., la lista es interminable.

No importa que no sepa hacerlo "perfectamente". No importa si es "bueno" o no. Lo que importa es el proceso. ¿Le da placer? ¿Le da satisfacción? ¿Se divierte? ¿Le hace sentir más en contacto con el fluir creativo de la vida? Si la respuesta a cualquiera de esas preguntas es sí, hágalo.

Dejar fluir la creatividad puede ser terapéutico. "La energía que fluye a través del sistema funciona como organizadora del sistema", nos recuerda el Almanaque Mundial.

Permítase suficiente tiempo para la creatividad, y suficientes oportunidades para crear.

Una persona noble atrae gente noble, y sabe cómo mantenerla a su alrededor.

GOETHE

Elija Bien a Sus Compañeros en el Viaje de la Vida

Rodéese de gente que vaya en la misma dirección que usted. Es posible que la gente que lleva una dirección positiva en su vida, o que la están buscando, le resulte la más agradable.

Por otro lado, la gente adicta al pensamiento negativo y que se niega a reconocer lo que está haciendo, puede ser un gran peso (hacia abajo). Lo alimentará negativamente, y criticará cualquier movimiento positivo que haga.

Los pensadores negativos pueden ser un gran desafío. Si es posible, evítelos.

Llene su vida de gente que aplauda cada pensamiento, sentimiento y acción positiva que haga, que le anime hacia más y mejor, que sepa apreciar lo bueno y lo hermoso.

Como dije anteriormente, no *tiene* por qué estar con gente con quien no quiere estar. Si elige estar con ellos, tiene derecho de imponer ciertas condiciones: "No quiero hablar de cosas negativas". Si no les gusta (y probablemente no les guste), tienen el derecho de irse a otro lado y estar con otra gente.

Si hay algunas personas con las cuales siente que tiene que estar (generalmente familiares), (A) trate de comunicarse por teléfono, y (B) use ese rato para tratar de

> *Amo la soledad tranquila y la compañía,*
> *mientras sea calmada, sabia y buena.*
> SHELLEY

aprender algo sobre sí mismo. Ver cómo la gente niega y se sabotea le puede dar información sobre cómo lo hace consigo mismo. No necesita ser negativo con respecto a la negatividad de ellos.

La idea de que es mejor juntarse con gente motivadora también se aplica a los libros, películas, programas de televisión, espectáculos, discos: todo. No hace falta que vea *La Novicia Rebelde* tres veces al día (es que hay fuentes de información que apoyan la idea de que "la vida es terrible", y otras que apoyan la idea de que "la vida es maravillosa").

Usted decide qué fuentes de información quiere usar. Como ya se habrá imaginado, yo le recomiendo esta última.

Algunos pacientes, conscientes de que su condición es
peligrosa, recuperan la salud simplemente
a través del placer que les da la bondad de su médico.
HIPOCRATES 460-400 AC

EL MILAGRO DE LA MEDICINA MODERNA

Este parece el título de un artículo del "Selecciones", ¿no? El hecho es que la medicina moderna rutinariamente descubre cosas que hubieran sido consideradas verdaderos milagros hace un siglo.

En algunos casos, mucho menos de un siglo antes del descubrimiento de la penicilina, en 1941, y su amplia distribución después de la Segunda Guerra Mundial, la neumonía mataba más gente que ninguna otra complicación. La gente tenía una enfermedad sencilla, o un accidente poco grave, y moría de neumonía. Alejandro el Grande, el hombre más poderoso de su época, murió de neumonía. El rey Enrique VIII, el hombre más poderoso de su época, murió de sífilis. Desde el descubrimiento de la penicilina, las muertes de neumonía en el mundo occidental disminuyeron significativamente, y las muertes de sífilis son prácticamente inexistentes. (Según el "Almanaque Mundial", un cero por ciento).

Aunque el notable aumento del promedio de vida de los seres humanos durante los últimos doscientos años, se debe más a la plomería y a los medios de transporte que a la medicina (el manejo de desperdicios y a la adición

Honra a tu médico con el honor que se merece,
por los usos que le vas a dar:
porque el Señor lo ha creado
ECLESIASTES 38:1

de frutas y vegetales frescos a la dieta diaria han hecho más para aumentar el promedio de vida que ninguna otra cosa), muchas de las enfermedades consideradas "incurables" anteriormente hoy se curan rutinariamente.

Es interesante sentarse con un grupo de personas y preguntar: "¿Estaría vivo actualmente si la medicina de hoy fuera como la de hace cien años?". La mayor parte de la gente que ha sufrido de sífilis, neumonía, o cualquier otra enfermedad infecciosa, que ha tenido un accidente grave y alguna operación quirúrgica, incluyendo una operación del apéndice o una cesárea, probablemente diría que no.

El descubrimiento de "Las Tres A": anestesia, antisépticos y antibióticos, es directamente responsable de la salvación de decenas de millones de vidas por año.

En el mundo de la medicina están sucediendo milagros cada día. Usted, o alguien a quien conoce bien, están todavía vivos gracias a ellos. Cuando piensa en medicina, no piense solamente en una ciencia estéril, o en túnicas de laboratorio y tubos de ensayo. Medite sobre las maravillas de la medicina, su progreso y la rapidez con que ha sucedido. Considérela magia.

La historia de la medicina moderna no es tanto el recuento de sus avances predecibles y rutinarios, como la crónica de sus milagros.

Y los milagros continúan.

El hombre que es tenaz en su propósito por una causa justa, no se distrae de su firme resolution por el delirio de sus conciudadanos damando lo que está mal, ni con el rostro amenazante del tirano.
HORACIO 65-8 AC

Explore Todas las Opciones Médicas

Como mencioné al principio de este libro, nada de lo que incluyo aquí tiene como objetivo reemplazar un tratamiento médico apropiado. Las ideas de este libro están diseñadas para ser agregadas a su programa de tratamiento o (como la plomería moderna y los vegetales frescos), para mantener a distancia las enfermedades con el fin de que el tratamiento no sea necesario.

Si tiene una enfermedad que pone en peligro su vida, explore todos los posibles tratamientos, curas y formas de hacer más lento el progreso de la enfermedad.

Todo interés en la enfermedad y la muerte
es otra forma de expresar interés por la vida.
THOMAS MANN

Conozca la Enfermedad

Su médico tiene que aprender sobre cientos de enfermedades y mantenerse al día con respecto a cada una -usted tiene sólo una-. Conózcala. Es, después de todo, un visitante. Aunque sea un visitante no bienvenido, dedique algún tiempo a conocerlo. Y cuanto más conozca su enfermedad, más sabrá cómo hacer para que se vaya.

Pregunte a su médico sobre la enfermedad, su tratamiento, su cura. Cuando llegue al límite del conocimiento (o de la paciencia) de su médico, investigue. Lea sobre la enfermedad. Hable con otros que la tienen o, mejor aún, que ya no la tienen.

Transfórmese en el co-creador de su propia cura. Trabaje *con* el médico para decidir cuál es el mejor tratamiento para usted. No sea un paciente pasivo, que toma pastillas y paga cuentas. Participe.

Como cualquier buen médico le dirá, el diagnóstico y el tratamiento de muchas enfermedades es mucho más un arte que una ciencia.

La justicia es el único culto. El amor es el único sa-
cerdote. La ignorancia es la única esclavitud. La feli-
cidad es el único bien. El tiempo de ser feliz es ahora,
el lugar de ser feliz es aquí,
La manera de ser feliz, es haciendo felices a otros.
ROBERT GREEN INGERSOLL

Enfóquese en la Curación

La razón por la cual es importante que conozca su enfermedad es para que pueda curarla. Manténgalo presente mientras la estudia.

No importa lo inteligente, poderosa o tenaz que pueda ser su enfermedad (y algunas son asombrosas), recuerde constantemente: "Yo soy más inteligente", "Yo soy más poderoso", "Yo soy más tenaz".

Porque así es.

NO CREA TODO LO QUE LEE EN LOS PERIÓDICOS (REVISTAS, TELEVISIÓN, ETC.).

Conocer su enfermedad puede servirle no solamente para trabajar en la cura, sino también para evitar empeorar a causa del miedo. Una vez que conoce su enfermedad, los reportes de los medios de comunicación que podrían, anteriormente, haberle producido pánico, ahora le producirán solamente una sonrisa y un suspiro. (Aunque la tentación sea grande, no permita que su reacción sea más negativa que un suspiro).

Los medios de comunicación están dedicados, en general, a reportar malas noticias. Esta frase, por supuesto, no es una novedad. Y no es totalmente culpa de los medios de comunicación: las malas noticias interesan más y venden más periódicos que las buenas noticias. ("Tres Americanos Heridos por Un Loco Desatado", vende más periódicos que "Doscientos treinta y ocho millones ochocientos veintinueve mil cuatrocientos cuarenta y nueve Americanos No Heridos por Un Loco Desatado").

El ejército francés es todavía el mejor preparado
y más efectivo de Europa.
TIME Junio 12, 1939

Cuando los medios de comunicación reportan su enfermedad, es posible que la forma en que lo hacen (A) se enfoque sobre lo negativo y (B) sea suficientemente superficial como para interesarle a cualquiera. Si tiene interés personal en aprender sobre la enfermedad, es posible que usted sepa más que el periodista que hizo el artículo. (El periodista probablemente tiene que escribir sobre todas las otras enfermedades, y sobre los vuelos espaciales también).

A menudo los medios de comunicación caen en la trampa "¿Está el vaso casi lleno o casi vacío?" Si la enfermedad tiene un porcentaje de cura del cincuenta por ciento, la prensa tiende a decir: "El cincuenta por ciento de los que padecen esta enfermedad, mueren", en lugar de decir: "La mitad de las personas diagnosticadas con esta enfermedad se curan". La misma información, diferente punto de vista.

Algunas veces lo que se reporta es tan general que el asunto queda confuso. Como los medio de comunicación únicamente informan que fulano "murió de cáncer", mucha gente no sabe que el "cáncer" no es siempre mortal, sino un término que describe una enorme serie de enfermedades, la mayoría de las cuales se considera actualmente curable.

Cuando la gente -que durante años ha sido informada que incluso los ricos y famosos mueren de cáncer- se en-

*El Cometa Kohoutek promete ser
la extravagancia celestial del siglo.*
NEWSWEEK *Noviembre 5, 1973*

tera de que tiene cáncer, entra en pánico, naturalmente. El cáncer puede tener un alto porcentaje de sobrevivencia, y el médico puede saberlo, pero la gente ha sido entrenada para creer a través de reportajes generalizados y superficiales: "Tengo cáncer. Me voy a morir".

Las enfermedades tienden a tener su período de estrellato, y desaparecer luego en la oscuridad. En los años ochenta se hablaba todo el tiempo de herpes. Ahora, aunque la gente todavía tiene herpes, no se oye mucho del tema. (Por lo menos en los medios de comunicación, y la gente no suele llamar a sus amigos y decirles: "¡¿A que no sabes lo que tengo?!". Durante los últimos cinco años, después de un período de silencio que parecía casi una conspiración, el SIDA pasó a ser el centro. Recientemente la enfermedad de Lyme parece estar llamando la atención.

El problema de reportar lo que está "de moda" tiene tres aspectos:

Primero, tiende a reportar rumores, especulaciones y predicciones como si fueran hechos. Porque son más, ¿cómo llamarlos?... *sensacionalistas.* ¿Cómo lo hacen? Reportando lo que dijo algún "experto". Los expertos rara vez están de acuerdo, especialmente cuando se comienza a estudiar una enfermedad, y siempre se puede encontrar un experto desesperanzado que diga algo sin esperanza sobre cualquier cosa.

Segundo, la mayor parte del trabajo curativo se lleva a cabo una vez que la enfermedad ha sido abandonada por las candilejas. Cuando se encuentra una cura, lo que generalmente sucede en pasos graduales relacionados con tratamientos y prevención, la enfermedad ha pasado, para entonces, al exilio de los medios de comunicación, y el reportaje sobre la curación a menudo aparece en un pequeño artículo, perdido entre los avisos -si es que se reporta-.

Tercero, si las predicciones horripilantes resultaron ser, digamos, exageradas, nadie se molesta en reportar "Hace cinco años cometimos un grave error. ¡Ojalá que no los hayamos asustado demasiado!" ¿Recuerda que cuando se comenzó a hablar de herpes, algunos expertos predijeron que el virus eventualmente atacaría la columna vertebral y la gente moriría de maneras horrorosas? ¿Cuántos artículos ha leído retractándose?

En los medios de comunicación las buenas noticias deben ser, también, tomadas con precaución. Si oponerse a la tendencia popular y reportar la opinión de un "experto" optimista en exceso vende periódicos, adelante.

Como le dirá cualquier periodista, cuando escribe para los medios de comunicación en masa sobre un tema intrincado, como una enfermedad, las instrucciones que recibe son: "Generalice, simplifique y no use demasiado espacio (o tiempo)". "Publiquemos todas las noticias que sean pertinentes" a menudo se transforma en "Publiquemos únicamente las noticias que quepan".

Considerando la otra cara de la moneda, las "tácticas de miedo" de la prensa a menudo resultan en más fondos,

¿Pero cómo podemos esperar ser caritativos con
otros, si no somos caritativos con nosotros mismos?
La caridad comienza por casa, es lo que dice el mun-
do; pero cada hombre es su peor enemigo y, podría-
mos agregar, su propio verdugo.
SIR THOMAS BROWNE, 1642

tiempo y recursos para el tratamiento y la cura. Me gustaría que se lograra sin todo ese miedo, especialmente para la gente que tiene que lidiar no solamente con la enfermedad y con su propio miedo, sino también con el miedo de los demás.

Los principios del discurso de despedida de Washington son todavía fuente de sabiduría, cuando se requieren soluciones a los problemas sociales. Los métodos de los médicos de Washington, sin embargo, ya no se estudian.
THURMAN ARNOLD

Aprenda a Separar las "Opiniones" y las "Predicciones" de los Hechos

Hablan los Expertos es lectura obligada para los que obedecen cuando los "expertos" hacen predicciones sobre sus vidas. (Cada vez que alguien le dice cuánto tiempo de vida le queda, cuánto dolor va a padecer o lo que será capaz de hacer entre ahora y su muerte, es una *predicción*, una *opinión* basada en las estadísticas. Nada más).

Hablan los Expertos (de Christopher Cerf y Victor Navasky) tiene trescientas noventa y dos páginas escritas en letra pequeña, en las cuales expertos reconocidos hablan equivocadamente sobre casi todos los eventos, descubrimientos y esfuerzos humanos importantes de los últimos siete mil años. De acuerdo con los "expertos", todas las sinfonías de Beethoven eran una porquería, la Primera y la Segunda Guerra Mundial no podían haber existido, y *Lo que el Viento se Llevó* no produciría ni un centavo de ganancias.

Algunos ejemplos generales. Edison: "**El cine hablado no substituirá nunca al cine mudo**". Aristóteles: "**Se puede**

decir que las mujeres son un tipo inferior de hombre".
Edison: "El fonógrafo no tiene ningún valor comercial".
La revista norteamericana especializada en negocios, *Business Week*, en 1968: "**Con más de cincuenta automóviles extranjeros ya a la venta aquí, la industria automotriz japonesa no tiene muchas posibilidades de acaparar una porción significativa del mercado norteamericano**". Edison: "**La locura por la radio desaparecerá pronto**".

Y a continuación, algunas citas del tema que más nos concierne, del capítulo: "Los Anales de la Medicina: La Guerra del Hombre contra la Enfermedad".

"La abolición del dolor en la cirugía es una quimera. Es absurdo continuar la búsqueda... Bisturí y dolor son dos palabras de la cirugía que deben quedar asociadas para siempre en la conciencia del paciente. No nos queda más remedio que aceptar esta combinación forzosa".

Dr. Alfred Velpeau
Cirujano francés, profesor de la Facultad
de Medicina de París, 1839

"El abdomen, el pecho y el cerebro permanecerán cerrados para siempre a la intrusión del cirujano sabio y compasivo".

Sir John Eric Erichsen
Cirujano británico, nombrado posteriormente Cirujano Extraordinario al servicio de la Reina Victoria, 1873

"La teoría de Louis Pasteur sobre los microbios es una ficción ridícula".

Pierre Pachet
Profesor de Fisiología en Toulouse, 1872

"La mitad de los niños que nacen mueren antes de llegar a los ocho años. Esa es la ley de la naturaleza; ¿por qué intentar contradecirla?"

Jean-Jacques Rousseau
Autor del manual de crianza infantil más popular
de la época, 1762

"Cada hombre que tiene relaciones sexuales con dos mujeres al mismo tiempo, corre el riesgo de contraer sífilis, aunque ambas le sean fieles, ya que todo comportamiento libertino incita espontáneamente a la enfermedad".

Alexandre Weill
Las Leyes y los Misterios del Amor, 1891

"Un beso genuino genera tanto calor que destruye los microbios".

Dr. S. L. Katzoff
Miembro del Instituto de Relaciones Humanas
de San Francisco, 1940

"Si el fumar en exceso realmente juega un papel en el del cáncer de pulmón, aparentemente es mínimo".

Dr. W. C. Heuper
Instituto Nacional del Cáncer, publicado en
The New York Times, Abril 14, 1954

"Fumar tiene un efecto beneficioso para la mayoría de la gente".

Dr. Ian G. Macdonald
Cirujano de Los Angeles, publicado en Newsweek,
Noviembre 18, 1963

El arte de la medicina consiste en entretener al paciente, mientras la naturaleza cura la enfermedad.

VOLTAIRE

Cito estas -y hay muchas, muchas más- para demostrar que los expertos, incluso los expertos médicos, son humanos, y los humanos cometen errores. Hay ciertos *hechos* o *datos* médicos, pero las predicciones sobre cuánto tiempo va a vivir alguien es nada más que eso: una predicción, una opinión.

Desafortunadamente, hay gente que cuando un médico (Figura Autoritaria por Excelencia) le dice: "Su enfermedad es incurable; no le quedan más de seis meses de vida", puede tenerle tanta fe que con sus propios pensamientos, sentimientos y acciones puede sentenciarse a morir en seis meses. Y lo logra.

Creo que si les hubieran anunciado que iban a vivir años, y si el médico hubiera dicho: "Aquí hay una condición que, si trabajamos juntos, podemos dominar", hubieran logrado hacerlo teniendo en cuenta que un paciente que coopera totalmente está listo para hacer "lo que haga falta".

Cuando se declara oficialmente que una enfermedad es "incurable", su "incurabilidad" se transforma en una profecía auto cumplida. Cuando la gente se cura, generalmente le dicen: "¡Ah!, fue un diagnóstico equivocado". "¿Cómo sabe que fue un diagnóstico equivocado?", "Porque la enfermedad que diagnosticamos es incurable, y como usted ya no tiene señales de ella, debe haber sido otra enfermedad, porque esa enfermedad es incurable".

No hemos perdido la fe, pero la hemos transferido
de Dios a la profesión médica.
GEORGE BERNARD SHAW

Una gran amiga nuestra pasó por eso. En 1971, le diagnosticaron leucemia y le "dieron" tres años de vida. Comenzó a trabajar consigo misma, y en un año habían desaparecido todas las señales de leucemia. Le informaron que había sido un diagnóstico equivocado. Hasta el día de hoy continúa sintiéndose de maravillas. (En realidad, "de maravillas" es poco).

Algunos médicos no quieren admitir que han hecho un mal diagnóstico. Así que llaman a la curación "remisión espontánea" y lo dejan de ese tamaño. No existe razón para la cura, declaran. Fue "espontánea". Además, no están "curados". La enfermedad está en "remisión". Puede volver en cualquier momento. Tuvo suerte, nada más. Vuelva a su casa.

Otros médicos, en cambio, preguntan: "¿Qué hizo? ¿Cómo lo hizo? Veamos cómo lo hizo, y tal vez podamos ayudar a alguien más". Aplaudimos sonoramente a ese creciente grupo de médicos.

El SIDA, por ejemplo, está considerado actualmente por la mayoría de los expertos como "incurable" y "siempre mortal". El problema es que gente que tenía SIDA antes de que el SIDA tuviera nombre, continúa viva. Hasta que todos mueran, no podemos entender que alguien declare que es "siempre mortal".

El Centro para el Control de las Enfermedades estudió cinco mil ochocientos ochenta y tres casos de SIDA de gente

La opinión pública está compuesta de locura, debilidad, prejuicio, de lo que se siente bien o mal, de terquedad, y párrafos del periódico.
SIR ROBERT PEEL 1788-1850

que vive en Nueva York. Encontraron que el quince por ciento continúa viviendo cinco años (o más) después que recibieron el diagnóstico. Cuando los negros y los hispánicos que utilizaban drogas intravenosas (que tendían a morir mucho más rápido; más sobre este tema, sin embargo, en el próximo capítulo) fueron eliminados de los resultados totales, se vio que el treinta coma nueve por ciento de los homosexuales masculinos blancos a quienes se había diagnosticado Kaposi (un cáncer de piel que indica la existencia del SIDA), continuaban vivos cinco años después del diagnóstico.

Estas estadísticas son, por supuesto, impactantes. Pero para mí abren un buen hueco en la creencia general de que el SIDA es "siempre fatal". Desde ese punto de vista, las cifras son buenas noticias (a no ser que usted consuma drogas intravenosas y sea negro o hispánico), especialmente considerando que los sobrevivientes de este estudio vivieron durante las peores épocas del SIDA, cuando el tratamiento médico para la gente con SIDA no era ni remotamente tan avanzado como hoy, o como será mañana.

Otra predicción reciente (actualmente reportada como un hecho por la mayor parte de la prensa) es que el noventa y nueve por ciento de la gente que actualmente resulta positiva al anticuerpo HIV, morirá de complicaciones ocasionadas por el SIDA. (Uno no se muere de SIDA; uno se muere de complicaciones ocasionadas por infecciones oportunistas que el sistema inmunológico, suprimido por el SIDA, no logra derrotar).

Esta es una información devastadora para cualquiera que acaba de hacerse un "examen de SIDA" y le salió positivo. (No existe el "examen de SIDA". Lo que se busca es el *anticuerpo* al HIV, el cual, según la mayoría de los expertos, causa el SIDA. Todo lo que el examen demuestra es la presencia del *anticuerpo* al virus en la sangre. No muestra la *presencia* del virus del SIDA o de la enfermedad del SIDA).

Antes de tomar demasiado en serio esa cifra del noventa y nueve por ciento (y de comenzar a pensar negativamente al respecto), considere los hechos.

Entraremos en detalles sobre este tema, como un ejemplo de lo importante que es investigar a fondo las sombrías predicciones populares circuladas por ciertos expertos sobre cualquier enfermedad, y cómo lograr aproximarnos más a la verdad.

En 1978, en una clínica especializada en enfermedades transmitidas sexualmente, se sacó sangre a varios miles de pacientes y se guardó, como parte de un estudio sobre la hepatitis. Cuando, en 1984, se descubrió el examen del anticuerpo del HIV, se comenzó un experimento con cinco mil hombres, en su mayoría homosexuales, cuya sangre, obtenida y guardada en 1978, ya mostraba la presencia de dicho anticuerpo.

Para 1988, el cuarenta y ocho por ciento de la gente que tenía el anticuerpo HIV en su sangre en 1978, había desarrollado SIDA.

Estas cifras son trágicas, sin duda, *pero es lo único que se sabe actualmente*. Científicamente, ahí se acaba la información. Y comienzan las predicciones y las opiniones de los expertos.

Algunos expertos observaron la gráfica, y proyectaron el aumento de los casos de SIDA en el futuro basándose en lo que había sucedido en el pasado. Basándose en esta suposición, predijeron que para el año 2000, prácticamente todos los que habían estado incluidos en el estudio estarían muertos.

Basándose en esa proyección, siguieron más allá, y predijeron que el noventa y nueve por ciento de todos los que resultaban positivos al anticuerpo HIV morirían a causa de complicaciones del SIDA.

Esta serie de suposiciones y proyecciones sobre proyecciones no toma en cuenta lo siguiente:

1. Una enfermedad tiende a afectar primero a la parte de la población más débil y/o más susceptible. Si los mismos expertos hubieran hecho una gráfica sobre la peste bubónica (que eliminó a la mitad de Europa entre 1348 y 1350) o la epidemia de gripe de 1918 (que mató el doble de gente que la Primera Guerra Mundial: veinte millones a través del mundo, quinientos cuarenta y ocho mil en Estados Unidos), Europa no hubiera tenido vida humana para 1352, y toda la población del mundo hubiera desaparecido alrededor de 1920. Esto, por supuesto, no sucedió. Las enfermedades siguen su curso y eventualmente desaparecen sin que haya aparecido una "cura". Es tan razonable predecir que lo mismo sucederá con la gente del grupo examinado como decir que están todos condenados a morir.

No confíe en las estadísticas hasta que no haya con-
siderado cuidadosamente lo que no incluyen.
WILLIAM W. WATT

2. La gente incluida en el estudio era gente que venía a una clínica para enfermedades transmitidas sexualmente. La mayor parte de ellos tenía una historia de sífilis, gonorrea, parásitos, herpes y/o hepatitis. Esto da pie a algunas preguntas: (A) ¿Era este grupo de gente más susceptible a las enfermedades que un grupo "promedio" de homosexuales masculinos? (B) ¿Había sido afectado el sistema inmunológico, antes de su exposición al SIDA, debido a la repetida exposición a otras enfermedades y, si es así, afectó esto la fortaleza del virus del SIDA, haciéndolo más fuerte? (C) ¿Fueron los cuidados otorgados a los pacientes en la clínica pública tan buenos como los cuidados que otros homosexuales masculinos recibieron en clínicas privadas?

3. Hay grandes posibilidades de que muchos de los hombres de esta población tuvieran, a través de múltiples contactos sexuales, una exposición repetida al virus del SIDA. No existe evidencia específica con respecto al virus HIV, pero para la mayoría de los virus, la exposición múltiple resulta en casos más intensos de la enfermedad, y mayor rapidez en su desarrollo. La gente del estudio ya era positiva en 1978, y las pautas del "sexo sin peligro" no fueron anunciadas hasta seis años después.

4. El uso de drogas era más frecuente entre este grupo que en el promedio de la población.

5. La cantidad y frecuencia de compañeros sexuales era más alta en este grupo que en el promedio.

6. Muchos de los homosexuales masculinos de San Francisco, en los años setenta, no solamente practicaban el sexo en condiciones no "seguras" (desde el punto de vista de la transmisión del SIDA) sino que lo hacían en condiciones directamente acrobáticas. Algunas de las actividades podían ser consideradas, desde el punto de vista de la transmisión del SIDA, como muy poco seguras.

7. El estudio se remonta únicamente hasta 1978. Se cree que el virus del SIDA, en su forma actual (HIV), existe desde hace por lo menos veinticinco años, probablemente más. Parte de la gente incluida en el estudio puede haber sido infectada hace veinte años o más.

8. La gente incluida en el estudio sabe desde 1984 que tienen anticuerpos de HIV en su cuerpo desde por lo menos 1978, y probablemente desde antes. Han leído informes sobre el estudio, y han oído a los expertos "predecir" cifras sombrías relacionadas con su expectativa de vida. Pueden haber visto a amigos, que habían participado en el estudio, morir de SIDA, o aún amigos que fueron infectados *después* de 1978. ¿Se imagina el tipo de pensamientos negativos que puede llegar a practicar este grupo de voluntarios?

Al hacer esta lista, de ninguna manera estamos haciendo un juicio "moral" sobre las acciones de los miembros del grupo, o de cualquier persona que practicara un estilo de vida similar. (En realidad, queremos reconocer al grupo de voluntarios por su disposición y su valor en el servicio a otros, al tomar parte en este experimento). Es que, por lo que sabemos sobre la transmisión del SIDA, y usando la visión perfecta que nos da el tiempo cuando miramos hacia atrás, vemos que esta gente puede haber tenido más factores que contribuyeran al SIDA que la población general, probablemente aún más que la población general que actualmente tiene anticuerpos de HIV.

Teniendo en cuenta estos ocho factores, no entendemos cómo los expertos pueden hacer "la predicción del noventa y nueve por ciento" para el resto de los voluntarios del grupo, y mucho menos para el resto de la población. (¿Y por qué noventa y nueve por ciento? ¿Por qué no noventa y ocho? ¿O cien? ¿O noventa y nueve coma cuatro de un cien por ciento?).

Esto demuestra que, antes de creer en lo que lee, o aún lo que le dice un profesional, haría bien en averiguar (A) si la información es un *hecho* o una *proyección*, (B) dónde se hizo el estudio y en qué condiciones, y (C) quién participó en el estudio y qué diferencias existen entre su vida y las de los participantes.

Y recuerde, según los expertos, el hombre no puede volar, el sol se mueve alrededor de la tierra, y el Titanic no se puede hundir.

Siempre debemos suponer que la enfermedad es curable,
hasta que su propia naturaleza nos pruebe lo contrario.
PETER MERE LATHAM

SI ALGUIEN YA LO HIZO, USTED PUEDE SER EL SEGUNDO. SI NADIE LO HA HECHO, USTED PUEDE SER EL PRIMERO.

En la última sección hablamos de las estadísticas que el Centro para el Control de las Enfermedades compiló de un estudio hecho en la ciudad de Nueva York, con un grupo de gente que tenía SIDA. De acuerdo con el Centro, los negros e hispánicos que utilizaban drogas intravenosas tenían muchas más posibilidades de morir de SIDA, dentro de los primeros cinco años a partir del diagnóstico, que los homosexuales masculinos blancos.

¿Significa que debe darse por vencido si es negro o hispano, consume drogas intravenosas, vive en la ciudad de Nueva York, y fue recientemente diagnosticado con SIDA? De ninguna manera. Si existe *un* sólo negro o hispano consumidor de drogas intravenosas, que vive en la ciudad de Nueva York, y que ha sobrevivido más de cinco años al diagnóstico de SIDA, *usted* puede ser el segundo. Si *no* existe ningún negro o hispano consumidor de drogas intravenosas que haya sobrevivido más de cinco años, usted puede ser el primero.

No importa cuál sea su enfermedad, hay tablas estadísticas que le informan cuáles son sus posibilidades de

> *La mente del hombre es capaz de cualquier*
> *cosa -porque todo está en ella-, todo el pasado,*
> *así como todo el futuro.*
> JOSEPH CONRAD

sobrevivir. Recuerde, sin embargo, que usted es un ser humano y no una estadística. Usted puede hacer lo que quiera, siempre que esté dispuesto a hacer lo que haga falta para lograrlo. Si lo que quiere por encima de todo es reponerse de su enfermedad, lo hará. Los cuadros estadísticos presentan promedios, no hechos de la vida real.

Un buen ejemplo son las estadísticas de promedio de vida de la industria de los seguros. No importa cuál sea su edad, le dirán cuándo se va a morir, incluyendo el mes. Por supuesto, la gente no lo hace. Pero *estadísticamente* son correctas. Lo absurdo de este proceso se refleja en el cuento del vendedor de seguros que estaba buscando el promedio de vida de un cliente anciano. El vendedor buscaba y buscaba, y finalmente dijo: "Lo lamento. No puedo venderle un seguro. Usted ya se murió".

Digamos que tiene una enfermedad cuya expectativa de vida es sumamente baja: 95 por ciento de la gente que tiene su enfermedad muere durante un cierto período de tiempo. No mire los porcentajes y diga: "¡Oh!, el noventa y cinco por ciento de la gente que tiene esto muere. Por supuesto, yo soy parte del noventa y cinco por ciento". Noventa y cinco por ciento de la gente que escucha esa información diría exactamente eso. Eso es probablemente lo que los hace pertenecer al noventa y cinco por ciento.

Hay tres tipos de mentiras: las mentiras, las malditas mentiras, y las estadísticas.
BENJAMIN DISRAELI

Dígase en cambio: "El cinco por ciento sobrevive. Estupendo. Soy parte de ese cinco por ciento".

Cinco por ciento puede parecer una cifra pequeña, pero cuando se la multiplica por la cantidad de gente que alguna vez ha tenido esa enfermedad en particular, generalmente se transforma en un grupo considerable de gente.

Si la enfermedad afecta a, digamos, diez mil personas por año, eso significa que estadísticamente quinientas personas sobreviven. Puede que le resulte difícil imaginarse como parte del cinco por ciento, pero ser uno en quinientos, eso es más fácil. Después de todo, usted solamente tiene que ser uno de esos quinientos. Hay lugar para otros cuatrocientos noventa y nueve.

Otra forma de verlo: usted ya es parte de una minoría selecta. Si vive en Estados Unidos, ya tiene mejores posibilidades. Solamente el cuatro por ciento de la población del mundo vive en Estados Unidos. Si vive en Canadá, su grupo es aún más selecto: menos de la mitad del uno por ciento.

Si suma todas esas cosas de las cuales está orgulloso: sexo, raza, religión, edad, nacionalidad, nivel económico, ciudad, estado civil, y averigua cuán poca gente en este mundo tiene esa combinación en particular que usted tiene la suerte de tener, se dará cuenta de lo poco que los porcentajes afectan su vida. La cosa va más allá de los porcentajes. Usted se da cuenta de que es "uno en un millón" o "uno en varios millones", o aún "uno en un billón".

Otro porcentaje: si se venden dos millones de copias de este libro, se consideraría una cantidad excepcional. Pero aun cuando suceda (vea que no decimos "si sucede", sino "aun cuando suceda", el enfoque en lo positivo, ya sabe...) llegará a menos del uno por ciento de la gente de Estados Unidos.

Si una sola persona ha sobrevivido la enfermedad que está poniendo su vida en peligro, usted puede ser la segunda. Y si nadie la ha sobrevivido, usted puede ser la primera. Probablemente siempre ha querido ser el primero en algo. Ésta es su oportunidad.

Morir, mi querido doctor, es lo último que haré.
EMERSON

SEA EL PACIENTE PERFECTO

Los médicos, por encima de todo, quieren que se recupere. Deles lo que quieren. Recupérese.

Mientras lo hace, siga las instrucciones del médico hasta el último detalle. (Si es rebelde, piense en las "órdenes" como "amables sugerencias". Si es competitivo, llámelas "desafíos"). Tome las pastillas, evite las comidas que lo perjudican, haga los ejercicios, tome los descansos, practique la terapia; en una palabra, coopere.

Además de todo lo que su médico le pide, puede practicar lo que le guste de este libro. Probablemente no haya nada en este libro que interfiera o esté en conflicto con lo que el médico le indique. Use las sugerencias que encuentra aquí como un complemento a su tratamiento médico regular.

Siga los consejos del médico como si fueran una afirmación. Haga todo lo que él o ella le pida, no importa lo que sea. Si quiere hacer algún cambio, pídale permiso primero. Si el médico dice que no, no haga el cambio. Si no está contento con el cuidado que recibe, cambie de médico. No tome la decisión de hacer otros cambios.

Pregúntele a su médico para qué es cada medicina y cada procedimiento. Cuando tome la medicina o haga el procedimiento, diga: "Esta medicina hará que me *cure* de...". o "Este ejercicio *fortalecerá* mi...", "No participar en esto hará que mi ... *mejore*". No tome las medicinas ciegamente. Agregue su energía a cada una de manera que -aún cuando no sea más que una pastilla de azúcar- cumpla con su tarea.

Seguir las órdenes del médico al pie de la letra es disciplina. Hacerlo con buena disposición lo hará reponerse.

¿A quién podré hablarle hoy?
Me siento cargado de pesadumbre por falta de un
amigo íntimo.
EL HOMBRE QUE ESTABA CANSADO DE LA VIDA,
1990 AC

CONSIDERE LA PSICOTERAPIA

Hay un libro que no he leído todavía, que ni siquiera sé si es posible encontrarlo. Era muy popular hace veinte años, y se titulaba Psicoterapia: La Compra de la Amistad.

Considere todas las cosas que piensa habitualmente de un amigo. (Coleridge: **"Las flores son hermosas; el amor es como las flores; la amistad es un árbol que nos cobija"**). Como todas las cosas raras, la verdadera amistad puede ser difícil de encontrar.

Sin embargo, las cualidades de un oído dispuesto a escuchar, la paciencia, el buen consejo, y el saber que "alguien está de tu lado", son todas cosas que se pueden encontrar en un buen terapeuta.

Si tiene una enfermedad que pone en peligro su vida, puede resultarle invaluable tener a alguien con quien puede ser exactamente quién es, alguien con quien puede hablar abiertamente de sus miedos y preocupaciones (especialmente las cosas que teme puedan preocupar a sus amigos y a quienes ama), alguien en quien confiar. Esa relación puede ser -disculpe la palabra- una salvación.

Ya sea que tenga una enfermedad que ponga en peligro su vida o no, el objetivo de conquistar un modelo ha-

Un amigo fiel es la medicina
que nos da la vida.
ECLESIASTES 6:16

bitual de pensamiento negativo (o cualquier otro hábito) puede, a menudo, ser apoyado por la compasión y la guía de un terapeuta calificado.

Seleccione un terapeuta como seleccionaría a cualquier persona con la cual va a trabajar en contacto estrecho. Simplemente porque sea "Un Terapeuta" no quiere decir que necesariamente le puede ayudar. No todos los terapeutas son apropiados para todos. Le sugerimos que consulte. Tenga sesiones iniciales con varios. Elija el que le haga sentir más cómodo, con el que tenga una empatía natural y, sobre todo, aquel en quien confíe.

Una guía sobre cómo trabajar con un terapeuta: sea honesto en todo momento sobre todas las cosas, incluyendo cómo se siente con respecto al terapeuta. Puede engañar y quedar bien y no herir los sentimientos de todos los que son parte de su vida, pero con su terapeuta, sea usted mismo. No pretenda, no engañe y no oculte. Dese la libertad de sentir, pensar y expresar cualquier cosa mientras esté con él.

La terapia es la ocasión para explorarse, expresarse y experimentar con nuevos comportamientos, así como para aumentar su comodidad, apoyo, amor y experiencia del otro.

Es una relación especial, una que usted merece.

No hay nada tan poderoso como la verdad -
- y a menudo-, nada tan extraño.
DANIEL WEBSTER

CONSIDERE TERAPIAS ALTERNATIVAS

Además de todo lo que le ofrece el mundo de la medicina tradicional, hay una enorme cantidad de curanderos, quiroprácticos, nutricionistas, masajistas terapéuticos, herbólogos, naturistas, acupunturistas, terapeutas que trabajan con la plegaria (y más y más) a su disposición.

Una vez que ha seguido los consejos del médico, probablemente tenga tiempo durante el día para explorar "el otro lado".

Mientras lo hace, recuerde lo siguiente: el mundo de la medicina tradicional y la gente que practica formas alternativas de medicina, en general, no se llevan muy bien. A lo largo de las fronteras entre ellos hay, en algunos puntos, una paz precaria, y en otros una guerra abierta. Si elige pasar de uno a otro campo en búsqueda de la salud sepa que, a veces, se encontrará en tierra de nadie.

Los dos lados pueden molestarse, en el mejor de los casos, o atacar, en el peor, su decisión de coquetear "con esa gente".

La actitud del que practica formas alternativas de medicina puede ser algo así: "No tome ese veneno (sus medicinas) que su médico le está dando. Eso es lo que lo está matando. ¡Déjelo ya!".

La actitud del médico tradicional puede ser más benigna: él o ella han, después de todo, "ganado" la batalla de

La única medicina para el sufrimiento, el crimen y todos los otros males de la humanidad es la sabiduría.
THOMAS HENRY HUXLEY

quién es mejor, según la gran mayoría del público, y puede darse el lujo de ser magnánimo. El médico tradicional puede desacreditar el campo completo de las curaciones por métodos alternativos con un comentario como: "Es un total desperdicio de tiempo y dinero".

Hemos encontrado elementos de enorme valor en ambos campos. Si estamos enfermos, no soñaríamos con quedarnos sin la maravillosa atención de los dos. Hay algunas cosas que la medicina tradicional puede curar con una botella de pastillas. Yo tomo las pastillas. Otras cosas dejan desconcertada a la medicina tradicional, pero un curandero naturista no tiene problema con ellas. En esos casos, lo visitamos a él.

En algunos casos los límites comienzan a desaparecer. La medicina tradicional comienza a incorporar elementos de la medicina alternativa, y la medicina alternativa comienza a incluir elementos de la medicina tradicional. La acupuntura, por ejemplo, hasta hace poco despreciada por los tradicionalistas, es ahora usada y aceptada por más y más médicos. Los cambios en la alimentación, hasta hace poco considerados poco importantes para la salud -siempre que uno estuviera consumiendo la dosis correcta de elementos nutritivos- es ahora, con muchas enfermedades, una práctica médica corriente.

Más y más a menudo los médicos están usando prácticas medicinales alternativas, y más y más curanderos están diciendo: "Una buena inyección de penicilina le hará

Las filosofías de una época se transforman en los absurdos de la siguiente, y las tonterías de ayer, en la sabiduría de mañana.

SIR WILLIAM OSLER

Periódico de Medicina de Montreal, 1902

sentirse bien de inmediato, mejor que ninguna otra cosa", o: "¿Ya probó con una aspirina?".

Aplaudo este "encuentro". Puede pasar algún tiempo hasta que lleguen a unirse y transformarse en Una Forma de Medicina. Tal vez ese día nunca llegue. Y aún si nunca llega, use lo que piensa que funciona para usted de ambos mundos, e incorpórelo a su plan de recuperación.

No engañe a nadie: informe a todos los que le proveen de cuidados -tradicionales y no tradicionales- sobre lo que está haciendo con los demás. Algunos pueden escandalizarse, otros pueden desesperarse, pero déjeles saber a todos que piensa continuar así. "¿Qué *más* puede hacer por mí?", es lo que usted quiere saber. Si le dicen: "Nada", siga adelante. Hay mucha gente que puede hacer más por usted en ambos campos, si tiene la flexibilidad necesaria para aprovecharlos.

Lo que usted quiere es una cura. No importa de dónde sale. Tal vez venga de aquí, tal vez de allá, tal vez de ambos, y tal vez de ninguno, pero su actitud y su entusiasmo ("unido a la energía de Dios") lo van a curar de todas maneras.

No importa. Cúrese. Siéntase bien. Eso es lo que desean para usted todos los proveedores de cuidados que valen la pena.

Evita el mal; haz el bien;
purifica la mente: ésta es la enseñanza del Iluminado.
EL CANON PALI 500-215 AC

CUÍDESE BIEN

Esto puede parecer redundante, no de lo que he hablado hasta ahora, sino de lo que le enseñaron cuando era niño.

Hay ciertas pautas para cuidarse que son de sentido común, especialmente para cuidar el cuerpo, y las mencionaremos a continuación. La mayor parte de la gente asociada con la medicina asumirá que ya lo está haciendo. Tal vez sea así. No entraré en demasiado detalle. Una parte suya dirá: "Sí, ya sé lo que quieren decir". Compare este conocimiento interno con lo que está haciendo y, si hace falta, haga cambios.

• **Descanse lo suficiente.** ¿Cuánto sueño necesita? Váyase a la cama. Cuando despierte, ha sido suficiente. Si le molesta el ruido, use tapones para los oídos.

• **Tome vitaminas.** Tal vez necesite más que las que está tomando. Hable con su médico sobre las que necesita. También minerales.

• **Coma sensatamente.** ¿Recuerda los cuatro grupos alimenticios básicos? Coma un poco de cada uno cada día. Especialmente vegetales crudos, el grupo alimenticio que la mayor parte de la gente omite de su dieta. Pero comer solamente vegetales crudos tampoco es la solución. Dedique tiempo suficiente a disfrutar de la comida de manera que (A) sea agradable comer y (B) dé tiempo para la asimilación apropiada.

• **Evite las dietas que están de moda.** Lo que es maravilloso en Asia puede no funcionar aquí. Escuche lo que le

He tenido muchos más pensamientos edificantes, visiones creativas y expansivas, mientras me bañaba en los bien equipados baños de América, que los que he tenido en alguna catedral.

EDMUND WILSON

dice su cuerpo. Le dirá lo que necesita. Aprenda a distinguir entre querer y necesitar.

• *Mantenga un peso razonable.* No demasiado peso, ni demasiado poco, lo justo. Algunas personas que se enfrentan a enfermedades peligrosas tratan de aumentar de peso, para "prepararse para las malas épocas". El exceso de peso crea "malas épocas" para el cuerpo. Mantenga un peso razonable.

• *Haga algo de ejercicio.* Como este libro va a llegar a manos de gente que está pasando por todo tipo de condiciones, no voy a especificar demasiado. Hable con su médico.

• *Hágase dar masajes.* Sí, tal vez no lo aprendió de niño, pero es una de las cosas que va a despertar al niño dentro suyo. El masaje alivia las tensiones, libera la energía, hace desaparecer los bloqueos físicos y, tal vez lo más importante, es muy agradable. Sea indulgente consigo mismo. A menudo. Se lo merece.

• *Tome baños de inmersión.* En este mundo siempre apresurado, la mayoría de la gente se mete en la ducha y ya. Es más rápido. Más eficiente. Hay gente que no se ha dado un baño de inmersión en años. Lo lamento por ellos. No saben lo que se están perdiendo. Yacer en el agua caliente, aún por pocos minutos, relaja el cuerpo y la mente más rápido que casi cualquier otro método que conozco. Así que dese un baño de inmersión diario -ya sea que le haga falta o no-. Y más a menudo, si le hace falta.

De cuántas preocupaciones se libera
uno cuando decide no ser algo, sino alguien.
COCO GABRIELLE CHANEL

SEGUNDA PARTE: LA CURACIÓN
DOS: ELIMINE LO NEGATIVO

He incluido esta sección sobre eliminar la negatividad entre dos secciones sobre agregar positividad. Lo hice por una razón. Creo firmemente que la forma de tener más salud, abundancia y felicidad es *enfocarse* en *salud, abundancia y felicidad.* Esto puede sonar simplista, pero mucha gente trata de tener salud, abundancia y felicidad solamente tratando de eliminar la enfermedad, la pobreza y la infelicidad.

Uno de los problemas de este punto de vista es que la ausencia de enfermedad no es necesariamente salud, la ausencia de pobreza no es necesariamente abundancia y la ausencia de infelicidad no es necesariamente felicidad. Algunas veces tenemos éxito en la eliminación de algo negativo, y descubrimos, que aún, así, no tenemos lo que queremos. "¡Con todo lo que trabajé!", suspiramos. Y, descorazonados, algunas veces regresamos a lo negativo.

Otro problema cuando tratamos de librarnos de algo negativo es que necesitamos prestar atención a lo negativo que estamos tratando de eliminar. Esta atención le da mucha más energía -*nuestra* energía- y algo hace que lo negativo parezca demasiado poderoso para ser vencido.

Dadme la castidad y la templanza, pero no en este momento.
SAN AGUSTIN 354-430

La eliminación de la negación -y nada más- para lograr lo que realmente quiere, puede ser un camino largo. Si hubiera cien objetos sobre una mesa, y quisiera que recogiera el número 27, podría decirle, a medida que vaya recogiendo uno y otro objeto: "No, no levante el objeto No. 24. No, no levante el objeto No. 29. No, no levante el objeto No. 63".

Eventualmente, llegaría al objeto No. 27, y yo no diría nada. Pero puede que, después de haber oído veinte o treinta "No", se hubiera dado por vencido. No podría culparlo. Hubiera sido mucho más fácil decirle desde el principio: "Levante el objeto No. 27".

Es por eso que le pedimos anteriormente que hiciera una lista de lo que quiere en la vida ("las diez famosas"). Es mucho más fácil lograr lo que quiere cuando va directamente a lo que *quiere*, que cuando *no va* detrás de lo que *no quiere*.

Sin embargo, puede ser que encuentre cosas "negativas" que se oponen al logro de su objetivo; cosas que debe sacrificar para lograr lo que quiere. Si quiere felicidad, por ejemplo, hay que sacrificar la infelicidad. Algunas de estas actividades opuestas pueden ser fáciles de abandonar; otras pueden haberse convertido en "malos" hábitos.

Cuando elimina un "mal hábito", recuerde siempre *por qué* lo está eliminando. Enfóquese en el *objetivo*. En lugar de decir: "Quiero bajar de peso", diga: "Quiero un cuerpo delgado, vibrante, saludable". En lugar de decir: "Quiero eliminar el pensamiento negativo", diga: "Quiero disfrutar de todas las cosas positivas en mi vida".

Un hábito es un hábito y no hay que arrojarlo
por la ventana, sino convencerlo de que se
vaya yendo, paso a paso.
MARK TWAIN

Romper un mal hábito puede ser difícil, pero es más fácil si recuerda que lo que va a agregar a su vida (el objetivo) es más valioso que lo que está eliminando (el hábito).

No trate de liberarse de la esclavitud de todos los malos hábitos al mismo tiempo. Generalmente, esa es una forma de invitar el fracaso. Tómelos uno a uno, comenzando con los que le resultará más fácil cambiar. Una vez que tiene esos controlados, elija algunos otros que sean un poco más desafiantes. Construya sobre la energía de cada victoria. Como dicen: "Vale más paso que dure que trote que canse".

Había un letrero encima del piano: Por favor, no
mate al pianista. Está tocando lo mejor que puede.
OSCAR WILDE

No Confunda "Notar lo Negativo" con el "Pensamiento Negativo"

No somos responsables por cada pensamiento que nos pasa por el cerebro, sólo por los que guardamos en él. El pensamiento: "¡Qué persona tan desconsiderada!", puede pasarnos por la mente y, probablemente, no hará demasiado daño. Es cuando *agregamos* el pensamiento "y lo que es más...", que nos metemos en líos.

Tal vez la persona fue desconsiderada. Eso puede ser sencillamente una observación correcta. Notamos algo que hizo que nosotros consideramos desconsiderado. Comenzamos el ciclo de pensamiento negativo cuando agregamos alguna variación de "y eso yo lo odio" a nuestra observación.

Es importante tener clara esta distinción cuando estamos rompiendo el hábito del pensamiento negativo. Notar que algo es de cierta manera, y que esa manera puede caer dentro del espectro de la expresión negativa, no es necesariamente un "pensamiento negativo".

Notar que una de nuestras plantas se está secando es una observación, y no necesariamente una observación positiva. A partir de esa observación podemos tomar dos caminos.

Uno, la ruta del pensamiento negativo: "Esa planta se está muriendo. ¿Cuántas veces le habré dicho a fulano que riegue las plantas? Siempre se me mueren las plantas. Debo tener dentro mío una energía mata-plantas", etc.

Dos, la ruta de la acción positiva: "Más vale que riegue las plantas. Aparentemente no he logrado hacerle notar a fulano lo importante que es regar las plantas; le voy a escribir una nota. A las plantas no parece gustarles ese rincón. Tal vez debiera comprar una planta más resistente", etc.

El simple hecho de ver algo y pensar que podría ser mejor de otra manera no significa que estemos pensando negativamente. El problema es cuando nos *ponemos negativos* y exigimos que las cosas y la gente sean diferentes de lo que son. Esto es especialmente cierto en aspectos en los cuales tenemos la autoridad o la responsabilidad de hacer cambios.

Tiene derecho a tener su casa o apartamento como le gusta, teniendo en cuenta las limitaciones de su tiempo, habilidades y presupuesto. Si no está dispuesto a invertir tiempo, actividad y dinero en hacer algo como lo quiere, más vale que cambie lo que "quiere". (Una vez que tiene práctica, cambiar lo que "quiere" le lleva menos de un segundo, no consume casi energía y no le cuesta un centavo).

Si es un padre o un jefe, hay ciertas pautas de comportamiento que aquellos "a su cargo" deben seguir, dentro de lo razonable. Si no los hiciera seguir esas pautas, no estaría cumpliendo con su trabajo. El desafío es no caer en la negatividad cuando le pide a los demás que tomen acciones correctivas.

*La primera idea que un niño debe adquirir, para ser
activamente disciplinado, es la diferencia entre el
bien y el mal; y la tarea del educador es ver que el
niño no confunda el bien con la inmovilidad,
y el mal con la actividad.*
MARIA MONTESSORI

Vivimos en un mundo de información negativa. A menudo es a través de una señal negativa que nos damos cuenta que algo necesita atención. *Notar* las señales no es pensar negativamente. *Hacer* algo correctivo es una acción positiva. *Enojarse* es un pensamiento negativo.

El último método de responder a la "información negativa" es el que le sugiero que reduzca al mínimo en su vida.

El que ha comenzado, ya tiene la mitad hecha.
Atrévase a ser sabio; ¡comience!
HORACIO 65-8 AC

LIBÉRESE DE LA ADICCIÓN

El pensamiento negativo es un mal hábito. Para mucha gente es una adicción. Una adicción es algo que hacemos automáticamente, es algo que lo controla; usted no tiene control sobre sí mismo.

Si piensa que no está adicto al pensamiento negativo, desafíese a sí mismo y no tenga un solo pensamiento negativo durante las próximas veinticuatro horas. Comenzando ya. Ni un solo pensamiento negativo. ¡Ya!

No se engañe diciendo: "Ah, estoy simplemente notando lo negativo. Ustedes dijeron que eso estaba bien". ¿Es eso todo lo que hizo? ¿No comenzó a sentirse molesto cuando notó lo negativo? Si lo hizo, está haciendo algo más que notar. Está agregando a lo que nota. Lo que está agregando es pensamiento negativo.

Si no logró cumplir con su desafío, tal vez quiera echar una buena y honesta mirada a cuán poderoso es el pensamiento negativo en su vida.

Las adicciones no son siempre malas. Por ejemplo, todos somos adictos a la respiración. Nunca sugeriría que la respiración es una adicción que necesita eliminar. Si es adicto al pensamiento negativo es usted quien necesita decidir si es, para usted, una adicción positiva o negativa.

Si se ha dado cuenta de que es adicto, y se ha dado cuenta de que es una adicción negativa, debe decidir si

Si al principio no tiene éxito, está dentro del promedio.
M. H. ALDERSON

quiere o no liberarse de la adicción. Hay gente que necesita llegar al fondo del pozo unas cuantas veces para llegar a este punto. Como dicen: "Cuando estés harto y cansado de estar harto y cansado, cambiarás".

Otros ven el valor de ser libres, y no necesitan descender a las profundidades antes de explorar las alturas. Esa gente ha sido bendecida o encantada, dependiendo de su teología.

No es necesariamente fácil romper las adicciones. Si lo fuera, no serían adicciones. Para alguien que no fuma, es fácil dejar de fumar; para el que fuma dos paquetes por día, no lo es. Uno es adicto; el otro no.

Para algunos, abandonar el pensamiento negativo puede ser muy fácil. Han estado pensando negativamente sólo porque pensaron que era algo que *debían* hacer, que iban a lograr algo *bueno* con ello. Apenas se enteran de que les puede ir bien en la vida sin pensamientos negativos, se dan vuelta y los abandonan. Todo lo que necesitaban era permiso.

Para los otros, pasar del pensamiento negativo automático al enfoque positivo manual y, eventualmente, al enfoque positivo automático, puede ser un desafío, tal vez el más grande de su vida. Y tal vez el desafío de la vida en sí misma.

Va a requerir tiempo, perseverancia, paciencia, perdón, determinación, disciplina, fortaleza, entusiasmo, apoyo, paciencia y, sobre todo, amor. Amor por usted mismo, amor por el proceso, amor por lo que está creando en lugar de la adicción y, sí, incluso amor por la adicción misma.

El caracol llegó al arca
a fuerza de perseverancia.
CHARLES HADDON SPURGEON

TOME LAS COSAS CON CALMA, PERO TÓMELAS

Hay gente para la cual abandonar "todo" pensamiento negativo de una vez puede ser demasiado. La naturaleza de su pensamiento puede ser tan negativa que, al tratar de parar de una vez, pueden quedarse sin nada que pensar.

En esos casos, se puede reemplazar gradualmente el pensamiento negativo con el enfoque positivo. Ese plan consiste de dos etapas: la primera, dar nuevos pasos y, la segunda, mantener el progreso logrado con los pasos tomados.

Lo que aparece a continuación no es un plan definitivo, es más bien un ejemplo. Puede modificar las ideas incluidas en él y adaptarlas a su propio "programa de recuperación".

1. *Comience por notar cuando está pensando negativamente.* No tiene que hacer nada al respecto; simplemente observe lo que está sucediendo. En lugar de decir: "*Tengo derecho* a estar molesto por lo que acaba de pasar", diga: "La verdad es que estoy reaccionando negativamente a esto". Comience a notar que el problema no es *lo que está sucediendo*, sino *cómo está reaccionando*.

2. *Haga una pausa antes de pensar negativamente.* Cuando nota que empieza a sentirse agitado con respecto a algo, diga: "Voy a esperar dos minutos antes de indig-

No sé de nada más estimulante
que la indiscutible habilidad del hombre de
elevar su vida diaria mediante el esfuerzo consciente.
THOREAU

narme". Piense en alguna otra cosa -algo agradable- durante dos minutos, y *entonces* moléstese. Gradualmente pase a tres minutos, luego cuatro, luego cinco. Aún si comienza por dejar pasar unos pocos segundos entre su reacción automática y su reacción pospuesta, está comenzando a tomar un control consciente sobre la respuesta. (Tener una lista de pensamientos inspiradores sobre los cuales enfocarse le puede ayudar. Tenga a mano un "libro de cosas buenas").

3. *Declare "zonas libres de negatividad"* a lo largo del día. Planee segmentos de dos minutos a lo largo del día durante los cuales no piense nada negativo. Durante estos breves momentos, enfóquese con tanta intensidad sobre lo positivo, que los pensamientos negativos no tengan oportunidad de aparecer. Aumente la duración y la frecuencia de estos "períodos positivos".

4. *Elija temas con respecto a las cuales no va a pensar negativamente de ahora en adelante.* Elija ciertas categorías de pensamiento en las cuales se niega totalmente a pensar con negatividad. Comience con temas que no tienen demasiada importancia. Si rara vez se molesta, digamos, con los comerciales de la televisión, diga: "No importa lo estúpido, aburrido, condescendiente o tramposo que sea un comercial, simplemente no me voy a molestar". Expanda gradualmente la lista hasta incluir todos los aspectos no esenciales de su vida. Haga listas. Si se encuentra pensando negativamente sobre un tema que está en su lista, pare.

5. *Aumente la duración de las "zonas libres de negatividad".* Agregue un minuto por día a los períodos positivos hasta que, eventualmente, no tenga necesidad de pensar negativamente más que unos pocos minutos al día. Marque, por decir, cuatro períodos de quince minutos cada uno, durante los cuales va a pensar *solamente* cosas negativas. Posponga todo el pensamiento negativo a uno de esos períodos. Haga una lista de las cosas negativas que va a pensar, para que no se le olviden. No agregue a la lista cosas sobre las cuales había decidido con anterioridad no pensar negativamente. Esas están fuera de límites, aún durante "la hora negativa". Si no logra pensar negativamente sobre todos los puntos que tiene anotados, déjelos para el siguiente período. Permítase una "sesión de emergencia" por día.

6. *Agregue temas más importantes a la lista de cosas "prohibidas".* Decida, por ejemplo, que ya no va a pensar negativamente sobre una relación importante; luego extiéndalo a todas las relaciones. Poco a poco, vaya agregando trabajo, dinero, salud, muerte. Enfóquese solamente en los aspectos positivos de todos esos temas.

Planifique las cosas de manera que todo lo que constituye su vida termine apareciendo en la lista de "sólo positivo" al mismo tiempo que "la hora negativa" se reduzca hasta desaparecer.

¡Felicitaciones! Ha quedado libre de la adicción al pensamiento negativo.

¿Todavía tendrá pensamientos negativos? Por supuesto. Pero a medida que pasa el tiempo se dará cuenta más y más pronto, y los períodos de negatividad serán más

La perseverancia prevalece sobre la violencia;
y muchas cosas que no se pueden superar cuando es-
tán juntas, ceden cuando se las enfrenta poco a poco.
PLUTARCO 46-120 DC

cortos. Y además, la corriente de enfoque positivo hará disminuir la intensidad de los períodos negativos. Una situación que lo hubiera puesto furioso durante días, ahora solamente dura una hora. Algo que lo hubiera aterrorizado por horas, ahora lo preocupa solo por unos minutos.

El objetivo: "Me voy a enfocar más y más en los aspectos positivos de mi vida", es una aventura que dura toda la vida.

Personalmente siempre estoy dispuesto a aprender,
aunque no siempre me gusta que me enseñen.
WINSTON CHURCHILL

LA PRUEBA

Cuando estamos rompiendo una adicción o sobreponiéndonos a un mal hábito, hay veces en que la fuerza de voluntad pierde la fuerza. La tentación supera a la resolución. Nuestra disciplina parece exhausta, y el hábito regresa con renovada energía. Toda la "buena energía" que generamos parece darse vuelta. Eso se llama "Ley de la Reversibilidad".

Afortunadamente, la Ley de la Reversibilidad sigue un modelo previsible. Una vez que conocemos el modelo, sabemos cuándo tener cuidado extra. Nuestro potencial de fallar es más intenso en esos momentos. Al saberlo, podemos tener más cuidado.

Cuando considera por primera vez dejar una adicción, a menudo aparecen las dudas. "Tal vez sí, tal vez no. No estoy seguro". "Probaré durante un tiempo y veré qué pasa". "Lo haré, si no me cuesta demasiado". Cuando trabajamos con adicciones, estas actitudes casi siempre llevan al fracaso. Tan pronto como aparece la primera ola del deseo habitual, esas medio resoluciones son arrastradas.

Finalmente decimos: "Ahora sí. No importa lo que pase, ahora sí. Estoy harto de este asunto que me está arrastrando". En ese momento comienza la Ley de la Reversibilidad.

> *El control que el hombre ha logrado sobre la naturaleza es superior al control que tiene sobre sí mismo.*
> ERNEST JONES

La Ley de la Reversibilidad no es un enemigo. Al contrario. Es la prueba. Nos prueba para que veamos cuán fuertes estamos. Nos prueba para asegurarnos que hemos conquistado lo que habíamos decidido conquistar. La prueba no solamente nos prueba; también nos da el diploma de la libertad.

El entusiasmo inicial de una declaración firme de independencia de un mal hábito generalmente dura unas tres semanas. Ese es el momento del primer examen. Si pasa el examen de las tres semanas, las cosas se tranquilizan hasta que pasan tres meses a partir del momento en que empezó. Otro examen. Si pasa el examen de los tres meses, las cosas siguen más o menos tranquilas hasta que se cumplan seis meses. Exámenes de mitad de año.

Los exámenes de mitad del año pueden ser duros. Puede estar enfrentándose a las pruebas más difíciles y complicadas hasta el momento. Si sale exitoso de ese viaje, es posible que quede libre durante seis meses más. Luego, un año después del comienzo, el examen final.

Cuando la Ley de la Reversibilidad nos pone una prueba, no se trata necesariamente de una confrontación abierta, hay gente que maneja mejor las confrontaciones a gran escala que cien pequeñas confrontaciones diarias. La Ley de la Reversibilidad puede ser sutil. En cuanto al pensamiento negativo, por ejemplo, puede tentarlo con una docena de pensamientos que tienen apenas un tinte de

La vida es como tocar el violín en público y aprender el instrumento mientras uno toca.

SAMUEL BUTLER

negatividad, y que progresivamente se van acumulando para hacer uno claramente negativo. No hubiera caído en ese pensamiento negativo, pero como lo tiene ahí mismo, al lado, es más fácil caer en él.

He aquí algunos pensamientos que a menudo aparecen durante los períodos de prueba (que son, ya de paso, los períodos de fortalecimiento). A continuación de cada uno agregamos algunos comentarios sobre el origen de los pensamientos, y formas posibles de manejarlos.

"Esto lo puedo manejar, pero me temo que si la cosa se pone peor no voy a poder manejarla, así que lo haré nada más que para que no se ponga peor".

Esto es miedo del miedo -tenemos miedo de tener más miedo, así que nos damos por vencidos-. Y darnos por vencidos nos dará aún más miedo. Más vale enfrentar el miedo que enfrentar una vida de miedoso pensamiento negativo.

"Estoy harto. Ya he hecho suficiente. Si todavía no lo he logrado, al infierno con este asunto".

Aquí viene la hermana mayor del miedo, la ira, ¿notó? Cuando está pasando por una prueba, a menudo se enojará con su enojo, se sentirá impaciente con su impaciencia y se irritará con su irritabilidad. Como con lo de tenerle miedo al miedo, las dos emociones airadas se combinan y el resultado es un oponente poderoso. Si puede, vea el humor en la situación. Imagínese el estar enojado con el enojo de estar enojado de estar enojado hasta el infinito.

> *Dios ha dado al hombre la libertad*
> *a cambio de una condición: la vigilancia eterna.*
> JOHN PHILPOT CURRAN

Es bastante divertido (excepto, por supuesto, cuando está metido en el asunto). Lo mejor que puede hacer es *moverse*, hacer algo físico no relacionado con la ira. (Más formas de manejar al "dúo dinámico" del miedo -culpa y resentimiento- más adelante).

"Ya sé que voy a fracasar -siempre fracaso- así que da lo mismo que deje de intentarlo ahora mismo".

Aquí la desvalorización levanta su horrible y familiar cabeza. Se transforma en una profecía auto cumplida: "Siempre fracaso, así que para qué seguir probando", por supuesto que fracasaré, de manera que tenía razón: "Siempre fracaso". Note, también, el miedo a fracasar y la ira hacia usted mismo contenidos en la frase. ¿La solución? Dígase una y otra vez: "Merezco tener éxito". Si la cosa se pone mal, dígalo en voz alta, delante del espejo, mientras se mira a los ojos. Intérnese en el sentimiento de desvalorización y atraviéselo. Persevere. Permanezca. Del otro lado está lo valioso que usted realmente es.

"Me voy a arrepentir de no hacer esto más adelante".

Probablemente se arrepentirá aún más de *no* hacerlo. Esto se combina con la desvalorización y dice: "Voy a fallar en algún momento, así que más vale que sea cuanto antes, así no me quedo sin esto" (entiéndase por "esto" la tentación). Mantenga presente su objetivo. Dese cuenta de que realmente quiere su objetivo más que lo que quiere su hábito negativo, aunque a veces no lo parezca.

"Esto me da demasiado trabajo. Estoy cansado. Me doy por vencido".

Nos estamos poniendo un poquito rezongones, ¿no? El precio de la libertad es lo que la libertad cueste, y es regalada al doble del precio. Por lo tanto, no existe "demasiado" trabajo. ¿Cómo sabemos cuánto trabajo es suficiente? Cuando logramos nuestro objetivo, es suficiente. Y luego *mantenemos* el objetivo con la vigilancia.

"Estoy aburrido".

El aburrimiento es una forma sutil de pensamiento negativo que puede contener tanto ira como miedo. Steward Emery definió el aburrimiento como: **"Hostilidad hacia el entusiasmo"**. Fritz Perls lo llamaba: **"El paso anterior al terror"**. El aburrimiento tiene una calidad entumecedora, como si estuviéramos insensibilizando algo que no quisiéramos mirar. Nos hemos dado cuenta de que la gente a menudo se siente aburrida justo antes de dar un paso que no quiere dar pero que sabe que debe dar. Es generalmente un paso de crecimiento, un movimiento hacia su propia magnificencia. Pero el paso puede traer consigo miedo ("Me estoy acercando a una zona desconocida") o ira ("¿Por qué tengo que hacer esto?"), o ambos. Si es así, el aburrimiento es una señal bienvenida. Todo lo que tiene que hacer es encontrar el paso hacia su propia grandeza que se niega a dar, y darlo. Desaparece el aburrimiento, y se revela aún más de su resplandor.

No hay por qué tenerle miedo a la Ley de la Reversibilidad. Como saben todos los estudiantes astutos, es bueno prepararse para los exámenes. Saber la fecha en que habrá exámenes -tres semanas, tres meses, seis meses, un año- nos ayuda a prepararnos.

Cuando decide "No va más" con respecto a cierto aspecto de la negatividad, haga una nota en su agenda. Por ejemplo: "No me voy a molestar más por los comerciales en la televisión". Luego haga otra nota, dirigida a sí mismo, una semana más tarde: "¿Comerciales de televisión?" Eso quiere decir, revise qué ha hecho durante la semana con la rabia que le dan los comerciales de televisión. ¿Ha estado pendiente de la irritación, o era simplemente "otra buena idea"?

Si lo tomó con seriedad -lo sabrá por los resultados- haga una nota en la agenda a las tres semanas de haber comenzado. Es su primer examen. Sea especialmente vigilante cuando mira televisión, sobre todo cuando van a comenzar los comerciales. Si logra pasar el examen de las tres semanas sin demasiados inconvenientes (por ejemplo, sin arrojar un florero contra la televisión), haga una nota para el aniversario de tres meses desde el comienzo.

Cuando llegue el examen de los tres meses, tenga cuidado extra durante varios días antes y después del aniversario. Si tanto su televisión como su paciencia están intactos al cabo de tres meses, haga una nota con tinta roja para el examen siguiente, a los seis meses de la iniciación.

Al cumplir seis meses, puede esperar que los comerciales de televisión sean más molestos, más insoportables, más mentirosos que nunca. Espere que interrumpan su película favorita en su momento favorito. Espere lo peor. Así, si no sucede lo que esperaba, será una sorpresa agradable.

Tal vez el resultado más valioso de la educación sea
la habilidad de obligarnos a hacer lo que debemos
hacer, cuando debemos hacerlo, nos guste o no.
THOMAS HENRY HUXLEY

Luego marque el aniversario de un año de su declaración de independencia. Una vez más, esté vigilante. Una vez que pase el aniversario, hágase un regalo: por ejemplo, un VCR (o un reproductor de DVD's), así no tiene que volver a aguantar un solo comercial.

Repita este procedimiento con cada uno de los temas sobre los que decidió "No más pensamientos negativos aquí". Puede que su agenda se vea un poco rara. Una semana típica puede decir, por ejemplo: "comerciales de televisión", "perro del vecino", "colas", "conductores desconsiderados", "el correo", "los que llaman por teléfono y cortan sin hablar", "máquinas contestadoras de teléfono" y "el tiempo". Alguien que vea su calendario puede llegar a pensar que está loco.

La libertad cuesta en muchos sentidos.

Si creamos una disputa entre el pasado y el presente,
nos encontraremos con que hemos perdido el futuro.
WINSTON CHURCHILL

TOME NOTA DE LOS PENSAMIENTOS NEGATIVOS

Si hay un aspecto del pensamiento negativo que le da trabajo, lleve un registro. Cada vez que tiene un pensamiento negativo sobre ese tema, haga una marca en una tarjeta que tenga reservada especialmente para ese propósito.

Al final del día tendrá una buena idea de cuántas veces pensó negativamente sobre el tema. La cantidad puede llegar a sorprenderlo. Algunas veces ver algo por escrito le puede dar una idea de cuánto tiempo está desperdiciando y cuánto mal se está haciendo a sí mismo, y llevarlo a decidir que es más que suficiente.

Puede continuar teniendo una tarjeta diaria para ese tema. Así verá por escrito su progreso. Puede revisar un mes de tarjetas y ver cómo le ha ido. Es un buen sistema de información. Si las marcas aumentan o continúan más o menos iguales, haga lo necesario para eliminarlas. Si van disminuyendo (y probablemente así será -prestar atención puede ser curativo-), se merece felicitaciones.

Puede tener muchas tarjetas si así lo desea: una para cada aspecto del pensamiento negativo.

Ver que la cantidad de marcas va decreciendo es un recordatorio magnífico no sólo de que *puede* hacerlo, sino de que *ya lo ha hecho*. Si puede hacerlo en un aspecto, puede hacerlo en cualquier otro.

Nuestros amigos son
la parte de la raza humana con la cual
nos podemos permitir ser humanos.
GEORGE SANTAYANA

EL PODER DE LAS SOCIEDADES

Seamos honestos: dominar nuestro proceso mental (la mente es un magnífico sirviente, pero puede ser un patrón terrible) no solamente es un desafío; también puede ser, bueno, inusual.

Si un amigo le pregunta: "¿Qué hay de nuevo?", y usted contesta: "Oh, estoy rompiendo mis adicciones al pensamiento negativo, con el fin de tener más salud, abundancia y felicidad", puede que no encuentre comprensión y, menos aún, entusiasmo. (Por otro lado, puede que su amigo le diga: "¡Ya era hora!").

Ayuda tener apoyo cuando uno comienza a hacer algo desafiante e inusual. Ya hemos hablado de lo importante que puede ser un buen terapeuta. Más adelante veremos más en detalle lo valioso que pueden ser los grupos.

Ahora quisiéramos explorar el poder de formar sociedades. Encontrar una o dos o tres personas con las cuales pueda formar una alianza estrecha, gente que se está dirigiendo hacia un enfoque más positivo. Forme una relación contractual para apoyarse entre sí incondicionalmente.

Hable con esta gente a intervalos regulares y acordados, si es posible, diariamente. A veces es mejor si por lo menos uno de ellos es parte de su círculo de amigos o familia. De esa manera puede ser totalmente sincero sin

Cada amigo representa un mundo en nosotros,
un mundo que tal vez no haya nacido hasta su
llegada, y solamente a través de este
encuentro nace un mundo nuevo.
ANAIS NIN

miedo a ofender, o a que lo que diga sea repetido, aún sin intención, a otras personas.

Estos son sus "compañeros". No tenga demasiados: lo que persigue es la profundidad de la relación, no la cantidad. Pero, por otra parte, es bueno tener dos o tres, en caso de que uno decida "retirarse". (El camino de la iluminación está poblado con los vehículos de los que se quedaron sin fuerzas).

¿De qué pueden hablar durante sus charlas diarias, o casi-diarias? Por supuesto, de las maravillas de la victoria y de la agonía del fracaso. "Me siento tan orgulloso de...", "Realmente me metí en un lío cuando...", "No me doy cuenta de cómo hacer...", "A mí me ayudó hacer...".

Charla, risas, intercambio de historias de guerra, compartir secretos, dar y recibir apoyo, todo en una atmósfera sin juicios, de amor incondicional, y con la convicción que "puede que no hayamos venido aquí en el mismo barco, pero estamos en el mismo bote".

Dos puntos importantes: uno, hable con cada uno de sus compañeros por lo menos tres veces a la semana. Esto le permite tener sentido de continuidad. Puede hablar de los detalles de la vida que a menudo quedan olvidados cuando se habla con menos frecuencia. Es la diferencia entre las novelas diurnas de la televisión, que son a diario, y las nocturnas, que son semanales. Dos, cumplan con los acuerdos que hacen entre sí. Si dice: "El martes a las cuatro", cumpla. Hágalo. Esto crea la base de confianza sobre la cual se puede construir una sociedad.

Además, puede querer ir un paso más allá y juntarse con varias personas para tener un grupo de apoyo. Este grupo puede reunirse menos a menudo, digamos una vez por semana, y obtener resultados muy especiales.

Dile que viva en el sí y el no
-sí a todo lo bueno, no a todo lo malo-.
WILLIAM JAMES

SENCILLAMENTE, DIGA: "¡BASTA!"

¿Cómo controla los pensamientos negativos? Una de las maneras es sencillamente diciendo: "No", o "Basta". Cuando un pensamiento negativo se hace presente en su mente, sencillamente diga: "¡Basta!". Cuando regrese -y lo hará- diga: "¡Basta!". Cuando regrese, diga: "¡Basta!".

No es una pelea. Es *su* cerebro, *su* mente, y tiene todo el derecho de pensar los pensamientos que quiera. Si el hábito de pensar negativamente se ha apoderado de parte de su mente, especialmente si se ha convertido en una adicción, tal vez necesite repetir "¡Basta!" constantemente, hasta que se entere de que está reclamando su mente para que piense lo que quiere pensar.

No le permita al pensamiento negativo siquiera que termine la frase. Diga: "¡Basta!" inmediatamente. Apenas vuelve a comenzar, diga: "Basta" otra vez. Y otra vez y otra vez y otra vez. Algunos diálogos mentales pueden ser una sucesión constante de "Bastas"; no se preocupe. Va a llegar el momento en que podrá anticipar que un pensamiento negativo está por entrar a su mente. Dígale: "¡Basta!" antes de que pueda decir la primera sílaba.

Si decir: "¡Basta!" mentalmente no le es suficiente, dígalo en voz alta.

¿Cuántos "basta" son suficientes? Los que hagan falta. Cuando no tenga más pensamientos negativos, será suficiente.

Necesario, eternamente necesario, quemar las falsas vergüenzas, y fundir el metal pesado del cuerpo para lograr la pureza.

D. H. LAWRENCE

QUÉMELOS

Si hay un tema que parece molestarlo más que los demás, he aquí una buena técnica para disminuir el poder que tiene sobre usted.

Tome una hoja de papel y escriba todo lo horrible que se le ocurra sobre esa situación. Nadie lo va a leer, ni si quiera usted, así que sea tan honesto como sea posible. (No se preocupe de la gramática, la ortografía o la caligrafía).

Incluya todas las palabras cargadas que encuentre. Póngase *realmente* negativo. Agregue agravios, afrentas, agresiones, atropellos, injurias, palabras inflamatorias, irritantes, ofensivas, denigrantes, hirientes; vilipendios, improperios, blasfemias, insolencias, oprobios, rabotadas, denuestos. (¿No son maravillosos los diccionarios de sinónimos?). Saque *todo* lo que tenga adentro, y póngalo *en* el papel.

Y ahora quémelo.

No lo vuelva a leer. No haga una copia para su archivo (aunque haya expresado sus problemas con enorme elocuencia). Quémelo.

Es de esperar que nadie tenga que ponerlo en contacto con el Departamento de Bomberos para que le expliquen cómo hacerlo en forma segura. El baño puede ser un buen lugar. Si el fuego le llega demasiado cerca de los dedos, puede dejarlo caer, y así tener, además, la satisfacción de verlo desaparecer cuando haga correr el agua.

Arde, arde, arde como fuegos artificiales amarillos, fabulosos, explotando como arañas sobre las estrellas, y en el medio uno ve el centro azul que se abre, y todo el mundo dice "¡Ah!".

JACK KEROUAC

A medida que se va quemando el papel, imagínese todos esos pensamientos negativos que ha tenido sobre la situación, desapareciendo entre las llamas. Sienta la purificación del fuego. A medida que desaparecen las cenizas entre el agua, sienta la purificación del agua.

Si quemar el papel no es lo apropiado para usted, romperlo en pedacitos chiquititos funciona igual de bien. Si no puede escribir, díctele a alguien en quien confíe, y luego pídale que lo queme o lo rompa. O haga un cassette (o CD), y destrúyalo.

Este proceso tiene dos resultados -pone a los pensamientos negativos *fuera* y *lejos* de usted-. Y luego los destruye.

No *piense* si va a funcionar o no. *Hágalo* una vez, y vea los resultados.

Una variación es conseguir un paquete de papeles de cigarrillos. Cada vez que aparece un pensamiento negativo de su "tema preocupante", escríbalo en uno de los papeles de cigarrillos y quémelo sobre un cenicero.

Es una buena idea usar una pinza de cejas o de algún otro tipo para sostener el papel ya que el papel de cigarrillo se quema bastante rápido, porque ha sido quemado suficientemente por sus pensamientos negativos.

Para ahorrar fósforos, puede tener una vela prendida en el cenicero. Haga que la llama represente la Luz de quien es realmente, quemando la oscuridad de su adicción.

No quiero que la gente sea muy grata, así no tengo
que esmerarme en apreciarla.
JANE AUSTEN

Terapia de Aversión

Puede haber algunos aspectos de pensamiento negativo, conocidos comúnmente como el "talón de Aquiles", que no importa lo que haga, parecen evocar ira, o miedo, o ambos. Los llamaremos simplemente temas problemáticos.

Para enfrentar esos aspectos hace falta sacar la Artillería Pesada. He aquí dos cañones de los grandes:

La Liga Elástica. Si, la liga elástica. Uno de los cañones grandes. Asegúrese que le queda suficientemente floja alrededor de la muñeca para que no le dificulte la circulación, pero tampoco tan floja que se le caiga. Cada vez que piense un pensamiento negativo de su "tema problemático", estire la liga y luego suéltela.

Hágalo con firmeza, para sentirlo, pero no con tanta firmeza que se lastime. Estamos buscando la aversión, no el abuso. Cada vez que se da cuenta de que está pensando negativamente sobre algo que pertenece a su tema problemático, ¡ZAS!

Si, es posible que se le vea un poco raro -especialmente si lo está combinando con otras técnicas que recomiendo-. Imagínese lo que pensaría alguien que lo ve diciendo "Basta" en voz alta, estirando la liga que tiene en la muñeca, buscando la tarjeta apropiada y haciendo marquitas, agregando un pensamiento a la lista que va a conside-

Agota el pequeño momento. Desaparece pronto.
Y ya sea de herida o de oro no volverá nunca más,
bajo este mismo disfraz.
GWENDOLYN BROOKS

rar durante la "hora negativa", escribiendo pensamientos en papel de cigarrillos y quemándolo con unas pincitas. Completamente loco.

Pero funciona.

Respuesta Exhaustiva. Aquí viene el segundo cañón. Es para esos temas problemáticos que "no se puede sacar de encima". Decida cuándo tendrá algo de tiempo, cuando nadie lo interrumpa, digamos una o dos horas por lo menos.

Cierre los ojos. Imagínese rodeado, lleno y protegido por una luz pura, blanca. Sepa que solamente aquello que es para el mayor bien sucederá durante este proceso.

Luego piense nada más que en el tema problemático. Quede inmerso en el asunto. Imagine el escenario peor que se le ocurra; y luego empeórelo. Gruña, grite, llore, tiemble. Use toda su creatividad. Escriba una película de horror y sea la estrella -el héroe o la heroína, pobre, desamparado, a quien le suceden todas esas cosas espantosas-.

No permita que la cosa se ponga cómica. Manténgala espantosa. Su hábito quiere pensar negativamente sobre este asunto, así que permítaselo. Dele a su hábito lo que está pidiendo. Hágalo horrible. Hágalo insoportable. Deje que el villano gane una y otra vez. Y sin castigo. Mas bien, recompénselo.

No permita que ningún otro pensamiento lo interrumpa. No deje entrar ningún pensamiento agradable, que pueda llevarlo hacia una dirección positiva, nada que se relacione ni remotamente con la realidad. Manténgalo horrendo, terrible, espantoso. No cambie de tema -quédese con la que eligió al principio-.

Al rato, pensará: "¡Más que suficiente!". Abra los ojos y vea cuánto tiempo lleva pensando negativamente. ¿Quince minutos? ¿Media hora? ¿Una hora? Cualquiera sea la cantidad de tiempo, cierre los ojos y continúe pensando negativamente *durante la misma cantidad de tiempo*.

Oblíguese a pensar todos esos pensamientos rancios una y otra vez. Revise cada final horrible de nuevo, pero esta vez hágalo peor. No piense sobre ninguna otra cosa negativa, continúe con el tema problemático original. No piense pensamientos positivos. Y *no abandone*. Usted es más fuerte que el pensamiento negativo que está tratando de hacerlo abandonar.

Cuando complete el tiempo necesario, pare. Cierre los ojos otra vez. Imagínese rodeado de una luz blanca. Respire hondo. Relájese.

Esta técnica pelea la negatividad con negatividad. Hay un refrán que dice: "Un clavo saca otro clavo". Está haciendo los pensamientos negativos sobre cierto tema tan negativos, y tan agotadores, que no quiere volver a pensar negativamente sobre eso nunca más.

Durante el proceso también está experimentando, de manera directa, los resultados del pensamiento negativo. Hay gente que tiene síntomas físicos -dolores, nauseas-. Ven -a veces por primera vez- la relación directa entre el pensamiento negativo y la miseria emocional y física.

Entrenemos a nuestras mentes para que deseen
lo que la situación requiere.
SENECA 4 AC - 65 DC

Este proceso no es fácil, especialmente si de verdad lo hace. Como con todo, lo que se hace a medias tiene resultados a medias. Es un proceso poderoso. Debe ser reservado para aquellos aspectos de la negatividad que no parecen responder a otras técnicas.

Por favor no intente este proceso hasta que haya leído el capítulo sobre "Aférrese a lo Positivo". En él encontrará técnicas adicionales para protegerse y cicatrizar aspectos dolorosos antes, durante y después del proceso.

Me alegra no tener que explicarle a un marciano por qué cada día prendo fuego a docenas de pedacitos de papel, y me los pongo en la boca.
MIGNON MCLAUGHLIN

Actividades que Contribuyen al Pensamiento Negativo

Cualquier cosa que hace en exceso, o de la cual abusa, contribuye a su pensamiento negativo. Reafirma su desvalorización. Es una afirmación física que dice: "No soy digno de tener control sobre mi vida".

No tenemos que decirle cuáles son esas cosas. Usted las sabe. Son esas sobre las que ha dicho: "Sí, ya sé que este es un hábito que me perjudica, pero..". y "Ojalá no hiciera esto, pero..". y "Esto no me hace bien, pero..".

Es hora de moverse.

Aquí va una lista de los más populares. El suyo puede o no estar incluido, pero esto le dará una idea. ¿La idea? Dejar de hacerlo. Basta. Puede estar matándolo. Esa es la forma negativa de expresarlo.

¿La forma positiva? Usted tiene autoridad y dominio de su vida. Tiene el poder, el derecho y, sí, la obligación de hacer solamente las cosas que realzan, apoyan y elevan el nivel de su vida. Es más fuerte que cualquiera de las cosas que interfieren con el logro de su objetivo.

Fumar. Todos los fumadores conocen los múltiples peligros asociados con el fumar. Continuar fumando es, por lo tanto, una afirmación constante de enfermedad. Cada

La gula no es un vicio secreto.
ORSON WELLES

vez que un fumador prende un cigarrillo, el mensaje que se da a sí mismo es: "No soy digno de la salud. No soy capaz de controlar mis manos, mucho menos a mí mismo". Los fumadores admiten que la acción de prender un cigarrillo en sí misma es una influencia más poderosa en sus vidas que ellos mismos. Esto puede ser más peligroso aún que los efectos fisiológicos del cigarrillo. Dejar de fumar es fácil. Simplemente no vuelve a ponerse un cigarrillo prendido en la boca. Punto. Lo difícil es llegar a ese punto.

Comer en Exceso. Este proceso se puede ver desde el punto de vista de "exceso de comida" o "falta de acción", o una combinación de ambos. El exceso de peso es el resultado de poner más energía dentro de su cuerpo que la que utiliza. Los riesgos para la salud, asociados con el exceso de peso, son bien conocidos. Acarrear ese exceso de equipaje cansa a cada músculo y cada órgano del cuerpo. Además, excepto por algunas excepciones que se sienten atraídas por los "gorditos", está considerado poco atractivo. Cada vez que come demasiado, la persona que tiene exceso de peso está diciendo: "No soy digna de tener un cuerpo esbelto, saludable y atractivo. He perdido el control". Piense en el exceso de peso de su cuerpo en términos de energía acumulada -es exactamente eso-. Puede usar toda esa energía para lograr lo que quiere. No piense en perder peso, sino en usarlo.

Abuso de Drogas o de Alcohol. Si recurre automáticamente a las drogas o al alcohol en momentos difíciles, y si encuen-

Mucha gente me ha preguntado cómo logro trabajar tanto y seguir teniendo una apariencia tan disoluta.
ROBERT BENCHLEY

tra que su uso está afectando negativamente su trabajo, sus relaciones, o su bienestar general, está abusando de ellos. El abuso de drogas y alcohol tiene efectos fisiológicos que dificultan los pensamientos positivos. La toxicidad residual de los químicos en el cuerpo facilita el pensamiento tóxico. Es por eso que, a menudo, la dependencia de las drogas o del alcohol requiere apoyo dramático, externo -Alcohólicos Anónimos, o internación en una clínica especializada. La cura, sin embargo, es más fácil que el problema primario- darse cuenta de que es un problema.

Rodearse de Gente Negativa. Pensar negativamente es una de las enfermedades más contagiosas que existen. Como dijo George Herbert en 1651: **"Quien se acuesta con perros, se levanta con pulgas"**. Si se rodea de gente negativa, tarde o temprano terminará teniendo pensamientos negativos. La gente a menudo se rodea de gente similar, para apoyar sus propias debilidades. "Pero toda la gente que conozco...". Termine la frase con el comportamiento adictivo que le guste. "¡No puede ser que *todos* estemos equivocados!" Todos los ratones piensan lo mismo de los demás ratones, mientras se arrojan por el acantilado. A medida que cambia su manera de pensar, tal vez necesite cambiar de "amigos". Ponemos "amigos" entre comillas porque nos resulta difícil considerar amigos a cierta gente que critica el movimiento positivo de quienes le rodean con tremenda severidad. Y cuando hablamos de "cambiar",

La vida significa tener un quehacer definido -una misión que cumplir- y en la medida en que evitamos dedicarla a algo, la hacemos vacía. La vida humana, por su misma naturaleza, debe dedicarse a algo.
JOSE ORTEGA Y GASSET

queremos decir "encontrar nuevos amigos", no "cambiar la forma de pensar de los que ya tiene". Si ellos quieren cambiar su forma de pensar, lo harán. Déles una copia de este libro. Si están listos, tomarán acción. Si no lo están, lo más probable es que ni lo lean. Si es así, así es. Cambiar su forma de pensar es un trabajo a tiempo completo.

Sexo Compulsivo. Hay gente que persigue la excitación del sexo de la misma manera que los que abusan del alcohol y las drogas persiguen la excitación química. Simplemente porque el sexo sea "natural" (no químico) no significa que no se pueda abusar de él. Se puede. *Lo que hace* sexualmente no es el problema. *Por qué lo hace* es el problema. ¿Es una expresión de amor por otro, o es una forma de evitar algún sentimiento interno (la soledad, por ejemplo)? El sexo compulsivo, como cualquier otro tipo de lujuria, lleva consigo el mensaje: "No soy suficiente como soy. Necesito algo o alguien afuera que me haga feliz. Sin eso, no tengo ningún valor".

Trabajo Compulsivo. ¿Es su trabajo una expresión de quien es, o es el único lugar de su vida en el cual siente que "tiene todo bajo control"? La gente que trabaja en exceso a menudo lo hace por una necesidad desesperada de probarse a sí mismo su valor. "He hecho todo esto -¿Ven?

Soy valioso-". El problema es que nada es suficiente nunca. A medida que se logra un objetivo, otro nuevo, más difícil, lo reemplaza. El verdadero problema, sin embargo, es que esta gente nunca llega a creer que es valiosa tal como es. El valor es; no necesita ser ganado o probado. Si su trabajo es su entretenimiento y una expresión personal de vida, está bien que le dedique muchas horas. Pero mucha gente, sin embargo, se esconde de sí misma en el trabajo; tanto que la expresión "adicto a su trabajo" es ahora parte de nuestro lenguaje. Todos saben lo que quiere decir. ¿Se aplica a usted?

Complacencia. La falta de acción crónica en aspectos de su vida que requieren atención puede ser una adicción. Hay gente que ha desarrollado el hábito de la desidia. No tomar acción se transforma en la respuesta automática. Esto surge de la creencia: "No puedo hacerlo". No hacer nada "prueba" que la creencia es cierta, lo que fortalece la respuesta que no hay razón para responder. El hábito de la complacencia se resuelve mediante la acción: moviéndose físicamente o haciendo algo. Si el hábito es muy fuerte, tal vez sienta al principio como si se estuviera moviendo a través de gelatina (cada movimiento en una dirección va acompañado de la sensación de que hay algo que lo retiene desde la dirección opuesta). Es el hábito. Pero usted es más fuerte que él. Siga moviéndose. Elija una tarea razonable y complétela. Luego otra. Luego otra. Demuéstrese a sí mismo que *puede* hacerlo, porque puede.

Gracias a Dios, desde que dejé de beber vino, me
siento mucho mejor, y me ocupo mejor de mi trabajo,
y gasto menos dinero,
y pierdo menos tiempo con desocupados.
SAMUEL PEPYS 1660

Los Doce Pasos

Mientras exploramos las adicciones, no sería justo pasar por alto el programa para vencer la adicción que es, probablemente, el más exitoso del mundo, el de los Alcohólicos Anónimos.

Desde hace más de cincuenta años, a través del programa de AA, millones de personas han logrado librarse de la adicción al alcohol. Los Doce Pasos, como se suele llamar al programa de AA, tiene tanto éxito que más de ciento cincuenta organizaciones lo utilizan para conquistar adicciones de otro tipo, tales como comer en exceso, sexo compulsivo, abuso de drogas y emociones negativas.

El núcleo del programa de AA se describe en el libro Alcohólicos Anónimos. A continuación describo Los Doce Pasos, e incluyo los tres párrafos que los preceden, y uno que aparece posteriormente. Si no tiene problema con el alcohol, simplemente substituya la palabra "alcohol" por "pensamiento negativo" (o cualquiera que sea su adicción).

Recuerde que se trata del alcohol: ¡astuto, desconcertante, poderoso! Es demasiado para nosotros, si no pedimos ayuda. Pero hay Uno que es todopoderoso, y ese Uno es Dios. ¡Ojalá lo encuentre ahora!

Hay algunos a quienes les imponen la grandeza.
A muy pocos les imponen la excelencia.
JOHN GARDNER

Las cosas a medias no nos llevan a ningún lado. Estábamos en el punto decisivo. Le pedimos Su protección y Su cuidado con total confianza.

He aquí los pasos que tomamos, y que sugerimos como un programa de recuperación:

1. Admitimos que éramos impotentes ante el alcohol: que nuestras vidas se habían vuelto ingobernables.

2. Llegamos al convencimiento de que un Poder Superior podría devolvernos el sano juicio.

3. Decidimos poner nuestras voluntades y nuestras vidas al cuidado de Dios, *como nosotros Lo concebimos.*

4. Sin miedo hicimos un minucioso inventario moral de nosotros mismos.

5. Admitimos ante Dios, ante nosotros mismos, y ante otro ser humano, la naturaleza exacta de nuestros errores.

6. Estuvimos enteramente dispuestos a dejar que Dios nos liberase de todos nuestros defectos de carácter.

7. Humildemente Le pedimos que nos liberase de nuestros defectos.

8. Hicimos una lista de todas aquellas personas a quienes habíamos ofendido y estuvimos dispuestos a reparar el daño que les causamos.

9. Reparamos directamente a cuantos nos fue posible el daño causado, excepto cuando el hacerlo implicaba perjuicio para ellos o para otros.

Lo mejor del futuro es que sucede solamente día a día.
ABRAHAM LINCOLN

10. Continuamos haciendo nuestro inventario personal, y cuando nos equivocábamos lo admitíamos inmediatamente.

11. Buscamos, a través de la oración y de la meditación, mejorar nuestro contacto consciente con Dios, *como nosotros Lo concebimos*, pidiéndole solamente que nos dejase conocer su voluntad para con nosotros y nos diese la fortaleza para cumplirla.

12. Habiendo obtenido un despertar espiritual como resultado de estos pasos, tratamos de llevar este mensaje a los alcohólicos, y de practicar estos principios en todos nuestros asuntos.

Muchos de nosotros exclamamos: "¡Esto es demasiado! No podemos cumplir con todo". No se descorazone. Ninguno de nosotros ha podido cumplir estos principios a la perfección. No somos santos. Pero el punto es que estamos dispuestos a crecer de acuerdo con estas pautas espirituales. Los principios que hemos establecidos son guías para el progreso. Estamos dedicados al progreso espiritual, no a la perfección espiritual.

No, *Un Pensamiento Positivo: El Lujo Que Puedes Darte* no es un libro de AA, ni tampoco estoy tratando de decir que esos doce pasos sean la única forma de romper con las adicciones. Simplemente quería ofrecerlos como la forma en que millones de personas han logrado el éxito.

No hay, que yo sepa, un grupo de Negativos Anónimos (NA) para gente que se da cuenta de que no tiene poder frente a los pensamientos negativos. Lo más parecido que he encontrado, en Estados Unidos, es Emotivos Anónimos. Si considera que un pensamiento negativo es generalmente el paso anterior a una emoción negativa, el objetivo de EA y el objetivo de conquistar el pensamiento negativo parecen estar alineados.

Una de las ventajas de AA y EA y de todas las organizaciones cuyo nombre termina en "Anónimos" es que se reúnen a menudo. Esas reuniones proveen apoyo, camaradería, saber que "No estoy solo".

Para más información sobre AA o EA póngase en contacto con alguna iglesia cercana y es posible que allí lo puedan guiar a un grupo cercano. O puede pedir información en los Estados Unidos: Emotivos Anónimos, www.emotionsanonymous.org/espanol/Promises; Alcohólicos Anónimos, www.aa.org/sp_index.cfm?Media=PlayFlash. EA tiene un libro titulado: *EA: Emotivos Anónimos*. AA tiene, además, del libro titulado *Alcohólicos Anónimos*, una larga lista de publicaciones.

Nadie elige el mal porque es malo; sencillamente lo confunden con la felicidad, con el bien que están buscando.
MARY WOLLSTONECRAFT SHELLEY

¿Qué Está Logrando a Cambio de Todo Esto?

El dolor duele. Como seres humanos, parecería que estamos dispuestos casi a cualquier cosa con tal de evitar el dolor. Entonces, ¿por qué persistimos en hacer cosas que sabemos nos van a traer dolor mental, emocional y/o físico?

Ya he hablado del papel de la desvalorización en esta paradoja, hacemos cosas desvalorizantes para probarnos que tenemos "razón" sobre nuestra desvalorización. Pero hay algo más que recibimos, algo que parece un beneficio, algún tipo de "recompensa".

Regrese conmigo a aquellos excitantes días de ayer, a la niñez. La mayoría de los niños saben que cuando les pasa algo malo -una enfermedad, un accidente- reciben atención extra, comprensión, cariño, amor. "¡Ay, pobrecito! Te lastimaste el dedo. Déjame que te lo bese para que se mejore". Las lastimaduras y la enfermedad pueden atraer las mayores manifestaciones de afecto.

Dado este escenario, no es difícil que el niño llegue a la conclusión: "La heridas y las enfermedades me proporcionan amor". Algunos niños proceden a crear accidentes y enfermedad, porque quieren amor, mimos, caricias. La recompensa.

No se trata de una creación necesariamente consciente, aunque apostaría que casi todos, en un momento u otro,

Siempre tengo a mano una dosis de estimulante,
por si viese una víbora, que también tengo a mano.
W. C. FIELDS

pretendimos estar enfermos para quedarnos en casa y no ir a la escuela. Una parte nuestra aprende que las enfermedades y los accidentes nos brindan amor extra, así que si un día queremos amor extra, una de las formas de obtenerlo es enfermándonos o hiriéndonos. Puede ser el principio de un comportamiento que continúe toda la vida.

Los niños que no están dispuestos a pasar por el trauma físico con el fin de que les presten atención, pueden lograrla de otra forma. Los niños que reciben atención cuando tienen rabietas pueden terminar siendo adictos a la ira. Cuando no tienen lo que quieren, se enojan. Aún cuando son adultos, enojarse les provee a veces de lo que quieren. Y probablemente bastante de lo que no quieren.

Algunos chicos se portan mal para recibir atención, y aún la atención negativa es mejor que ninguna atención. Estos niños pueden transformarse en adultos que pasan por la vida causando problemas, para ser notados.

En realidad esas recompensas son símbolos de amor, no amor genuino. Pero cuando no tenemos lo verdadero, y la gente no ha aprendido a darse amor a sí misma, nos quedamos con el símbolo.

Algunas de las recompensas populares que la gente recibe a cambio del comportamiento negativo incluyen atención, compasión, negación, excusas, protección, aceptación, aprobación, ser considerados mártires, engaño, control, manipulación y un sentido falso de fortaleza, seguridad, acercamiento y logro.

El autorreproche es un lujo. Cuando nos culpamos a nosotros mismos, sentimos que nadie más tiene derecho de culparnos.
OSCAR WILDE

Otros beneficios aparentes son evitar responsabilidades, no tener que arriesgar, parecer tener razón, sentirse justificado y tratar de probar que uno es digno de recibir. La gente se siente orgullosa de su negatividad: "Estoy trabajando con mis problemas", "Estoy aprendiendo", "Estoy haciendo una explosión emocional", "Sin dolor no se crece", y "Puedo manejar el dolor".

Tal vez quiera mirar a fondo, con honestidad, lo que está recibiendo, o lo que le parece que está recibiendo, a cambio de los pensamientos, sentimientos y manifestaciones negativas que está experimentando. Si quiere atención, por ejemplo, es bueno saberlo. ¿No sería más fácil obtenerla sin tener que pasar por toda esa negatividad? (¿Y no sería menos doloroso?)

Hay una manera simple de obtener recompensas directamente: pidiéndolas. "¿Podrías prestarme atención por unos minutos?", "¿Podrías apoyarme?", "Dime que me quieres". Sí, existe un riesgo: tal vez no le den lo que está pidiendo. Pero -tal vez ya lo sepa- generalmente tampoco lo logra con el comportamiento negativo.

Haga una lista de todo lo que está recibiendo a cambio de su enfermedad: las recompensas. Trabaje para lograr esas cosas más directamente. Tal vez una parte suya aprendió, hace tiempo, que la enfermedad era la forma de lograr ciertas cosas. Si recibe esas cosas de otra manera, tal vez pueda dejar de lado la enfermedad.

Hacer esa lista requiere una honestidad a prueba de balas. La idea de que estemos haciendo algo tan drástico como tener una enfermedad que pone en peligro nuestra vida para obtener atención o compasión o amor, es algo muy difícil de reconocer. No quiero decir que sea así en todos los casos. Tal vez lo sea en el suyo. Usted es el único que lo sabe.

Tal vez lea su lista de recompensas y decida que no necesita algunas de ellas después de todo. Así que táchelas diciendo: "No necesito _____. Puedo dejarlo de lado". La parte suya que está creando la enfermedad, porque cree que todavía necesita esas cosas, oirá y responderá. Esa parte quiere únicamente lo que usted quiere.

Las otras cosas -las cosas que realmente quiere- déselas a sí mismo. Ámese. Préstese atención. Cuídese. Mímese. Acaríciese. Dese tanto a sí mismo que lo que los demás le den sea extra, como el glaseado en el pastel.

Cuando se sienta pleno de sus propios cuidados, no necesitará buscar recompensas "afuera". Si no necesita buscar recompensas, tal vez la enfermedad que las está persiguiendo ya no necesite permanecer en usted.

La gente siempre está justificando lo que sucede por sus circunstancias. La gente que se maneja bien en este mundo es la que va y busca las circunstancias que quiere, y si no las encuentra, las crea.

GEORGE BERNARD SHAW

RESPONSABILIDAD

Este es uno de los conceptos más mal interpretados de la sicología moderna. Apenas sugiero que la gente puede tener más influencia sobre lo que crea, permite o promueve en su vida que lo que solemos pensar, muchos se ponen de inmediato a la defensiva: "¡¿Quieren decir que es culpa mía?! ¿Es eso lo que quieren decir?".

No, no es eso lo que quiero decir. Ese es el otro lado de la responsabilidad, el lado oscuro: culpa, censura, falta. Es también el lado incorrecto, el uso errado del concepto. Es como si le diéramos a alguien un martillo, y en lugar de usarlo para colgar cuadros lo usara para destrozar los marcos. Y entonces nos dijera: "Fue muy mala idea darme este martillo". Mi intención fue que se utilizara de otra manera.

Este lado de la responsabilidad es darse cuenta de un hecho sencillo, que tenemos mucho más poder que el que generalmente aceptamos. Si podemos aceptar, por ejemplo, que tuvimos que ver con algo creado, permitido o promovido que no nos gusta de nuestra vida, incluso una enfermedad que pone en peligro nuestra vida, también podemos aceptar que tenemos el poder de deshacernos de ello.

Observe lo que le satisface de su vida: la gente, las cosas, lo que ha aprendido, todo lo que ha logrado. La idea

El más común de los errores es considerar el
límite de nuestro poder de percepción como
el límite de todo lo que se puede percibir.
C. W. LEADBEATER

de responsabilidad dice que usted tuvo que ver con lograrlo: que ha creado, promovido o permitido todo lo que hay de bueno en su vida. Vayamos paso a paso.

Crear. Lo vio, lo quiso, lo persiguió y lo logró. Un acto simple de creación. Tal vez una vez que lo logró ya no estaba tan interesado, pero ya lo tenía, fue obra suya. Si vio, digamos, la reproducción de un Picasso, y la quería para su sala: la vio, la compró, y la colgó en la sala. Creación.

Promover. Aquí fue un co-creador. Alguien o algo participó con usted, y juntos lo crearon, pero podría no haber sucedido sin influencia exterior. Un amigo tiene un Picasso colgado en la sala y le ofrece vendérselo. Usted piensa: "No está mal. Sí, lo voy a comprar". Termina colgado en su sala.

Permitir. Aún más sutil. En esta situación, usted podría haber dicho "No", o haber hecho algo para evitarlo, pero no lo hizo. El mismo amigo le da el Picasso de regalo para su cumpleaños. Usted piensa que está bien, aunque no es lo que hubiera elegido. Pero por otro lado tiene ese espacio vacío en la pared. Hace meses que está vacío. No puede decir que no le gusta, porque no sería totalmente cierto. Y su amigo puede sentirse herido. Tampoco puede decir que no tiene dónde colgarlo, porque evidentemente no es verdad. Así que, al son de exclamaciones -falsas- de placer, el Picasso termina en su sala. Y, con el tiempo, hasta le gusta.

Cuando un hombre culpa a los demás de
sus errores, es una buena idea que también
los haga responsables de sus éxitos.
HOWARD W. NEWTON

Si observa todo lo que hay en su vida, encontrará que tuvo algo que ver con el logro de cada una de esas cosas, aunque no sea más que el acto pasivo de permitir que sucediera.

Ahora, aplique este mismo concepto a cosas *pequeñas* de su vida que no le gustan. Por ahora, comience con lo pequeño. No se lance de inmediato a las grandes tragedias. Esa es una de las mejores formas de descartar una idea nueva sin tener que explorarla a fondo: aplicarla a la situación más desafiante que se le ocurra y ver si el concepto aguanta. Probablemente no aguante. Es como si usted por primera vez aprende algo de matemáticas, y le dan un problema de trigonometría: "A ver si puedes resolver esto con lo que aprendiste". Eventualmente lo hará, pero por el momento estamos en nueve menos seis es igual a tres.

Así que empiece, por ejemplo, con los cuadros que tiene en la pared que no le gustan. ¿Cómo llegaron allí, y por qué siguen allí? Probablemente participó en algún grado en crear, promover o por lo menos permitir que estuvieran allí. Si se trata de su apartamento, y los cuadros continúan colgados dentro de cinco minutos, está permitiendo que sigan allí, simplemente porque todavía no los descolgó.

De vez en cuando nos gusta pretender que somos víctimas. No tuvimos nada que ver con el asunto. No lo queríamos. Simplemente pasó. Esa, en realidad es una buena de-

Al enfrentar la opción entre cambiar de forma de pensar y probar que no hay necesidad de hacerlo, la mayoría se ocupa de la prueba.
JOHN KENNETH GALBRAITH

finición de víctima: gente a la cual la vida le sucede. Como dijo alguien: "Hay tres clases de personas en el mundo: aquellas que hacen suceder la vida, aquellas a las que la vida les sucede, y las que se preguntan: "¿Qué pasó?". Las víctimas caen (después de resbalarse en una cáscara de banana) en las últimas dos categorías.

Ser una víctima se puede transformar en un hábito, y también en nuestra mejor fuente de anécdotas. La mayor parte de los cómicos viven de eso. La comedia es, más que nada, una "historia de víctimas" tras otra. Hay quienes reciben enorme respeto contando el poco respeto que reciben.

Las historias de víctimas pueden ser divertidas , aunque no generalmente para la persona a quién le suceden, por lo menos no hasta mucho después. He aquí algunas historias de víctimas, tomadas de informes de accidentes reales de compañías de seguros:

"Al llegar a mi hogar me metí con mi automóvil en una casa que no es mía y me llevé por delante un árbol que no tengo".

"El tipo se movía de un lado al otro de la carretera. Tuve que hacerle el quite una cantidad de veces antes de llevármelo por delante".

"Intentando matar a una mosca, me llevé por delante un poste de teléfono".

"Llevaba conduciendo cuarenta años cuando me quedé dormido en el volante y tuve el accidente".

He sido egoísta toda mi vida,
en la práctica, pero no en principio.
JANE AUSTEN

"Para evitar chocar con el automóvil que estaba adelante, atropellé al peatón".

"Un automóvil invisible salió de la nada, atropelló mi auto, y se desvaneció".

"La causa indirecta de este accidente fue un señor pequeñito, en un automóvil pequeñito, con una boca bien grande".

"El poste de teléfono se acercaba. Estaba tratando de evitarlo cuando golpeó mi parachoques delantero".

"El peatón no tenía idea hacia dónde correr, así que lo atropellé".

"Arranqué por la carretera, le eché una mirada a mi suegra, y me lancé por el barranco".

Cómico, por supuesto. Pero vea la falta de responsabilidad. Tal vez esa sea la razón por la cual estas frases son tan cómicas: nos recuerdan las pobres excusas que inventamos en el pasado. "El poste de teléfono se acercaba", sin duda.

Está bien contar historias de víctimas, pero es cuando comenzamos a creerlas que nos metemos en problemas. Debajo de esa creencia hay otras creencias: "No tengo control de mi vida", "No puedo lograr que las cosas sean como quiero", y "No me merezco lo que quiero".

Observe algo -todavía pequeño- de lo cual se siente víctima. Cuéntese la historia como si se la estuviera contando a un amigo compasivo, con todos los amargos detalles.

Luego vuelva a observar la misma historia, y vea si hay algún aspecto en el cual puede encontrar su responsabili-

Cada vez que uno no quiere algo, le llega.
CALVIN COOLIDGE

dad: aspectos en los cuales ayudó, aún en grado mínimo, a crear la situación, promoverla, o permitirla. Tal vez comience apenas vislumbrando algo: "Bueno, si yo hubiera hecho esto, y en alguna medida sabía que tenía que hacerlo, tal vez no hubiera sucedido". O: "Lo empeoré cuando hice...", o: "Podría haberme ido una hora antes".

Aquí le damos algunas pistas para que encuentre aspectos más importantes de responsabilidad en su historia:

1. *Recapitule.* Generalmente comenzamos la historia de víctima en el momento en que podemos proclamarnos inocentes. "Estaba nada más parado allí, ocupándome de mis cosas, cuando...". Si vuelve atrás en el tiempo, a menudo la inocencia se desvanece. "Estaba listo para salir cuando me llamó Pablo, y me dijo que no podía encontrarse conmigo". Si volvemos al principio, tal vez descubramos que cancelamos una cita con Pablo a último momento la semana pasada, o que todo el mundo sabe que no se puede contar con Pablo, o que Pablo había mencionado que tal vez no pudiera salir esa noche -en fin, ya sabe qué quiero decir-. Cuando volvemos atrás generalmente encontramos alguna información o experiencia que nos arrebata la flor de la inocencia.

2. *¿Qué estaba fingiendo no saber?* Todos tenemos una voz interior que nos dirige. Algunos le prestan más atención que otros. No es necesariamente la voz de más alto volumen "adentro", pero es consistente, y en general tiene razón. A menudo cuando pasa algo malo la gente dice espontáneamente: "¡Ya lo sabía!" -una declaración altamente

responsable- y luego pueden pasar inmediatamente a culpar, acusar, y otras formas de ser víctima. ¿Qué nos dijo nuestra voz sobre la situación? Tal vez nos dijo: "No vayas", o: "Ten cuidado", y fuimos y no tuvimos cuidado y -voilà- una historia de víctima. No hace falta que siga las sugerencias de todas las voces que hay dentro de su cabeza. Pero si recibe un mensaje de sí mismo, vale la pena considerarlo. Y si aprende a escuchar "la voz", pronto distinguirá entre la voz de su lujuria, la voz de su descontento, la voz de su miedo, etc. (Más sobre cómo lograr la manifestación de esta voz interna que nos ayuda, más adelante).

3. *¿Qué pensó sobre la situación?* ¿Contribuyó, tal vez, a que la situación sucediera la preocupación, la duda, el desgano, o alguna otra forma de pensamiento negativo? Usemos el ejemplo de Pablo, que canceló la cita a último momento. Tal vez estaba pensando: "No estoy seguro si quiero ir a ese lugar", o "No sé si quiero salir con Pablo", o "No tengo realmente ganas de salir esta noche", o "Ojalá me pudiera quedar a ver televisión". Algunas veces, cuando pensamos algo, se nos concede el deseo, y luego nos quejamos porque logramos lo que queríamos. Lo mismo sucede cuando queremos *tanto* hacer algo que aparece nuestra desvalorización. "*Realmente quería* ver a Pablo, pero tal vez yo no sea suficientemente buena compañía para él". O: "Nunca puedo ir a lugares con gente que realmente me gusta, como Pablo", o "Si yo fuera Pablo, no saldría conmigo". Recuerde, lo que tememos puede hacerse realidad.

Cuanto más logre ver todos los incidentes de su vida -buenos y malos- desde un punto de vista responsable,

> *La responsabilidad es el precio de la grandeza.*
> WINSTON CHURCHILL

más poder tendrá sobre esas "casualidades" que "suceden", y menos poder tendrán la "casualidad" y lo que "sucede".

Recuerde las tres palabras mágicas: Crear, Promover, Permitir. Responsabilidad.

Continúe revisando situaciones más y más importantes de su vida a la luz de la pregunta: "¿De qué manera creé, promoví o permití lo que está sucediendo aquí?" Y a medida que las cosas suceden, dé un paso atrás en su conciencia y diga: "¿Cómo estoy creando, promoviendo o permitiendo lo que está sucediendo *en este momento*?" y "¿Cómo puedo crear, promover o permitir más de lo que realmente quiero que suceda?".

Si se le hace difícil, considere verlo como un rompecabezas creativo: "¿Cómo sería si *fuera* responsable?". Y esté dispuesto a saber. Estar dispuesto a saber crea la oportunidad de saber.

La responsabilidad tiene tres aspectos:

A. *Reconocimiento.* Simplemente reconocemos que tuvimos algo que ver con la situación. Actuamos con conocimiento previo: con "re-conocimiento". Tal vez no sepamos todo lo que hicimos, consciente o inconscientemente, para que la situación sucediera, pero estamos dispuestos a echarle una mirada y, cuando vemos algo, a reconocer nuestra parte. No se trata de falta, reproche, criticismo, condenación, denuncia, censura, represión, reprobación o culpa. (Ya vamos a llegar a la culpa, en un momento).

No impregnaré de mentiras mi palabra; la prueba de cada hombre está en la acción.

PINDARO 522-433 AC

Es una simple frase: "Esto me sucedió, así que yo debo de haber sido parte de la cosa de alguna manera. ¿Qué habré hecho?", y luego explorar y contestarnos la pregunta.

2. *Responsabilidad.* La habilidad de responder. ¿Cómo podría haber respondido a la situación de manera más efectiva? ¿Qué respuestas efectivas puede tener ahora? En cualquier situación hay opciones de responder que la mejoran, o que la empeoran. ¿Por qué no usar las primeras? A veces la respuesta es física, a veces es un cambio de actitud, a veces es una combinación de ambas. Usted siempre tiene la capacidad de responder de una forma que mejore la situación. Respons-abilidad no es culpa. La gente a menudo pregunta: "¿Quién es el responsable de esto?", en un tono que indica claramente que lo que desea saber, en realidad, es: "¿Quién tiene la culpa de esto? ¿Quién va a ser castigado?". Ésa no es la forma en que lo uso aquí. Respons-abilidad es simplemente revisar las respuestas disponibles y estar dispuesto a buscar una que mejore la situación.

3. *Acción Correctiva.* Si aprendemos algo, pero no nos conduce a un cambio de comportamiento, en realidad no hemos aprendido nada. Sigue siendo un concepto. Puede ser un lindo concepto, un concepto bien pensado, un concepto expresado de manera brillante, pero no es más que un concepto. Cuando hay un aprendizaje genuino, hay acción correctiva. Si decimos: "Sí, enten-

demos que los martillos se usan para colgar cuadros, no para destrozar marcos", y continuamos destrozando marcos, no hemos aprendido. Simplemente hemos entendido. Para ser realmente responsable, uno debe estar dispuesto a llevar a cabo una acción correctiva. No hacemos más citas con Pablo, o, la próxima vez que hacemos una cita con Pablo, tenemos pensadas otras cosas para hacer esa noche. Hacer planes con Pablo y esperar sin ninguna duda que Pablo aparezca es -¿cómo ponerlo? Usted elija: (A) no es razonable, (B) es una idiotez, (C) es una indicación de que no hemos aprendido, (D) es evidencia de que no estamos siendo responsables por nuestra relación con Pablo, (E) todo lo anterior. Si eligió (E), ya tiene el concepto claro. La acción correctiva incorpora perdonarse a sí mismo y a los demás. También incluye, si es apropiado, pedir disculpas y dar satisfacción. Si derramamos leche en el piso de la casa de un amigo, podemos reconocer que lo hicimos, podemos tomar responsabilidad, pero para ser verdaderamente responsables hace falta una acción correctiva: limpiar el piso.

A medida que continúa examinando aspectos más y más importantes e "imposibles" de su vida ("¡Es *imposible* que yo haya tenido *algo* que ver con eso!") desde un punto de vista responsable, tal vez comience a tener consciencia de lo poderoso que realmente usted es.

Usamos ese enorme poder de crear consciente o inconscientemente, positiva o negativamente. A medida que observamos el papel que hemos jugado en la creación de nuestra

No recibirás una corona de laureles
por ganarle la carrera a un burro.
MARCIAL 40-104 AC

vida hasta la fecha, y nos damos cuenta de que tuvimos más que ver con el asunto de lo que creíamos, podemos integrar más y más de esa acción creativa a nuestra conciencia. Desde allí, podemos dirigirla cada vez más hacia lo positivo.

La responsabilidad es la clave para descubrir y reclamar ese poder.

Porque no hago el bien que quiero,
sino el mal que no quiero, eso hago.
ROMANOS 7:19

CULPA

La culpa es un juego miserable que jugamos con nosotros mismos. Es el precio que pagamos por no mirar nuestra propia vida de manera honesta, compasiva, realista y dispuestos a perdonar. Es un juego que tiene amargas consecuencias.

La culpa es rabia dirigida hacia nosotros mismos. Nos enojamos con nosotros mismos por algo que deberíamos haber hecho o no deberíamos haber hecho. Se acumula al cabo del tiempo. Nuestro auto-castigo empeora cada vez que vuelve a suceder. ("¡Debería haberlo sabido!").

Aparece el miedo. Comenzamos a tener miedo de situaciones en las cuales podemos fracasar con respecto a nuestras expectativas personales. Tenemos miedo de lo que podemos llegar a hacernos a nosotros mismos si volvemos a fracasar. Tenemos miedo de nuestra propia ira. Evitamos gente, situaciones, actividades nuevas. Entramos en una rutina predecible, y luego nos sentimos culpables por no lograr más de nuestras vidas. Hay gente que queda paralizada por la culpa, por miedo de hacer algo y volver a "decepcionarse" de sí misma.

Este ciclo de energía negativa -de nosotros a nosotros- puede tener efectos devastadores. Envenena relaciones, inhibe el crecimiento, sofoca la expansión. Duele. Puede crear sentimientos no solamente de desvalorización, sino también de odio por nosotros mismos. Pone una enorme tensión en la mente, las emociones y el cuerpo. Con el tiempo, puede matar.

Tal vez lo más trágico de la culpa es que es completa, total y absolutamente innecesaria.

Esas son las malas noticias. Ahora vamos a mirar el lado bueno: una vez que lea este capítulo, no necesitará sentirse culpable nunca más. Probablemente lo haga, pero no tendrá necesidad de hacerlo. Una vez que entienda cómo funciona la culpa, no necesitará permitirle que haga el trabajo sucio en su lugar.

Todos tenemos imágenes, creencias y expectativas de nosotros mismos. Generalmente comienzan así: "Soy una buena persona, y las buenas personas...". La mayor parte de ellas son culturales, y nos las "vendieron" cuando teníamos poca resistencia a los métodos de ventas, es decir, cuando éramos niños. Y las compramos. Y reconfirmamos la venta cada vez que nos sentimos culpables.

Cuando una mujer bonita se inclina a la insensatez, y se entera demasiado tarde de que los hombres traicionan, ¿qué encanto puede calmar su melancolía?
¿Qué arte puede hacer desaparecer su culpa?
El único arte que puede cubrir su culpa, esconder su vergüenza de todo el mundo, provocar arrepentimiento en su amante y acongojar su pecho es... morir.
OLIVER GOLDSMITH, 1776

La conciencia (puritana) de Nueva Inglaterra no nos impide hacer lo que no deberíamos hacer; solamente nos impide disfrutarlo.
CLEVELAND AMORY

Para ilustrar el asunto, tomemos un ejemplo bastante común. Digamos que estamos a dieta. Queremos perder algo de peso. El postre de chocolate no es parte de la dieta. Comemos el postre. Nos sentimos culpables.

¿Qué imagen o creencia sobre nosotros mismos violamos al comer el postre?

"Soy una buena persona, y las buenas personas cuidan su cuerpo, respetan los compromisos que asumen, tienen fuerza de voluntad, comen solamente las cosas que les hacen bien, se preocupan de cómo se ven, cumplen con sus planes, logran sus objetivos, dan buen ejemplo a los demás y se preocupan por sus seres amados". Algo así.

Esto es lo que hacen las buenas personas. Pero, ¿qué hicimos nosotros? Cuando nos describimos a nosotros mismos nuestras acciones culposas, tendemos a exagerar. ¿Se acuerda del cuervo que hablaba sin parar? Este es su día. Habla, habla, habla. Negativo, negativo, negativo. Malo, malo, malo. Vergüenza, vergüenza, vergüenza.

Puede ser algo así: "Me estoy poniendo grande como una casa, y encima me comí ese postre que no hace más que engordar sin alimentar, y después de todo lo que había comido en la cena. Ignoré toda guía interior. Rompí un acuerdo solemne que había hecho conmigo mismo de no comer cosas que engordaran. No tengo fuerza de voluntad. Dañé mi cuerpo, agregándole todavía más grasa. Ya me veía

Me he pasado la vida durmiendo hasta el medio día;
pero les digo a los jóvenes, y se los digo con gran sin-
ceridad, que nadie puede hacer algo importante si no
se levanta temprano.
SAMUEL JOHNSON

horrible, pero ahora me veré peor aún. No puedo cumplir con nada. Nunca hago lo que me prometo a mí mismo que voy a hacer. Hiero a los que me aman, dándoles un mal ejemplo, comiendo cuando les dije que iba a hacer dieta. Si no me importo a mí mismo, por lo menos podrían importarme aquellos a quienes amo". Primer round.

La imagen prístina que tenemos de nosotros mismos, violada repetidamente por nuestras acciones despreciables.

¿Qué hacer? Es que la letra chica, al final del contrato "Soy una buena persona...", dice: "Y cuando no lo sea, me sentiré *culpable*". Sentirnos culpables nos permite continuar pensando que somos buenas personas.

Porque, después de todo, ¿quién se siente mal cuando hace cosas malas, la gente buena o la gente mala? La gente buena, por supuesto. ¡La gente mala *disfruta* de hacer cosas malas! La gente mala se siente *maravillosamente* bien cuando hace cosas malas.

Para probar que somos buenos, nos castigamos con la culpa. Esto nos permite mantener la imagen de que *somos* todas esas cosas maravillosas. Al sentirnos culpables nos estamos diciendo: "Hice esto esta vez, pero nunca más lo volveré a hacer. ¿Acaso no estoy viendo cómo me duele? No quiero que me vuelva a doler así. Así que prometo, de todo corazón, que nunca lo volveré a hacer".

Durante mucho tiempo mi estilo de vida
me avergonzaba. ¿Y? ¿Cambió?
No, pero ahora ya no me da vergüenza.
MAE WEST

La culpa nos permite pretender que algo sobre nosotros es verdad cuando en realidad, basados en los resultados, sabemos que *no es verdad*. Nos permite mantener una imagen falsa de nosotros mismos, una imagen que no está de acuerdo con nuestras acciones.

¿Queremos decir con esto que no somos buenas personas? De ninguna manera. Ésa parte es verdad. Donde comienza la falsedad es en "...y las buenas personas...". ¿Es que las buenas personas siempre hacen esas cosas, exclusivamente esas cosas? Por supuesto que no.

¿Hay veces en que las buenas personas no cuidan sus cuerpos? Por supuesto. ¿Hay veces en que las buenas personas no cumplen con sus compromisos consigo mismas? Sí. ¿Hay veces en que las buenas personas no tienen poder de voluntad? Seguro. ¿Comen únicamente lo que es bueno para ellas? ¡Ja! ¿Se ocupan siempre de cómo se ven? Claro que no. ¿Cumplen siempre con sus planes, logran siempre sus objetivos? Tonterías. ¿Son siempre un buen ejemplo para los demás? Por supuesto que no. ¿Y se preocupan siempre de sus seres queridos? Me temo que no.

La verdad es que la buena gente a veces *hace* esas cosas buenas, y a veces *no las hace*.

Y lo que es más, usted es una buena persona. Hace muchas cosas bien hechas. Y a veces no las hace. ¿Cambia eso el hecho de que es una buena persona? De nin-

Si se corrige el error cada vez que se lo reconoce como tal, el sendero del error es el sendero de la verdad.

HANS REICHENBACH

guna manera. Simplemente confirma el hecho de que es un ser humano.

La culpa no solamente protege esa imagen hermosa que tenemos de nosotros mismos, sino que además *nos permite hacerlo otra vez*. Una vez que "pagamos el precio" por el "crimen", somos libres de volver a hacerlo, *siempre que estemos dispuestos a pagar el precio*. ¿Y cuál es el precio? Más culpa. "¿Cuántas ganas tengo de comer postre? ¿Valen dos horas de culpa? No. Comeré un poco menos, a cambio de una sola hora de culpa".

Negociamos con nosotros mismos aún antes de cometer el crimen.

Así que la culpa, como se la practica generalmente en nuestra cultura (A) nos hace sentir horrible, (B) tiene efectos devastadores sobre nuestra mente, emociones y cuerpo, (C) mantiene una imagen incorrecta de lo que hace "la buena gente", (D) nos permite creer una cosa sobre nosotros mismos mientras hacemos algo completamente contradictorio y (E) nos permite continuar haciendo cosas que no nos sirven.

¡Hablando de actividades poco productivas...! ¿Y qué tiene de bueno la culpa? Si nos referimos a lo que la mayoría de la gente llama culpa, la autoflagelación, emocionalmente cargada, que se produce después de llevada a cabo la acción: ¡*nada*! Absolutamente nada.

Existe, sin embargo, ese *toquecito* de culpa que sentimos antes de llevar a cabo una acción contraria. Es una

La vida nos enseña a ser menos duros
con nosotros mismos y con los demás.
GOETHE

sensación mucho más sutil. Que no hace daño. Suave para la mente, el cuerpo y las emociones. Ese toquecito de culpa es nuestro amigo. Así como la luz del auto nos recuerda cargar gasolina, ese toque de culpa nos avisa que estamos por dar comienzo a una forma de culpa que no tiene propósito, dolorosa, que nos hace daño.

¿Qué podemos hacer con la culpa "mala"? La acción mágica consta de siete palabras: *Cambie la imagen o cambie la acción.*

Cuando va a hacer algo -o cuando está pensando en hacer algo- y siente ese toquecito de culpa, pare. El toque de culpa le está diciendo que hay algo que no está bien. Va a llevar a cabo una acción que violaría la imagen que tiene de sí mismo.

En ese momento, en lugar de negociar o lanzarse ciegamente hacia adelante, cambie la imagen o cambie la acción. Puede cambiar la imagen que tiene de sí mismo, trayéndola a la realidad actual, o puede no llevar a cabo la acción que viola su imagen.

Si hace una cosa o la otra, no tendrá que padecer esa culpa punitiva, dolorosa.

Por ejemplo, con el postre de chocolate. Hay muchas opciones sobre cómo cambiar la imagen. Podría cambiar su creencia para incluir excursiones ocasionales al mundo de los postres, o podría decidir que su peso está bien como está y dar por terminada la dieta, o puede prometerse que va a dar una buena caminata después de la cena, o cualquier alteración de la imagen actual que dice: "El postre de chocolate está *verboten*". Cambiar la acción es simple: no coma el postre de chocolate. (Una vez más, sencilla, pero no necesariamente fácil).

Si hace una de esas dos cosas: cambiar la imagen o cambiar la acción, no se sentirá culpable por comer postre de chocolate. Si no cambia la imagen o la acción, vuelta al viejo ciclo de crimen y castigo.

Además de los obvios beneficios físicos, emocionales y mentales de romper el ciclo de la culpa, hay tres más:

1. *Nos da una visión más realista de nosotros mismos y de la humanidad en general.* Uno de los valores de la popularidad que recientemente han cobrado las biografías "que lo confiesan todo", es que nos permiten ver que la gente buena -la gente estupenda- que ha logrado cosas loables, extraordinarias, también son seres humanos. Todos tenemos un equipo completo de peculiaridades, debilidades, preferencias, hábitos, deseos y tentaciones. Algunas veces nos sirven; algunas veces no. ¿Y entonces? Es la condición humana. No hay de qué preocuparse.

2. *Nos permite establecer objetivos más razonables.* Y bueno, es cierto que comemos un postre de chocolate de vez en cuando. No rebajaremos tres kilos por semana. Tal vez rebajaremos solamente uno. Con todo, son 52 kilos por año. Podemos tomarnos la vida con más calma, darnos tiempo para lo que antes llamábamos "fracaso" y ahora llamamos "desvío".

3. *Nos permite hacer cosas que son realmente importantes.* Al no engañarnos a nosotros mismos y llenar nuestra

"lista de acción" con sueños imposibles, podemos enfocarnos más claramente y con mayor determinación en las tareas realmente importantes. Si su mente no está llena con veinte o treinta cosas que "debería" estar haciendo, es más fácil hacer las dos o tres cosas que realmente necesita hacer.

Liberarse de la culpa es una progresión gradual. La culpa, para la mayoría de la gente, es una respuesta automática. Cuando caiga en ella -y caerá- no se sienta culpable de sentirse culpable. Y si se siente culpable de sentirse culpable, no se sienta culpable de sentirse culpable de tener sentimientos de culpabilidad. Y si se siente culpable...

Hay gente que crea una Nueva Imagen Iluminada de sí misma que dice: "Soy una buena persona, y ya no siento culpa". Por favor, cambie la imagen antes de llegar a crearla. Probablemente una imagen más correcta podría ser: "Soy una buena persona, y siento lo que siento", porque eso es lo que parece ser verdad. Algunas veces es la culpa, y otras es la gloria.

Si está en un ciclo de culpa, hay formas de salir de él. Pero primero, hablemos del resentimiento.

Para todos los conflictos humanos, el hombre debe desarrollar un método que rechace la venganza, la agresión y las represalias.
La base de ese método es el amor.
MARTIN LUTHER KING, JR.

RESENTIMIENTO

El resentimiento es un juego miserable que jugamos con nosotros mismos y con otros. Es el precio que pagamos por no mirar la vida de los demás de manera honesta, compasiva, realista y dispuestos a perdonar. Es un juego que tiene amargas consecuencias.

El resentimiento es rabia dirigida hacia los demás. Nos enojamos con los demás por algo que deberían haber hecho o no deberían haber hecho. Se acumula al cabo del tiempo. Nuestro castigo empeora cada vez que vuelve a suceder. ("¡Deberían haberlo sabido!").

Aparece el miedo. Comenzamos a tener miedo de situaciones en las cuales la gente puede fracasar con respecto a nuestras expectativas personales. Tenemos miedo de lo que podemos llegar a hacerles si vuelven a fracasar. Tenemos miedo de nuestra propia ira. Evitamos gente, situaciones, actividades nuevas. Entramos en una rutina predecible, y luego nos sentimos resentidos por no lograr más de nuestras vidas. Hay gente que queda paralizada por el resentimiento, por miedo de hacer algo y volver a "explotar" otra vez.

Este ciclo de energía negativa de nosotros a otros puede tener efectos devastadores. Envenena relaciones, inhibe

> *Odiar a la gente es*
> *como quemar la casa para deshacerse de una rata.*
> HARRY EMERSON FOSDICK

el crecimiento, sofoca la expansión. Duele. Puede crear sentimientos no solamente de desvalorización, sino también de odio. Pone una enorme tensión en la mente, las emociones y el cuerpo. Con el tiempo, puede matar.

Tal vez lo más trágico del resentimiento es que es completa, total y absolutamente innecesario.

¿Suena familiar? No, no estamos teniendo un ataque de *déjà vu*. Lo que acabamos de decir sobre el resentimiento es lo mismo que dijimos sobre la culpa, algunas páginas atrás.

El resentimiento y la culpa son el mismo proceso. La diferencia es que, con la culpa, somos *nosotros* los que no cumplimos con nuestra imagen de cómo *nosotros* deberíamos ser, y con el resentimiento es *otra gente* es la que no cumple con nuestra imagen de cómo *ellos* deberían ser.

Las imágenes son nuestras. La ira es nuestra. Somos juez, jurado y verdugo. Con la culpa, la sentencia es en contra nuestra. Con el resentimiento, la sentencia es en contra de los demás. (En todo lo que vamos a decir sobre resentimiento, cuando hablamos de *gente* también nos referimos a cosas como autos, equipos de sonido, el tiempo, la naturaleza, la comida, los comerciales de televisión. Con el fin de ser más claros nos referiremos a gente solamente. Por favor agregue "y cosas" cuando corresponda).

> *Nunca odié lo suficiente a un hombre como para*
> *devolverle los brillantes que me había regalado.*
> ZSA ZSA GABOR

Es más fácil pelear por nuestros principios
que vivir de acuerdo con ellos.

ALFRED ADLER

Cuando resentimos a los demás, estamos protegiendo nuestra imagen de cómo deberían actuar. Basados en los resultados, la imagen es falsa. Pero protegemos la imagen porque, después de todo, es más fácil proteger nuestra imagen y resentir a los que no están cumpliendo con ella, que cambiar nuestra imagen.

Tenemos mucho invertido en nuestra imagen de cómo se deben comportar los demás. Hemos heredado el plan básico de nuestros padres y maestros. Luego pasamos años enteros refinándola. Ahora que todas las variables están ubicadas, ¿por qué tenemos que cambiarla, simplemente porque hay gente desconsiderada que no se molesta en cumplir con ella?

El problema es, por supuesto, la ira. Casi invariablemente nos hiere más a nosotros que a la gente contra quien la sentimos. Antes dijimos: "El amor que siento por ti es de segunda mano: yo lo sentí antes". Lo mismo pasa con el odio. Desde el punto de vista cardiovascular, la emoción más peligrosa y que más nos daña es la ira. Y también es una de las emociones más desagradables.

¿La solución? Una vez más, las siete palabras mágicas: cambie la imagen o cambie la acción. Excepto que esta vez la fórmula tiene solamente tres palabras: *cambie la imagen*.

Cuando sentimos rabia por nosotros mismos, tenemos una opción. Tenemos, después de todo, el derecho de cambiar nuestras acciones cuando así lo deseamos. Pero

> *El que de vosotros esté sin pecado*
> *sea el primero en arrojar la piedra contra ella.*
> JUAN 8:7

no tenemos, sin embargo, el derecho de cambiar las acciones de otros. Por lo tanto, tenemos una sola solución: cambiar la imagen.

Hay dos situaciones en las cuales tiene derecho a cambiar las acciones de otra persona: cuando es padre, o cuando es jefe. En esas situaciones tal vez no solamente tenga el derecho, sino también la obligación de cambiar el comportamiento. Encontrará, sin embargo, que si cambia la imagen de cómo deben actuar los demás antes de tratar de cambiar su comportamiento, conseguirá mejores resultados y, ya de paso, se sentirá mejor.

Con el resentimiento, *siempre* cambie la imagen, y *solamente* si es padre o jefe tiene derecho a cambiar la acción.

(Hay quienes agregan una situación más a la lista: "Si estoy en una relación, tengo derecho a cambiar el comportamiento de la otra persona". No. Especialmente no. Ésa es probablemente la causa más común de desastres en las relaciones. Acepte a quienes ama; no los cambie).

Para eliminar el resentimiento agregamos "...y algunas veces no lo son" a todas las imágenes que tenemos de los demás. "Los amigos son siempre honestos, y algunas veces no lo son", "Los médicos son siempre meticulosos, y algunas veces no lo son", "Los mesoneros son siempre amables, y algunas veces no lo son". Cuando sentimos resentimiento, sabemos que la otra persona se está comportando en la zona "...y a veces no lo son" de su imagen.

¿Por qué supone que Jesús le dijo a sus seguidores: **"Amad a vuestros enemigos, bendecidlos cuando ellos os maldigan, hacedles bien cuando ellos os odien, y orad por ellos que os usan con desprecio y os persiguen"**? (Mateo 5:44). ¿Piensa que lo habrá dicho fundamentalmente para que esa gente mala disfrutara del beneficio del amor, las bendiciones, la bondad y las oraciones de sus discípulos? Tal vez sí, tal vez no.

Yo pienso que aconsejó a sus discípulos que amaran a sus enemigos porque eso beneficiaba a los *discípulos*. De esa manera, no importa qué les sucediera, siempre tendrían amor en sus vidas, bendiciones, siempre harían el bien, siempre tendrían la oración, en síntesis, una buena vida.

La gente a su alrededor se va a sentir mejor cuando deje de estar resentido; ése es un beneficio secundario. *Usted* se va a sentir mejor: ése es un beneficio primario.

Una vez más, tenemos un "amigo" interno que nos avisa cuándo necesitamos cambiar las imágenes. Es el toquecito de resentimiento. El toque de resentimiento es sutil, como el de la culpa. Le da un empujoncito suave y le recuerda: "Es momento de cambiar tu imagen de...".

Si no cambia su imagen en ese momento, probablemente se dedique al resentimiento, y pase de la molestia a la furia. Está bien. Tan pronto como se dé cuenta, dé un paso atrás, respire hondo, y practique uno (o todos) los pasos de los que hablamos en el próximo capítulo.

Cuando se dé cuenta de que su resentimiento no se basa en las *acciones* de los demás, sino en sus *reacciones*, organice una celebración. Una cosa "mala" más, que us-

Ellsworth Donald Griffith, de 54 años, le dijo a un juez de Des Moines, Iowa, que era demasiado mayor para ir a la cárcel, y le pidió en cambio que lo condenara a ser apedreado públicamente, como sentencia por haber aterrorizado a su antiguo jefe. Su única condición era que las piedras fueran arrojadas solamente por quienes no fueran pecadores.
El juez lo sentenció a 5 años de cárcel.
ALMANAQUE MUNDIAL

ted pensaba que sucedía "allá afuera", ha pasado a estar directamente bajo su influencia. Una vez más, reclama el poder. Es más un maestro, tiene más poder sobre su vida. No porque controle la vida de los otros, sino porque está aprendiendo a modificar sus reacciones.

Otro nombre para ese proceso es libertad.

Belinda: ¡Ay! ya sabe que debemos hacer el bien a quien nos haga el mal.
Lady Brute: Ese debe ser un error de traducción.
SIR JOHN VANBRUGH, 1698

Formas de Liberarse de la Culpa y el Resentimiento

C ada vez que se sienta atrapado en el ciclo de la culpa o el resentimiento, siga estas técnicas para volver a la realidad. Hablaré de la mayoría de estos puntos en mayor detalle más adelante, pero incluyo aquí un resumen.

1. *Cambie la Imagen.* Sí, lo he dicho un par de veces, pero vale la pena repetirlo. Pregunte: "¿Qué me tiene tan molesto?", y acepte la respuesta, no importa cuál sea. Acéptela. Permítales a los demás, y permítase a sí mismo, ser lo que ya son. Permita que su imagen se ajuste a la realidad. No es necesario que le guste, pero tampoco es necesario que la odie.

2. *Perdone.* Perdone a los demás, y perdónese a sí mismo. Perdónese por lo que sea que haya hecho. Perdone a los demás por lo que sea que hayan hecho. Luego perdónese a sí mismo por juzgarse a sí mismo y a los demás.

3. *¿Cuál es la Recompensa?* ¿Está *disfrutando* de la intensidad de todo este asunto? ¿Se siente "bien"? ¿Qué recibe a cambio de esto?

4. *Muévase.* Haga algo físico. Corra alrededor de la manzana. Limpie el armario. Haga ejercicios aeróbicos. Si está en la cama, mueva mucho los brazos. Mueva la energía.

5. *Re-enfoque.* Sí, una vez más, enfóquese en lo positivo.

> *El humor es un preludio a la fe,*
> *y la risa es el comienzo de la plegaria.*
> REINHOLD NIEBUHR

6. *¿Vale la Pena Morir por Esto?* Si pudiera elegir -entre defender una imagen incorrecta, o su vida- ¿cuál elegiría?

7. *Esté agradecido.* Encuentre algo por lo cual estar agradecido - no importa qué.

8. *Observe.* Observe la rabia o el resentimiento. Observe el sentimiento. No hace falta que haga nada. No preste atención a los pensamientos que alimentan el sentimiento. Preste atención al sentimiento en sí mismo.

9. *Respire.* El resentimiento y la ira se sienten generalmente en el estómago, el vientre o el pecho. Respire lentamente, profundamente. Deje que la respiración expanda esas zonas. Imagine una luz blanca con cada inspiración, llenando esa zona.

10. *Ríndase.* Abandone la lucha. No *trate* de rendirse al sentimiento. Sencillamente hágalo. Fluya con él.

11. *Sacrifique.* Déjelo ir. ¿Creía que sacrificar significaba abandonar todo lo bueno? Puede significar abandonar todo lo-que-no-es-tan-bueno. Sacrifique la culpa y el resentimiento. Sencillamente sacrifíquelos.

Use cualquiera, o todas las técnicas, en cualquier orden, cuando siente que no "se puede sacar de encima" la culpa o el resentimiento. Si no funcionan, declare una sesión de emergencia de la "respuesta exhaustiva" (ver "Terapia de Aversión").

Lo importante no es liberarse cuanto antes de la culpa y el resentimiento. Lo importante es *aprender*. ¿Cuáles son los "debería" y "tendría que" que tienen mayor control sobre usted? ¿De dónde surgieron? ¿Qué puede hacer con ellos? ¿Qué recibe a cambio de la culpa y el resentimiento? ¿Cuáles son las recompensas?

La culpa y el resentimiento son expresiones primarias de la ira. La rabia y el miedo son emociones "negativas" primarias. Aprender a dominarlas puede llevar cierto tiempo. Sea paciente consigo mismo. Repítase que está haciendo un muy buen trabajo.

Es la verdad.

Nada es tan cierto como que los males de la ociosidad pueden ser sacudidos por el duro trabajo.
SENECA 4 AC - 65 DC

DEPRESIÓN

Aquí no estamos hablando de la "depresión clínica". Esa es una condición médica, y es mejor que la trate un médico. Si siente que puede estar clínicamente deprimido, no deje de hablarlo con su médico o terapeuta.

La depresión de la que hablo aquí es la depresión común: las tristezas, los "bajones", el tipo de sentimiento al cual se refiere la gente cuando dice, con un suspiro, "Estoy deprimido".

La depresión implica una cierta "pesadez". Letargo. Lentitud. Uno se siente como si lo hubieran transportado a un planeta que tiene seis veces la fuerza de la gravedad de la Tierra.

La forma más fácil de curar la depresión es el movimiento: movimiento físico, actividad. Levántese y haga algo. Lave el auto. Lave la ropa. Haga ejercicio. Camine.

Mueva la energía: la ha tenido paralizada durante demasiado tiempo. Mover la energía ayuda. Hacer algo que podría considerarse remotamente productivo ayuda aún más. No sólo tendrá el premio físico del movimiento, además tendrá el premio psicológico del logro.

No espere a "sentir" que tiene suficiente energía para moverse: comience a moverse, y la energía aparecerá. La energía aparece cuando hay necesidad. Cuando exigimos que haya energía para el movimiento físico, aparece.

¿Depresión? Muévase, para liberarse de ella.

Si no puede decir nada bueno de nadie,
siéntese aquí, a mi lado.
ALICE ROOSEVELT LONGWORTH

Observe lo que Dice

¿Verdad que hablo raro? Dije: "Observe lo que Dice", y todo el mundo sabe lo que quiero decir. Pero lo cierto es que es muy difícil observar lo que dice, a no ser que se pare frente a un espejo. Lo que estoy tratando de decir es que *tenga cuidado* con lo que dice.

Oiga cuando habla. Note especialmente cuanto (A) permite que sus palabras lo limiten, o (B) dice algo que en realidad no quiere decir. Frases como: "No puedo más", "Nunca me va a salir bien", "¡Esto me está matando!", o "¡Me quiero morir!".

Somos creadores poderosos. Lo que decimos puede hacerse realidad. Y cuando sucede decimos: "¡Esto sí que no lo creé yo!". ¿No? ¿Recuerda cuando, hace seis meses, dijo: "Necesito perder diez kilos; no me importa cómo, pero necesito perder diez kilos"? El "cómo" es ese trabajo dental que le impedirá comer cómodamente durante varias semanas. Para cuando esté terminado, habrá perdido los diez kilos. "¡Ah, pero yo no quería perderlos así!". Usted dijo: "No me importa cómo". Este es el "cómo".

Si se da cuenta de que ha dicho algo que no quiere necesariamente que suceda, diga rápidamente: "Cancelado", o "Anulado", o cualquier otra palabra que quiera decir para usted: "Cancelar esa orden", u "Olvidar lo que acabo de decir". Luego diga lo que realmente quiere decir.

Póngase en un régimen de un minuto de atraso. ¿Se acuerda de Yul Brynner interpretando al Faraón en *Los Diez Mandamientos*? ¿Recuerda cuando dio la orden? "Así debe ser escrito", decía con una voz profunda, en tono faraónico, "así debe ser hecho". Dese a sí mismo sesenta segundos para cancelar la orden antes de que el escriba que tiene delante oiga: "Así debe ser escrito, así debe ser hecho".

Paciencia

Si algo no puede ser eliminado, pida fuerzas para soportarlo. Hay un viejo dicho: "Lo que no mata, fortalece". Las enfermedades que amenazan nuestra vida pueden hacernos más fuertes, tal vez no físicamente -o tal vez sí- pero ciertamente en cuanto al carácter y el espíritu.

Robert Louis Stevenson rezaba: "**Danos la gracia y la fuerza para soportar y perseverar. Danos el coraje y la alegría y la paz de la mente**".

Si todas nuestras tribulaciones fueran eliminadas, no creceríamos nunca. Sería como dejarnos lisiados. Como decía Oscar Wilde: "**Cuando los dioses eligen castigarnos, simplemente nos otorgan lo que pedimos en nuestras oraciones**".

Cuando aprendimos a caminar tropezamos, nos caímos, nos esforzamos, nos volvimos a caer, nos golpeamos la cabeza... nos llevó meses. Nuestros padres, en lugar de levantarnos en brazos, nos animaron a que continuára-

El Eliseo está tan lejos
como la habitación más cercana.
Si en esa habitación nos espera un Amigo
Felicidad o Condena...
¡Qué Fortaleza tiene el Alma,
Que puede soportar así
el sonido de un pie que se aproxima!
La apertura de una puerta...
EMILY DICKINSON

Sí, a medida que mis rápidos días se acercan al final, todo lo que pido es: en la vida y en la muerte, un alma sin cadenas, con valentía para soportar.

EMILY BRONTE

mos. Nos consolaron cuando nos caímos, nos volvieron a parar, dieron un paso atrás y dijeron: "Anda, sigue, yo sé que puedes hacerlo".

Podríamos habernos preguntado: "¿Por qué me hacen esto? ¿Por qué me torturan de esta manera? ¿Por qué no me levantan en brazos? Sin esta "tortura", sin embargo, nunca habríamos aprendido a caminar.

Tal vez hay un nuevo nivel de "caminar" en nuestro futuro, y para llegar a él nos hace falta pasar por esta "tortura". Si es así, todo lo que podemos pedir es fuerza para soportarlo no sólo físicamente, sino también la sabiduría. La sabiduría que sabe, como dice el Salmo 40:5: **"El llanto puede durar una noche, pero la alegría llega en la mañana"**.

¡Ay! Sé que si alguna vez lograra ser verdaderamente
humilde, estaría orgulloso de haberlo logrado.
BENJAMIN FRANKLIN

Segunda Parte: La Curación
Tres: Aférrese A Lo Afirmativo

¡Ah! Ahora sí estamos listos para la parte buena:
las afirmaciones de vivir, amar, tener salud,
abundancia, felicidad y alegría.

Cuando digo: "Aférrese", *no* quiero decir: "Apéguese".
Si la alegría, el amor y la felicidad se transforman en los
nuevos "debería" o "tengo que", estamos, de nuevo, condenados antes de empezar.

Los seres humanos tenemos una habilidad natural para
querer cosas, desear, aspirar, anhelar y añorar. Cualquier
intento de disminuir este deseo natural es, según lo veo,
(A) contraproducente, (B) frustrante y (C) tan improbable
que bordea lo imposible.

Hay gente que desea no desear con tanta pasión que,
en realidad, *aumenta* su habilidad de desear. Lo que practicamos se hace más fuerte, como recordará, y la gente
que anhela de tal manera y con tanta frecuencia no desear
más, encuentra que su habilidad de desear se hace astro-
nómica.

No veo nada de malo con esta característica humana
de desear. La considero, en realidad, parte de nuestros
mecanismos del éxito. Lo que duele es estar *apegados* a lo
que deseamos. Si *debe tenerlo* para ser feliz, está negando
la felicidad del momento presente.

¡Ah! Pero lo que trata de alcanzar un hombre debe exceder a lo que puede abarcar, ¿O para qué es el cielo?
ROBERT BROWNING

Si, por otro lado, está enfocado en los aspectos positivos de la realidad que lo rodea, mientras avanza en la dirección que desea, no veo cuál puede ser el problema. Me parece una buena forma de vivir la vida.

En lugar de tratar de disminuir el deseo, le sugiero que desee lo que realmente quiere en su vida. *Desee* la felicidad. *Aspire* a la gratitud. *Anhele* la salud. *Ansíe* la compasión. *Busque* la satisfacción. *Añore* a Dios (de la forma en que usted perciba a Dios). *Quiera* quererse a usted mismo, a los demás y a todo lo que lo rodea, más y más cada día.

Todos estos son buenos objetivos. También son divertidos, desafiantes, excitantes, y no solamente posibles de conseguir, sino también probables.

"A" DE ACEPTACIÓN

La aceptación es una parte tan importante de la felicidad, la satisfacción, la salud y el crecimiento que hay gente que la llama "La Primera Ley del Espíritu".

El mundo sigue adelante, la gente hace lo que hace, las cosas hacen lo que hacen y, la mayor parte del tiempo nuestra única opción es: "¿Lo acepto, o no?" Si lo aceptamos, fluimos con todo. Le permitimos a la vida que haga lo que ya está haciendo.

Si rehusamos a aceptarlo, generalmente sentimos presión, dolor, frustración, ansiedad y enfermedad. Tenemos conflicto con lo que es. El conflicto, en su mayor parte, sucede dentro nuestro, donde hace más daño.

Aceptar no es lo mismo que *gustar* o *estar feliz* con algo, o aún tolerar. Es simplemente ver algo como es y decir: "Así es". Es ver lo que está pasando y decir: "Eso es lo que está pasando".

Aceptar es darse cuenta que hacer otra cosa más que aceptar es (A) doloroso y (B) inútil. A través de no aceptar tratamos de controlar al mundo. Queremos que nuestros "tendría", "debería" y nuestras exigencias gobiernen el mundo. No funciona así. Sencillamente, no funciona así.

Toda la naturaleza no es más que arte que desconoces, toda casualidad, dirección que no puedes ver; toda discordia, armonía incomprendida; todo mal parcial, bien universal; y, a pesar del orgullo, y a pesar del despecho de la mente errada, una verdad es clara:
lo que es, es como debe ser.
ALEXANDER POPE

> *Cuanto más mármol desaparece,*
> *más aparece la estatua.*
>
> MIGUEL ANGEL

Para probar lo inútil que es el conflicto de tratar de controlar el mundo, levántese mañana a las 4 de la mañana y trate de hacer que el sol no salga. Haga *todo* lo que pueda para que el sol no salga. Peléelo. No va a lograr demorar su salida ni una fracción de segundo.

Tal vez no quiere controlar el movimiento del planeta; quiere nada más controlar el mundo a su alrededor. Buena suerte. La verdad es que, a veces, no podemos controlarnos a nosotros mismos, esa parte del universo sobre la que tenemos una autoridad más directa. Si no podemos controlar nuestros propios pensamientos, sentimientos y reacciones físicas, ¿cómo es que tenemos la esperanza de controlar a los demás?

La naturaleza continúa siendo la naturaleza en su propia forma natural. Tenemos muy poco control sobre ella. ¿Sobre qué tenemos control? Sobre nosotros mismos. El espacio contenido dentro de la piel de nuestro cuerpo. Podemos trabajar para mejorar ese ambiente, inculcarle amor, hacerlo más pacífico y maravilloso. Ya eso es un proyecto para toda la vida, y uno realmente valioso.

El resto, es decir, el ambiente externo hace lo que hace. No hay mucho más que hacer que decir: "Está haciendo lo que está haciendo".

Si queremos aceptar algo, el mejor punto de partida es la aceptación. El escultor comienza por aceptar el pedazo de mármol como es, y luego le quita todo lo que no

Discutir lo inevitable no tiene motivo. El único argumento
que tenemos contra el viento del este, es abrigarnos.
JAMES RUSSELL LOWELL

sea una estatua. Cuando le preguntaron cómo esculpir un caballo, un artista contestó: "Veo el caballo en la piedra; luego elimino todo lo que no sea el caballo".

El *David* de Miguel Ángel fue esculpido en un bloque de mármol fallado. Otro escultor había comenzado a trabajar en el bloque y lo había abandonado. Tenía una rajadura profunda en un costado, por lo que, durante décadas, los escultores lo habían considerado "inaceptable". Miguel Ángel, sin embargo, aceptó el mármol -con rajadura y todo- y creó una de las maravillas de la humanidad.

Comenzamos con aceptación, y la usamos de punto de partida. Esto incluye la aceptación de nosotros mismos. Somos, por favor recuerde, una parte de la naturaleza. Podemos ser tan contrarios como una tormenta en un picnic. La parte "natural" en nosotros tiene su propio ritmo, tiempo y plan. Mientras trabajamos para controlar a este "animal", necesitamos aprender a aceptarlo.

Esta parte "natural" nuestra es la que la mayoría llama cuerpo, y es correcto llamarla así, siempre que se acuerde de que el cuerpo incluye el cerebro que piensa los pensamientos y los nervios que sienten los sentimientos. Los pensamientos y los sentimientos son una parte necesaria del animal humano.

Nuestra parte "natural" piensa que la Respuesta Pelea-Huida es sensacional. La genética se lo ha confirmado. Ahora necesitamos convencerla gradualmente que la Respuesta Amor-Aceptación es más valiosa para su supervivencia como animal. Y también le hace sentirse mejor.

Ese proceso de "convencer" es lo que llamamos *educación*. El origen de la palabra es *educare*, "guiar desde adentro". Es un proceso gradual de guía desde adentro, en lugar de un proceso de guía externo.

En el proceso de *enseñar* aceptación, debemos *practicar* aceptación. Dese un buen ejemplo a sí mismo. Aprenda a aceptar lo que hace. Esto, por supuesto, no es una carta blanca para aplastar todo lo que le rodea, o para herirse a sí mismo. Es simplemente darse cuenta que, siendo humanos, vamos a hacer cosas que no nos van a gustar (y por "hacer" queremos decir *todos* los niveles de hacer, incluyendo pensamientos y sentimientos), y ya que estamos vale la pena que los aceptemos a ellos también.

Aprenda a aceptar aún su falta de aceptación. Cuando no está aceptando algo, acepte que no lo está aceptando. ¿No puede aceptar su falta de aceptación? Entonces acepte el hecho de que no puede aceptar su falta de aceptación. Si las cosas malas, como la culpa, se pueden apilar en capas (culpa sobre culpa por sentirse culpable), también se pueden apilar las cosas buenas (aceptar que no puede aceptar su falta de aceptación).

Sí, se pone cómico, y ciertamente puede ser cómico. Esa es una de las características de la aceptación: una sensación de aligeramiento. A medida que acepta el peso, comienza a sentir "la insoportable levedad del ser". Acéptela también.

Con la aceptación, uno no puede hacer algunas cosas a un lado y decir: "Éstas las aceptaré, pero éstas no".

Viajo con poco equipaje; tan poco como un hombre que viaja y todavía lleva consigo su cuerpo porque tiene valor sentimental.

CHRISTOPHER FRY

La aceptación es incondicional. Le puede *gustar* una cosa más que otra -eso es una preferencia, y está bien- pero aceptar es no exceptuar nada. (En realidad, es más fácil así: no tiene que *recordar* lo que va a aceptar y lo que no. Si está allí, lo acepta. Sencillo).

Planee períodos de aceptación durante el día. Dese un período de aceptación ahora mismo. Acepte todo lo que hay a su alrededor, dentro suyo, todo en todos lados. Acepte sus pensamientos. Acepte sus pensamientos sobre sus pensamientos. Acepte sus pensamientos sobre sus pensamientos sobre sus pensamientos. Acepte cualquier sentimiento que tenga, cualquier sensación en su cuerpo. No trate de cambiar nada; y *tratar* de aceptar es una forma de no aceptar.

Acepte lo que le rodea, su ambiente físico. Acepte la habitación, los muebles, olores, sonidos, ocupantes. También acepte sus pensamientos sobre lo que no le rodea. (Si es algo que no está allí, es un pensamiento: un recuerdo, o un poquito de fantasía). Acepte sus recuerdos y sus fantasías y sus exigencias y sus "tiene que" sobre cómo "debería" ser.

Acepte todas las cosas que hizo y desearía no haber hecho, y todas las cosas que no hizo y desearía haber hecho. Tome nota de que esas decisiones sobre lo que está bien y lo que no está bien sobre una actividad (o una falta de actividad) son pensamientos también. Aceptar los pensamientos, incluyendo los negativos, es un paso importante hacia el logro de una mayor alegría.

Ser conscientes de que estamos percibiendo o pensando es ser conscientes de nuestra propia existencia.
ARISTÓTELES

APRENDA A OBSERVAR

La observación es una herramienta de la aceptación. Observar es pensar, sentir, gustar, oler y oír sin apego, sin tratar de manipular el resultado, sin elegir del lado de quién va a estar.

Todo lo que hace es observar. Simplemente "esté" con cualquier información que le presentan sus sentidos. Si su mente comienza a juzgar y evaluar, obsérvela. No se involucre con los pensamientos; no trate de cambiarlos; simplemente obsérvelos.

A medida que aprende a observar, tendrá un contacto más estrecho con la parte suya que es *usted*; la parte que está más allá del cuerpo, más allá de la mente y más allá de las emociones. Cuando da un paso atrás y observa, comienza a tener una experiencia de *usted* que no es su mente y sus pensamientos, no es sus emociones y sus sentimientos, y no es su cuerpo y sus sensaciones.

Es raro escribir sobre esto, porque lo estoy comunicando a través de las palabras, que es un proceso mental. Y a la mente no le gusta renunciar a su autoridad, o admitir que hay algo más básico en usted que ella.

Entenderá con la práctica. Al cabo de quince minutos más o menos de observación consciente, puede comenzar a notar la parte que está haciendo la observación. Establezca un período de tiempo cuando nadie lo va a interrumpir.

Soy una cámara con el obturador abierto, pasiva, registrando, sin pensar. Registrando al hombre que se afeita en la ventana de enfrente y la mujer de kimono que se lava el pelo.
CHRISTOPHER ISHERWOOD

Decida que durante ese rato no va a hacer nada más que observar. Siéntese o recuéstese cómodamente. Ahora, no se mueva y simplemente exista.

La mente le presentará "buenas ideas" de cosas para hacer. No haga nada al respecto; obsérvelas. Los sentimientos querrán sentir algo más excitante. No haga nada; obsérvelos. El cuerpo querrá atención. No se la dé; observe las exigencias.

Si quiere cambiar de posición, no lo haga. Simplemente observe el deseo de cambiar de posición. Si le pica algo, no se rasque. Observe la picazón. La mente, el cuerpo y las emociones pueden tener pequeños -y a veces no tan pequeños- ataques de irritación. Observe los ataques de irritación. Observe la pataleta y el griterío interno. Esto puede ser lo que lo ha controlado hasta ahora. Recupere la autoridad. La recupera no haciendo nada. Sencillamente quedándose sentado, observando.

El juego es así: la mente, el cuerpo y las emociones dicen: "Voy a lograr que te muevas antes de que pasen quince minutos (o la cantidad de tiempo que decidió dedicarle)". Usted dice: "No me voy a mover". Y comienza el juego. Tal vez diga: "Es fácil no moverme durante quince minutos". La mayor parte de los juegos parecen fáciles cuando no es uno el que juega. Juegue el juego, y vea.

Ser el espectador de nuestra propia vida
es escapar al sufrimiento de la vida.
OSCAR WILDE

Si es fácil, ¡felicitaciones!. Si no lo es, no se sorprenda. Las cosas que le "molestan" durante este proceso son probablemente las mismas que le molestan en la vida: los "debería", "tengo que", "necesito", y las exigencias de la mente, cuerpo y emociones.

¿La solución? Observe. Simplemente observe. Aprenderá mucho sobre sí mismo. Y aprenderá mucho sobre las partes suyas que no son usted.

Puede, si lo desea, ampliar la "observación sentado" a una "observación en movimiento". A medida que atraviesa la vida, observe todo. Observe sus reacciones para con todo. La observación es una de las herramientas principales de la conciencia. Cuanto más observe aquello de lo cual no tiene conciencia actualmente, más consciente será.

Observe = Conciencia.

Pensando que obtendría de una vez todo el oro que la gallina podía dar, la mató y la abrió, y encontró... nada.

ESOPO

Más Paciencia

Hay un dicho que ha aparecido en placas, afiches, letreros, botones, ropa y globos. Cualquier idea que tenga una aceptación tan universal debe tener por lo menos algo de cierto. El dicho dice así:

"Tenga paciencia. Dios todavía no me ha terminado".

Paciencia es la compasión que tenemos por la distancia entre donde estamos ahora y donde sabemos de podemos estar.

Como tenemos una imaginación tan fértil, podemos vernos escalando montañas ahora, y atravesando océanos un momento más tarde. Ir del tope de la montaña a la playa, sin embargo, lleva un rato. Está bien si estamos en una montaña y queremos llegar al océano. Pero si nos atacamos a nosotros mismos por no estar en el océano en este preciso instante, estamos practicando la impaciencia.

La mayor parte de la gente que lee este libro ya se ha creado una imagen mental de la persona "perfecta, saludable, enfocada en lo positivo" que "debería" ser. Tal vez usted haya creado esa imagen, y se haya pronunciado la "estrella" de la película. Muy bien. Ahora hay que ir desde donde estamos a donde queremos llegar.

Si, sin embargo, se pone demasiada presión para lograr estos objetivos de perfección, salud y positividad, la impaciencia se ha apoderado de usted.

Nada grandioso se crea en un instante, como con un racimo de uvas o un higo. Si me dices que quieres un higo, te contesto que lleva su tiempo. Primero hay que dejarlo florecer, luego dar sus frutos, luego madurar.
EPICTETO 50-120 AC

Descanse. La vida es un viaje que dura toda la vida. Usted está muy bien como es en este momento. No ha terminado todavía, y posiblemente nunca lo haga. Aún no hemos encontrado a nadie que diga, durante más de un instante: "¡Ya!, terminé". Los seres humanos tienen deseos, sueños y objetivos que van más allá de su realidad actual, no importa cuán maravillosa sea esa realidad. Es parte de la condición humana.

Dese cuenta, entonces, de que el viaje de aquí a allá no va a terminar jamás; en un nivel u otro estará viajando siempre. Así es la vida. Tenga compasión por la distancia entre donde está ahora y donde va a estar a continuación. (Donde está ahora, recuerde, es el objetivo que estableció antes, en algún momento).

Paciencia significa disfrutar del viaje. No es escalar la montaña para llegar al tope; es escalar la montaña para disfrutar de la subida. Disfrute el *proceso* de su propia vida. Como dice ese anuncio de la agencia de viajes: "La mitad de la diversión es llegar a destino".

El otro punto es que si no disfruta mientras llega a destino, es probable que tampoco disfrute cuando llegue. Se le habrán atrofiado los músculos del disfrute. Habrá aprendido tan bien a posponer el disfrute que lo pospon-

Dios mío, dame paciencia. ¡Y dámela ya!
OREN ARNOLD

drá hasta que llegue al próximo destino. ("¡Ay! ¡No veo la hora de que lleguen las vacaciones! ¡Ay! ¡No veo la hora de llegar a casa!").

Otra expresión popular en los afiches, etc. es: "Suéltalo, y ponlo en manos de Dios". Soltar es relajarse. Ponerlo en las manos de Dios es ser paciente. Relájese y tenga paciencia. Es una receta maravillosa para disfrutar de la vida.

Si aprende a ser paciente consigo mismo, le será fácil serlo con los demás. Cuando aprenda a ser paciente con los demás, recuerde extenderlo hasta incluirse a usted mismo.

Acepte que en el presente, todo es tal como "debería" ser. Y que más adelante, también todo será "perfecto".

¿Qué es la paciencia? Disfrutar del momento. ¿Cómo hace uno para disfrutar del momento? Siendo paciente. ¿Un círculo eterno? Sí. Y puede unirse a él en cualquier momento. Venga, métase al agua. El mar está estupendo.

El paraíso es donde estoy.
VOLTAIRE

ALTITUD Y ACTITUD

O tro "círculo eterno" (me gusta imaginarlos como espirales ascendentes) es el de la altitud y la actitud. Cuando esté atascado en algo que no le gusta, puede cambiar la altitud o la actitud y, como diría Peter Pan: "¡Allá vaaaaaaamos!".

Altitud es nuestro punto de vista, la perspectiva que tenemos. Cuánto más alto sea nuestro punto de vista, más vemos. Cuánto más veamos, más información tenemos. Cuánta más información tengamos, mayor es la oportunidad de tomar una decisión bien informada.

La decisión es: "¿Pensaré negativamente sobre este momento o no?". Yo pienso que, con suficiente altitud, su respuesta espontánea será: "No".

¿Le sucedió alguna vez estar en una situación que le pareció terrible en ese momento, pero que con el tiempo terminó siendo maravillosa? Si hubiera sabido, en ese momento, que la situación terrible se iba a convertir en una infinitamente mejor, ¿habría desperdiciado toda esa energía sintiéndose mal? Probablemente no.

¿Y si *todas* las situaciones de la vida fueran así? ¿Qué pasaría si hubiera una razón detrás de cada movimiento, un plan detrás de cada acción? ¿Y si, con suficiente altitud, usted pudiera ver el plan? No necesariamente a nivel de detalle, de cómo va a suceder cada cosa -la vida sería muy aburrida si supiéramos con precisión lo que nos espera en el futuro- sino a un nivel más general, saber que "algo bueno saldrá de aquí".

Actitud es la manera en que enfrentamos las cosas. ¿Ve la vida como una aventura por disfrutar, o un problema por resolver? Hay infinitas posibilidades de vivir en la Tierra de las Aventuras, o la Ciudad de los Problemas. El que elige, como he dicho varias veces, es usted. La clave es su actitud.

Es fácil ver la conexión entre actitud y altitud. Si tenemos una buena actitud, nuestra altitud se eleva, y si tenemos una altitud elevada, nuestra actitud mejora. (Lo opuesto, de paso, también es cierto. Las espirales suben y bajan, y parecen ser infinitas en las dos direcciones).

Puede agregar impulso hacia arriba elevando su actitud o su altitud.

La altitud se eleva a través de la meditación, contemplación, oración, ejercicios espirituales, creatividad, servicio... conectándonos directamente de alguna manera con la energía inspiradora de la vida.

La actitud se eleva a través de lecturas edificantes, seminarios, terapia, grupos de apoyo, películas, programas de televisión, aprendiendo conceptos y técnicas que nos conduzcan naturalmente hacia un enfoque iluminador.

Si eleva su actitud, se elevará su altitud. Si eleva su altitud, se elevará su actitud. De cualquiera de las dos maneras: *comme tu veux* (usted decide).

Por supuesto, hacer cosas que eleven su actitud y su altitud lo colocará en lo que se llama técnicamente una *super-espiral ascendente,* que se conoce comúnmente con el nombre de alegría.

Es posible que nuestra raza sea un accidente, un universo sin significado, viviendo su vida breve sin que nadie le preste atención, en esta estrella oscura, que se enfría: pero aún así -y más aún entonces- ¡qué criaturas maravillosas somos! ¡¿Qué cuento de hadas, qué historia de genios de las Mil y Una Noches es una centésima parte tan maravillosa como esta historia de hadas, verdadera, de los simios?! Es tanto más alentadora, además, que los cuentos que inventamos. Un universo capaz de crear tantos accidentes es -ciego o no- un buen mundo en cual vivir, un universo que promete. Alguna vez pensamos que vivíamos en el escabel de Dios; tal vez este sea su trono.
CLARENCE DAY

Mi religión consiste de una admiración humilde por el espíritu superior sin límites, que se revela en los mínimos detalles que podemos percibir con nuestras mentes débiles y endebles.

ALBERT EINSTEIN

ACÉRQUESE A DIOS

He mencionado el nombre de Dios varias veces en los últimos capítulos. Tal vez haya llegado el momento de hablar directamente de la Deidad.

Voy a sugerir que usted puede acercarse a Dios de dos maneras.

Primero, cualquiera sea su concepto actual de Dios, vaya un poquito más arriba. Lo que crea sobre Dios, o como lo percibe, me parece bien: desde el Padre omnipotente, con barba, sentado en un trono, a la corriente creativa de la Madre Naturaleza. Ahora veamos si puede expandirse un poco.

Segundo, acérquese a Dios, cualquiera sea la forma que elija hacerlo y que elija darle. Si Dios es el poder que hace crecer las plantas y mueve los planetas, estupendo. Si Dios es el creador de todo, muy bien. Si Dios es la parte de nosotros que hace latir nuestros corazones y hace respirar a nuestros pulmones, perfecto. Acérquese a ese poder, esa energía, ese espíritu, para recibir apoyo, alivio y amor.

Relaciónese con Dios de la manera que elija, pero relaciónese. Charle, pida cosas, solicite consejos, dé sugerencias (hay cosas que usted *sabe* que podría hacer mejor que Dios en este momento, ¿o no?), dé amor, reciba alegría, o simplemente diga "gracias".

Podría probar la existencia de Dios con estadísticas.
GEORGE GALLUP

Pruebe. No tiene nada que perder excepto la duda. Como dijo el ateo que estaba pasando por un muy mal momento: "La verdad es que quisiera creer en Dios".

Recuerde: sus deseos pueden hacerse realidad.

Los pensamientos sobre Dios que aparecen a continuación pueden despertar algunos en usted.

Sirve a Dios, que tal vez Él haga lo mismo contigo. - *La Enseñanza de Merikare (2135-2040 AC)*

¿Qué es Dios? Todo. - *Píndaro (518-438 AC)*

La belleza es un regalo de Dios. - *Aristóteles*

Incluso Dios colabora con la audacia honesta. - *Menander (342-292 AC)*

Le hablo castellano a Dios, italiano a las mujeres, francés a los hombres, y alemán a mi caballo. - *Carlos V*

Cuando Dios nos hiere desde lo alto, sigue con el remedio. - *Fernando de Rojas*

Yo lo traté, Dios lo curó. - *Ambroise Par (1517-1590)*

Dios suele estar del lado de los grandes escuadrones, y en contra de los pequeños. - *Roger de Bussy-Rabutin (1618-1693)*

La fe es una apuesta sabia. Si ganas, las ganas todas; si pierdes, no pierdes nada. Apuesta, pues, sin duda, a que Él Existe. - *Blaise Pascal (1624-1662)*

Si Dios no fuera un Ser necesario en Sí Mismo, casi podría parecer haber sido hecho para el uso y beneficio del hombre. - *John Tillotson (1630-1694)*

¿Ha olvidado Dios todo lo que hice por él? - *Luis XIV (1709)* (Luis también dijo, en el momento en que llegaba su carroza, exactamente a tiempo: "Casi tuve que esperar").

Creer en Dios es imposible. No creer en Él es absurdo. - *Voltaire*

Vivamos inocentemente; Dios está aquí. - *Lineo (1707-1778)*

Y bendigo a Dios en las bibliotecas de los eruditos y en nombre de todos los vendedores de libros del mundo. - *Christopher Smart*

El universo es el lenguaje de Dios. - *Lorenz Oken (1779-1851)*

Por supuesto que Dios me perdonará; ésa es su tarea. - *Heinrich Heine (Ultimas palabras, 1856)*

En las caras de los hombres y las mujeres, yo veo a Dios. - *Walt Whitman*

Visitante: "Henry, ¿ya hizo las paces con Dios?"

Thoreau: "Nunca nos habíamos peleado".

Dios no permitas que yo termine en un cielo en el que no haya caballos. - *Robert Bontine (1853-1936)*

Dios escondió los fósiles en las rocas para tentar a los geólogos de ser infieles. - *Sir Edmund Gosse*

Dios, nuestro Señor, es sutil, pero no malicioso. - *Albert Einstein*

Enseguida de Dios, por supuesto, América yo te amo, tierra de los peregrinos y todo eso. - *E. E. Cummings*

Dios es un verbo. - *Buckminster Fuller*

No puedo decir que creo. ¡Sé! He tenido la experiencia de ser dominado por algo más fuerte que yo, algo que la gente llama Dios. - *Jung*

¿No es cierto que Dios es especial? - *Señora en camino a la iglesia*

¡Si Dios pudiera darme una clara señal! Como, por ejemplo, hacer un depósito considerable a mi nombre, en un banco suizo. - *Woody Allen*

*Es bueno ser sencillamente feliz; es un poco mejor saber
que uno es feliz; pero comprender que uno es feliz, y saber
por qué y cómo y seguir siendo feliz, ser feliz en el ser y en
el saber, eso va más allá de la felicidad, eso es la dicha.*

HENRY MILLER

Nada es Demasiado Bueno para No Ser Cierto

¿Está listo para un examen de sorpresa? Aquí va. Considere esta frase: "Si algo es demasiado bueno para ser cierto, lo es".

Pregunta: "¿A qué se refiere *lo es*?"

(A) "Demasiado bueno" (Si algo es demasiado bueno para ser cierto, no lo es, por lo tanto, no es cierto).

(B) "Cierto" (Si algo es demasiado bueno para ser cierto, es cierto).

Riiiinnng. Se acabó el tiempo.

La respuesta correcta es (B): si algo es demasiado bueno para ser cierto, probablemente sea cierto. La respuesta a la que la mayoría de la gente llega espontáneamente, sin embargo, es la (A).

LECCION: ¡Los pensamientos negativos conducen a suposiciones negativas!

PUNTAJE: 50 puntos si eligió la respuesta (A). 50 puntos si eligió la respuesta (B). 100 puntos por tomar el examen.

NOTA: Si logró más de 20 puntos, ¡felicitaciones! Le doy un A+. Entréguese a sí mismo una estrella dorada. Ha hecho un trabajo excelente. Estupendo. Bravo. ¡Hurra! Muy bien.

Ése es el examen sorpresa. ¿Cómo le fue?

¿Demasiado bien para ser cierto?

Lo es.

ACRÓSTICOS EDIFICANTES

Si tenemos una enfermedad que hace peligrar nuestra vida, algunas veces el sólo nombrarla, o nombrar sus iniciales (CA para cáncer, EM para esclerosis múltiple) puede llenar de miedo nuestro corazón.

Así que cambie el significado de las abreviaturas. No son más que letras. Asígneles otras palabras, que sean edificantes. De esa manera, cuando oiga a la gente nombrar esas letras, puede sonreír. Para ellos significa una cosa; para usted otra.

CA puede ser, por ejemplo Creando Alivio, o Cuidando a Otros, o Caricias Anónimas, o Corazones Adelante.

EM puede ser Equilibrio Maravilloso, o Entusiasmo en Movimiento.

SIDA puede ser Siempre, Incansablemente, Doy Amor, o Sigo Incrementando y Desarrollando mi Amor, o Sigo Invencible Descubriendo Aventuras.

También puede inventar acrósticos para los tratamientos que no le gustan; por ejemplo: AZT, Apasionada Zambullida en el Tratamiento.

Puede hacerlo con cualquier palabra o abreviatura que quiera. No son más que letras. Las letras pueden representar cualquier cosa. ¿Por qué no usarlas para representar algo edificante?

El regocijo es como un relámpago que rompe
las nubes sombrías y resplandece
por un instante; la alegría mantiene
a la mente iluminada con una luz diurna,
y la llena de serenidad estable y perpetua.
JOSEPH ADDISON, 1672 - 1719

Nunca se ha concebido un trabajo creativo sin este juego de la fantasía. Tenemos una deuda incalculable para con el juego de la imaginación.

JUNG

VISUALIZACIÓN

L a visualización creativa es mantener una imagen de la dirección hacia la cual queremos ir, de lo que queremos lograr, de las cosas y la gente con quien queremos estar, o de lo que queremos llegar a ser. Utiliza todos los sentidos posibles.

La visualización es algo que todos practicamos, positiva o negativamente. Es el plan, el mapa que creamos. A partir de él, creamos nuestra vida.

Si le pidiera que dibujara un cuadrado, un triángulo o un círculo, probablemente podría hacerlo sin "pensar" mucho. Tendría una imagen casi inmediata de cada una de esas formas. La imagen provendría de la visualización.

El uso del término *visual* en *visualización* es, tal vez, incorrecto. Sí, hay gente que ve imágenes claras, en Tecnicolor, pero otros mas bien sienten lo que están "visualizando", y para otros la "visualización" es más un proceso de oír. La visualización se puede hacer a través de uno de nuestros sentidos, o de una combinación cualquiera de los cinco.

Tal vez *imaginar* sea una palabra más exacta: poner una *imagen* de algo en su conciencia. Cualquiera de las dos palabras sirve. Yo uso visualización porque es el término que se utiliza más a menudo para describir el pro-

Su imaginación era como las alas de un avestruz.
Le permitía correr, pero no volar.
LORD MACAULAY
Sobre John Dryden 1828

ceso de usar la mente y las emociones como herramientas para crear conscientemente una realidad física.

Digo "conscientemente", porque a menudo usamos *inconscientemente* la visualización para crear nuestras vidas. Probablemente "pensamos sobre" casi todo lo que hemos hecho hasta ahora, y ese "pensar sobre" algo incluye la visualización. Nos proyectamos hacia adelante en nuestra imaginación. Tratamos de imaginar cómo será la situación. Imaginamos todo lo que puede salir mal.

He ahí el problema. Mucha gente crea su propia realidad *negativa* haciendo *visualización negativa*. Ya he dicho un par de veces: "Lo que tememos, puede hacerse realidad". El proceso a través del cual se hace realidad es la visualización negativa. Nos preocupamos tanto de algo que creamos una imagen de fracaso, terror, algo horrible. Y luego nos dedicamos a hacer realidad nuestra visión.

Este proceso no es un fracaso total: después de todo, nos damos el gusto de "tener razón". "¡Yo sabía!", pensamos. "Eso no era una preocupación; era una percepción correcta".

Como decía Henry Ford: **"Si piensa que puede hacer algo, o piensa que no puede hacer algo, tiene razón"**. Lo bueno es que las cosas rara vez salen tan mal como las imaginamos. Nos tranquilizamos cuando "cae el otro zapato" y descubrimos que la catástrofe en realidad no pasa de desastre.

La imaginación se puede comparar con el sueño de Adán: cuando despertó, se había hecho realidad.

KEATS

Yo, naturalmente, sugiero que use la poderosa herramienta de la imaginación para elevarse, para cicatrizar, para su propia alegría, que la use como otro método de obtener lo que realmente quiere y, por supuesto, sin herir a nadie en el proceso.

La visualización positiva logra lo positivo de la misma manera que el pensamiento negativo logra lo negativo. Nos permite "ver por anticipado" nuestros objetivos, nos pone cómodos con la realidad que estamos creando, y nos ayuda a saber cuándo decir sí y cuando decir no, a medida que se nos presentan oportunidades (tomamos las que nos conducen al logro de nuestra visión; dejamos pasar las que nos conducen en la dirección opuesta). Y, de alguna manera, nuestros pensamientos parecen atraer hacia nosotros las realidades que nuestra imaginación crea.

De ahora en adelante, cuando use la palabra *visualización*, me estaré refiriendo a la *visualización positiva*. Solamente quería que supiera que todo el pensamiento incorpora visualización, y que toda la visualización tiende a manifestarse en realidad física.

¿Cómo hace para visualizar? ¿Qué sentidos usa? ¿Cómo se hace? Es fácil saber. Piense en la Torre Eiffel. Ahora piense en la Estatua de la Libertad. Ahora piense en un limón. Ahora piense en una rosa. ¿De qué color es la rosa? Si es roja, hágala amarilla; si es amarilla, hágala roja. Piense en un lago. Piense en un vaso de agua.

De la forma que le llegaron esas imágenes, esa es la forma en que usted visualiza.

Un punto importante sobre la visualización: *No pierda nunca su imaginación*. En su imaginación puede tener todo, de la forma que le guste. Téngalo así. Cuando visualiza, no está limitado por ninguna realidad "física". Puede volar. Puede estar siempre feliz. Puede estar perfectamente sano. Puede ser amado de la manera perfecta. Puede amar de la manera perfecta. Así sea.

En los próximos capítulos, hablaré sobre los muchos usos de la visualización.

> *A menudo nos lamentaríamos*
> *si nuestros deseos se cumpliesen.*
> ESOPO

Para el Mayor Bien

Cuando pide algo (y la visualización es una forma de pedir), tal vez le parezca bien agregar a su pedido una "póliza de seguro".

La póliza que sugiero es esta: al principio o al final de todos sus pedidos agregue: "Para el mayor bien".

Somos creadores poderosos. Podemos comenzar algo y, a medida que pasa el tiempo, trae consigo más problemas que el "problema" que teníamos la intención de resolver: no tiene "el color correcto" (o algún otro detalle que omitimos); ya no nos hace falta porque tenemos dos más, o sencillamente ya no lo queremos.

Algunas veces dar por iniciado un pedido es como ordenar comida desde la habitación en un mal hotel. Hacemos el pedido a las diez. Es medianoche y no ha llegado, así que lo olvidamos y nos vamos a dormir. A las tres de la mañana alguien golpea a la puerta y dice: "¡Su comida ha llegado!".

- Ya no la quiero.
- Pero usted la ordenó.
- Sí, pero la ordené a las diez de la noche.
- Es que estamos muy ocupados.
- Bueno, pero ya no la quiero.
- ¿Canceló la orden?

*Si realmente queremos vivir, más vale que comencemos
a intentarlo ya; si no lo hacemos, no importa,
mejor comencemos a morir.*

W. H. AUDEN

—No. El teléfono estaba ocupado.

—¿Cuántas veces llamó?

—Tres.

—No es suficiente.

—Puede ser, pero aún así no la quiero.

—Pero usted la ordenó. Tiene que comérsela.

—No, no tengo que comérmela.

—Pues aquí la va a encontrar afuera de la puerta. Tendrá que pasar por encima de ella en la mañana.

—Está bien. Haga lo que quiera.

—Y va a tener que pagarla.

—Por supuesto que no la voy a pagar.

—Entonces no le traeré el desayuno.

—No me importa. Váyase.

—¿Y mi propina?

—¿Qué propina?

—Es usual dar una propina a alguien que le trae el servicio a su cuarto. Especialmente a las tres de la mañana.

—Pero yo no quiero este servicio a las tres de la mañana.

—¿Y usted avisó cuando puso el pedido?

—No.

—Entonces no es problema *nuestro*. Ciertamente no es *mi* problema. Yo creo que me merezco una propina.

—No le voy a dar ninguna propina. Váyase.

—La camarera es amiga mía. Le voy a decir que no le limpie la habitación mañana.

Hay dos tragedias en la vida. Una es no lograr lo que nuestro corazón desea. La otra es lograrlo.
GEORGE BERNARD SHAW

—Mañana me voy.

—El que carga las maletas es amigo mío también. Tendrá que cargar sus propias maletas.

—Anote su propina en el recibo. Y déjeme dormir de una vez.

—¿Puede firmar el recibo, por favor?

—¿Qué?

—Si me da una propina, tiene que firmar el recibo.

—¿Por qué?

—Es la política del hotel.

¿Le suena familiar?

Para tener lo que queremos -y solamente lo que queremos y todo lo que queremos- es buena idea ser tan específicos como sea posible. Pero parecería que, no importa cuántos detalles incluyamos, el destino puede agregar algunos que no habíamos tenido en cuenta.

Es allí donde entra "para el mayor bien". Haga todo lo que pueda; luego pídalo en nombre del mayor bien. De esa manera, no importa lo que pase, lo que llega a su vida es lo necesario, y en el momento perfecto.

Esto es especialmente cierto cuando hacemos pedidos para los demás. No siempre sabemos lo que es mejor para *nosotros*, así que ¿cómo podemos saber qué es lo mejor para otra persona?

El mayor bien.
CICERON 106-43 AC

Alguien nos contó de una señora mayor, que estaba en estado de coma. Sus amigos y su familia rezaban, afirmaban y visualizaban a la señora viviendo. El estado de coma continuó durante muchas semanas. Finalmente, la señora despertó del coma y dijo en un tono perfectamente lúcido a quienes le rodeaban: "Déjenme ir. He visto el otro lado y quiero irme. Me están manteniendo aquí. Los amo a todos. Si ustedes me aman, déjenme ir". Cerró los ojos, volvió al estado de "coma" y unas horas más tarde, una vez que el mensaje de "dejarla ir" pasó de boca en boca entre la familia y los amigos, murió.

Si sus amigos hubieran dicho plegarias, afirmado y visualizado *para el mayor bien de ella y de todos los involucrados,* tal vez ella podría haber hecho su transición con menos conflicto.

Este, por supuesto, es un ejemplo extremo. Pero ¿cuán a menudo hemos deseado a nuestros amigos: "Ojalá que consiga ese trabajo", "Ojalá que sigan juntos", u "Ojalá que pueda vender la casa"? Tal vez el nuevo trabajo, el permanecer juntos o la venta de la casa no es lo mejor que les puede suceder. Tal vez más adelante digan: "Realmente odio este trabajo", o "Debería haberme separado hace mucho", u "Ojalá no me hubiera deshecho de la casa", y nosotros diremos: "Pero eso es lo que *dijeron* que querían".

Lo que la gente dice que quiere y lo que realmente quiere llegado el momento, suelen ser dos animales de distinto pelaje.

La tendencia de la naturaleza humana hacia el bien
es como la tendencia del agua a correr hacia abajo.
MENCIO 372-289 AC

Lo que no sabemos, total y absolutamente, es el futuro. No sabemos lo que va a suceder, cómo serán diferentes las cosas, o cómo seremos diferentes nosotros. Lo que pedimos hoy, podemos no quererlo mañana. Es por eso que es una buena idea hacer una lista de todas las cosas que estamos "pidiendo": la lista de objetivos. Cuando ya no quiere algo (tal vez porque tiene algo mejor) táchelo de la lista. Diga: "Gracias, ya no quiero esto".

Hay gente a quien le gusta decir, cuando pide algo: "esto, o algo mejor". Si queremos diez millones de dólares, y recibimos veinte, no estaría mal, ¿no? Hay gente que pone un límite superior a lo que quiere. "Esto, o algo mejor, para mi mayor bien y el de todos los involucrados" cubre todas las variables, cambios, extremos y condiciones.

Le permite descansar, una vez que ha hecho su pedido. (Descansar de la preocupación, es lo que quiero decir. Es probable que necesite llevar a cabo ciertas acciones para que las cosas sucedan).

"Para mi mayor bien y el mayor bien de todos los involucrados" es una frase que implica fe. Tiene fe en que hay un Poder Superior (la Madre Naturaleza, el Padre Dios, o como le guste llamarlo) que nos cuida, nos protege y nos apoya, que sabe lo que queremos antes que nosotros lo sepamos, y que está feliz de dárnoslo.

En el principio creó Dios los cielos y la tierra. Y la tierra estaba desordenada y vacía, y las tinieblas estaban sobre la faz del abismo, y el Espíritu de Dios se movía sobre la faz de las aguas. Y dijo Dios: Sea la luz; y fue la luz.

PRIMER LIBRO DE MOISÉS, llamado GÉNESIS 1:1-3

La Luz

El concepto de la luz como un regalo a la humanidad proveniente de "algo superior", parece ser un concepto eterno y universal. Atraviesa el tiempo, la geografía y las creencias. Es central en casi todas las religiones y prácticas religiosas.

Observemos, en orden histórico aproximado, cómo ven la luz las religiones más importantes del mundo de hoy.

El *Hinduismo*, la más antigua y popular religión del mundo (dos mil millones y medio de seguidores) fue fundada alrededor del 1500 AC. Uno de sus textos sagrados es Brihadaranyaka Upanishad, que dice (1.3.28):

¡Guiadme de lo irreal a lo real!

¡Guiadme de la oscuridad a la luz!

¡Guiadme de la muerte a la inmortalidad!

La luz es considerada equivalente a la realidad y la inmortalidad. La "iluminación" es el objetivo más elevado de los hindúes.

El *Judaísmo* comenzó alrededor del año 1300 AC. Hay aproximadamente diecisiete millones de judíos en el mundo actual, casi la mitad de ellos en Estados Unidos. Las referencias a la luz abundan en las escrituras judías, comenzando por "En el comienzo...", en la cita que encabeza la página anterior.

El Antiguo Testamento de la Biblia -el texto sagrado, y también la historia del Pueblo Elegido- incluye algunas de las más hermosas referencias a la luz que hayan sido escritas.

"Y Jehová iba delante de ellos de día en una columna de nube, para guiarlos por el camino; y de noche en una columna de fuego, para alumbrarles". (Exodo 13:21)

"Alza sobre nosotros, ¡oh Jehová!, la luz de tu rostro". (Salmos 4:6)

"Jehová es mi luz y mi salvación; ¿de quién temeré? Jehová es la fortaleza de mi vida; ¿de quién he de atemorizarme?" (Salmos 27.1)

"Levántate, ¡oh, Jerusalén!, y resplandece porque ha venido tu luz, y la gloria de Jehová ha nacido sobre ti". (Isaías 60:1)

"Alumbraré la luz del entendimiento en nuestro corazón, porque esa no podrá ser apagada". (II Esdras 14:25)

"La luz que viene de ella (la sabiduría) nunca se apaga". (Sabiduría de Salomón 7:10)

El *Budismo*, fundado por Gautama Buda alrededor del 525 AC., tiene unos cuatrocientos sesenta millones de seguidores alrededor del mundo. Buda suele llamarse "La Luz de Asia". La "iluminación" es lo que transformó a Sidarta Gautama en "Buda" ("el iluminado").

El *Cristianismo* comenzó en el año 0 con Jesús, el Cris-

> *Vosotros sois la luz del mundo; una ciudad asentada sobre un monte no se puede esconder. Ni se enciende una luz y se pone debajo de un almud, sino sobre el candelero, y alumbra a todos los que están en casa. Así alumbre vuestra luz delante de los hombres, para que vean vuestras buenas obras, y glorifiquen a vuestro Padre que está en los cielos.*
>
> MATEO 5:14-16

to. (En realidad fue formado por sus seguidores, después de su muerte). Las muchas variaciones de Cristianismo tienen alrededor de un billón de seguidores en el mundo. Jesús dijo: **"Yo soy la luz del mundo; el que me sigue no andará en tinieblas, sino que tendrá la luz de la vida"** (Juan 8:12).

Le dijo a sus seguidores: **"Aún por un poco está la luz entre vosotros. Andad entre tanto que tenéis luz, para que no os sorprendan las tinieblas"** (Juan 12:35). (Suena un poco cómo cuando lo animo a que se ponga en acción).

Después de abandonar la tierra en su forma física, Jesús envió a "un representante" en la forma de la Luz del Espíritu Santo, que apareció por primera vez ante los discípulos como lenguas de fuego (luz).

El *Islamismo* fue fundado por el Profeta Mahoma en el año 622 DC, y tiene alrededor de quinientos millones de seguidores en el mundo. El texto sagrado del Islamismo es el Corán. Este pasaje del Corán (24:35) no deja duda sobre las creencias del Islamismo en la luz:

Dios es la luz de los cielos y de la tierra. La luz es como un nicho en el cual hay una lámpara, la lámpara rodeada de

> *Más allá de las plantas están los animales, más allá de los animales está el hombre, más allá del hombre está el universo. La Gran Luz. ¡Dejad entrar la Gran Luz!*
> JEAN TOOMER

vidrio, el vidrio, como si fuera una estrella brillante. De ella un árbol bendito está iluminado, el olivo que no es del Este ni del Oeste, cuyo aceite ilumina la noche aún cuando el fuego no lo toque. Es luz sobre luz. Dios guía a quien Él quiere hacia Su luz, y Dios crea parábolas para los hombres.

Los indígenas nativos de América del Norte y América del Sur tienen muchas religiones, y la mayoría tiene en común El Gran Espíritu, la Madre Tierra y los varios colores de la Luz. Esta canción de los Indios Norteamericanos ilustra el último punto:

> Que el sesgo sea la luz blanca de la mañana,
> Que la trama sea la luz roja del atardecer,
> Que las orlas sean la lluvia que cae,
> Que el borde sea el arco iris que aparece.
> **Y así tejemos una prenda de luminosidad.**

O del poema *"El Vuelo del Quetzalcoatl (Azteca)"*:
> Se acabó...
> Con su cuerpo transformado en luz,
> Una estrella que brilla eternamente en el cielo.

Ahora bien, si todo esto sobre Dios y la luz no es lo que más lo entusiasma, ¿qué tal si probamos con los Antiguos Filósofos?

A los griegos les gustaba la luz. Píndaro (518-438 AC). escribió: **"Criaturas de un día, ¿qué es un hombre? ¿Qué**

> *Hay dos maneras de propagar la luz:*
> *ser la vela o el espejo que la refleja.*
> EDITH WHARTON

no es? La humanidad es el sueño de una sombra. Pero cuando llega la luminosidad de los dioses, una luz radiante aparece sobre los hombres, y una dulce vida".

A los romanos también les gustaba la luz. "En un tema oscuro vislumbro versos llenos de luz", escribió Lucrecio (99-55 AC), "rozando el encanto de las musas".

Aún los dioses paganos usaban la luz. "Ha llegado el atardecer; levantaos, vosotros los jóvenes", dijo Cátulo (87-54 AC). "Vesper del Olimpo está finalmente levantando su luz, que hace tanto aguardamos".

¿No le resulta suficiente con los griegos, los romanos y los paganos? ¿Qué tal los *poetas*?

Dante, a principios del 1300, declaró que Beatriz "... será una luz entre la verdad y el intelecto".

Trescientos cincuenta años más tarde, Henry Vaughan nos informó calmadamente:

> Vi la Eternidad la otra noche
> Como un enorme anillo de luz pura e
>   interminable.
> En calma, y brillaba;
> Y la redondez debajo de ella, Tiempo en horas,
>   días, años
> Manejado por las esferas
> Se movía como una vasta sombra; en la cual
>   el mundo
> Y todo su séquito hubieran sido arrojados.

La eternidad es ahora. Estoy en su centro. Me rodea
en el resplandor del sol; soy parte de ella, como una
mariposa en el aire cargado de luz.
Nada tiene que llegar; es ahora.
La eternidad es ahora; ahora es la vida inmortal.
RICHARD JEFFERIES *La Historia de Mi Corazón* (1883)

Alrededor de cien años más tarde, Wordsworth nos aconsejó: "**Adelántate a la luz de las cosas, / Deja que la Naturaleza sea tu maestra**". Y Lord Byron escuchó un canto exterior o (nos gusta creer) un sonido interior cuando escribió:

Una luz rompió en mi cerebro:
    Era el canto de un pájaro;
    Cesó, y cuando regresó,
    El canto más dulce que un oído jamás oyó.

Emily Dickinson disfrutaba de una de las cualidades de la luz: "**Fosforescencia. He aquí una palabra ante la cual sacarse el sombrero**", escribió. "**Encontrar esa fosforescencia, esa luz interior, ése es el genio detrás de la poesía**".

Más cercano a nuestro tiempo, Theodore Roethke indicó: "**La palabra va más allá del mundo, y la luz lo es todo**". Y con los pies un poco más en la tierra, escribió: "**La luz escuchaba cuando ella cantaba**".

Lo que nos trae a uno de los favoritos usos poéticos de la luz: para describir a nuestro ser amado. El más famoso es, tal vez, el de Shakespeare: "**Pero, ¡suave! ¿Qué luz aparece a lo lejos, a través de la ventana?/¡Es el este, y Julieta es el sol!**"

Había una joven dama llamada Clara, cuya velocidad era más rápida que la luz; un día salió por un camino relativo, y regresó a su casa la noche anterior.
ARTHUR HENRY REGINALD BULLER

Robert Burns era un poco más, digamos, escocés con respecto a la luz del amor:

Las horas doradas sobre las alas de los ángeles
Volaron sobre mí y mi amada;
Porque tan valiosa para mí como la luz y la vida
Era mi dulce Highland Mary.

Tennyson, a la tierna edad de treinta y tres años, señaló al ver a la hija del jardinero:

Mitad luz, mitad sombra,
Allí parada, una visión que hacía de un hombre viejo un hombre joven.

Bueno, suficiente con los poetas. ¿Y los artistas? Miguel Ángel escribió: **"Vivo y amo en la luz peculiar de Dios"**, y, durante una entrevista, Marc Chagall hizo este comentario, bastante peculiar: **"No deje mi mano sin luz"**.

¿Y sobre la luz y la muerte? Las últimas palabras de Goethe fueron: **"¡Más luz!"**, mientras que Teddy Roosevelt pidió: **"Apaguen la luz"**. El epitafio que Herder escribió para sí mismo decía: **"Luz, amor, vida"**. Longfellow parecía aceptar la noción que hay luz del otro lado de la muerte: **"La tumba en sí misma no es más que un puente cubierto/Que nos guía de la luz a la luz, a través de una oscuridad breve"**.

¿Todo esto es demasiado loco para usted? ¿Quiere probar con la vieja psicología? Lo que dijo Jung en *La Práctica de la Psicoterapia* puede iluminarlo:

La luz en busca de la luz crea luz de la luz ilusoria.
SHAKESPEARE

El inconsciente no es malo por naturaleza, es también la fuente del mayor bien: no sólo oscuridad sino también luz, no solo bestia, semi-humano y demoníaco, sino también sobrehumano, espiritual, y, en el sentido clásico de la palabra, "divino".

Si no le interesan la religión, la poesía, la filosofía, el arte, las últimas palabras o la psicología, ¡tendremos que apelar al *patriotismo*!

¡Oh! Dí, ¿puedes ver
la luz temprana de la aurora
Lo que tan orgullosamente aclamamos
en el último resplandor del crepúsculo?
(Himno de los Estados Unidos de Norteamérica)

(Como dijo George M. Cohan, y debía saber lo que estaba diciendo: **"Mucha exhibición infame fue salvada por la bandera"**).

¿Por qué hemos recorrido todo este camino de luz? ¿Es que no es suficientemente largo ya el libro? Bueno, ésta es mi forma divagante de ilustrar que hay muchas clases de luz. ¿Mi sugerencia? Úsela, cualquiera sea la clase de luz en la que crea.

Imagine, si lo desea, una luz pura y blanca que lo rodea, lo llena y lo protege a usted, sus actividades, a todos y todo lo que lo rodea. Invoque esta luz para el mayor bien y para el mayor bien de todos los involucrados.

Así como la oscuridad es meramente la ausencia de luz, no algo real por sí misma, tal vez la negatividad, otra forma de oscuridad, sea simplemente la ausencia de otra forma de luz.

¿Dónde se va la oscuridad cuando prendemos la luz? ¿Qué le pasa al puño cuando abrimos la mano? ¿Dónde se va el regazo cuando nos ponemos de pie? Si trabaja con la luz (y le pide a la luz que trabaje con usted) puede llegar a hacerse esta pregunta: "¿Qué pasa con la negatividad cuando invoco la luz?".

Puede pensar en la luz como un acróstico: *La Ubérrima Zafra*, o cualquier cosa que se le ocurra. Invente uno para usted.

La idea es que, si hay un poder en la luz que puede invocar, ¿por qué no usarlo? Y si no hay, no va a perder mucho, excepto los pocos segundos que lleva pensar: "Invoco la luz, para que me rodee, llene y proteja y para que rodee, llene y proteja a todos y todo lo que me rodea, para mi mayor bien y el de todos los involucrados". (En un momento de apuro puede decir: "¡Luz! ¡Bien Mayor!").

Es una de esas sugerencias con las cuales tiene-poco-que-perder-y-todo-por-ganar. Pruebe. Juegue. Vea qué pasa. No le estoy pidiendo que crea en nada, solamente que experimente. Puede decidir luego, basándose en los resultados.

La alegría es una voz dulce, alegra la nube luminosa
-¡Nosotros nos regocijamos!- Y de allí surge todo lo
que encanta al oído o a la vista,
todas las melodías son ecos de esa voz,
todos los colores una difusión de esa luz.
COLERIDGE

Los Colores de la Luz

Ya que le he sugerido que experimente con la luz, permítame informarle también sobre los colores de la luz. La gente que es sensible a ese tipo de cosas ha notado que ciertos colores tienen ciertos efectos.

Probablemente esto no lo sorprenda. Tal vez ya haya notado la diferencia entre entrar, digamos, en una habitación totalmente amarilla y una totalmente azul. La investigación del color y sus efectos sobre la gente se considera actualmente un estudio científico legítimo.

La luz blanca contiene todos los colores. Cuando mezcla pinturas, todos los colores juntos terminan siendo un tono marrón verdoso. Cuando combina todos los colores de luz directa, sin embargo, se transforman en blanco. En una televisión a color, por ejemplo, cuando la pantalla está blanca, todos los colores primarios están al máximo. La ausencia de todos los colores es el negro.

Probablemente haya visto la luz pasar por un prisma, y convertirse en los colores del arcoíris. Los arcoíris son, en realidad, moléculas de agua suspendidas en el aire, actuando como billones de prismas minúsculos.

El recuerdo ha pintado este día perfecto con colores
que nunca se desvanecen, y encontramos al final de
un día perfecto el alma de un amigo que hemos hecho.
CARRIE JACOBS BOND

Cuando quiere el beneficio de todos los colores, use el blanco. Cuando quiere resultados específicos, use colores específicos. A continuación hago un resumen de los colores visibles del espectro, y algunos de sus usos potenciales.

• **Rojo** es el color de la energía física intensa. Cuando necesita una explosión poderosa de energía, imagine el rojo o mire algo rojo. No es por casualidad que la Coca-Cola contiene cafeína y las latas están pintadas de rojo. Están vendiendo *energía*, energía primaria, física. ¡La pausa que refresca!

Esta poderosa energía física, cuando se la exagera, puede conducir a la ilusión de grandeza. Como dijo Edmond Rostand: **"Caigo deslumbrado cuando me observo todo sonrosado, /De ver que, yo mismo, hice salir el sol"**.

Cuando el rojo se pone pendenciero, se le suele asociar con la picardía: **"Tres alegres caballeros, / En sus chaquetas rojas, / Cabalgaron sus caballos / Hasta el lecho"**. (Walter de la Mare). Si las acciones físicas van demasiado lejos, el rojo se asocia con el crimen: **"Mi caso es difícil. Señor, sé mi abogado. / Mi pecado es rojo: he sido arrestado por Dios"**. (Edward Taylor)

Esa intensa energía física es también el motivo por el cual el rojo es el color que se asocia más a menudo con la sexualidad. Como escribió John Boyle O'Reilly: **"La rosa roja susurra pasión / Y la rosa blanca esparce amor; / ¡Oh! la rosa roja es un halcón, / Y la rosa blanca es una paloma"**.

Querido amigo, toda la teoría es gris,
y verde es el árbol de oro de la vida.
GOETHE

• *Naranja* es el color siguiente del espectro. Es también un color de energía, pero un poco más tranquila, más duradera. Puede usar rojo si necesita un estallido de energía; naranja si necesita una energía más perdurable.

"La tierra roja" del sur de los Estados Unidos es en realidad naranja. ("La tierra naranja de Tara" -de *Lo que el Viento se Llevó*- no suena muy romántico). La descripción que hace Edwin Markham sobre Abraham Lincoln incorpora la cualidad del naranja de energía perdurable: "**El color de la tierra estaba en él, la tierra roja, / El dejo y el sabor de las cosas elementales**".

• *Amarillo* es el color de la mente: energía alegre, purificadora, mental. Es el color de los limones (una fruta alegre), de los botones que tienen dibujada una sonrisa, y del detergente de lavar los platos que se llama Alegría[7]. (Lily Tomlin: "Una amiga le preguntó a su hija de cuatro años: '¿Sabes lo que es la alegría?' y la niña contestó: 'Sí, es lo que deja los platos tan brillantes que podemos vernos reflejados en ellos'"). Sí, el amarillo atrae la claridad.

El sol es lo que asociamos más comúnmente con el amarillo. El sol ha sido descrito como "glorioso" (tanto Shakespeare como Coleridge, elija el que más le guste) y "colosal" (Wallace Stevens), cualidades que podríamos ciertamente aplicar a la mente (en un buen día).

---

[7] N. del T. Juego de palabras intraducible. El detergente se llama Joy, que se traduce al castellano como alegría.

Como observó Daniel Webster: "**El conocimiento, en verdad, es el gran sol del firmamento. La vida y el poder son esparcidos en sus rayos**". O, como dijo Theodore Roethke en ese tono vehemente que uno adquiere cuando lo domina el entusiasmo mental: "**¡El sol! ¡El sol! ¡Y todo lo que podemos llegar a ser!**".

• *Verde* es el color de la cicatrización y el color del aprendizaje; verde brillante, verde esmeralda. "**El Señor es mi pastor; nada me faltará. En lugares de verdes pastos me hará descansar; junto a aguas de reposo me pastoreará**" (Salmo 23: 1-2). "**Ese lugar feliz, las verdes arboledas donde moran los benditos**" (Virgilio).

Andrew Marvell se maravillaba en 1651: "**Aniquilando todo lo que existe / En un pensamiento verde en una sombra verde**". Lo que "aniquilamos" es la enfermedad, cuando la calma del verde la confronta, o cuando el verde del conocimiento confronta la ignorancia. "**Mantenga un árbol verde en su corazón, y tal vez un pájaro que cante venga a posarse en él**" (Proverbio chino).

Por supuesto, la cicatrización o curación y el aprendizaje son procesos activos. Cuando piensa en el verde, piense en curarse activamente a sí mismo, a través de la acción física y de la visualización activa. Piense en aprender vigorosamente todo lo que pueda sobre sí mismo y su vida. "**Abril prepara su semáforo verde, y el mundo piensa: ¡Adelante!**" (Christopher Morley).

• "**Azul es el color que la Deidad ha designado para siempre como la fuente del deleite**", expresó muy bien John Ruskin en 1853. Sería mejor que lo hubiera expresa-

Y Dios sonrió otra vez, y apareció un arco iris
que se le enroscó alrededor del hombro.
JAMES WELDON JOHNSON

do hoy. Azul es el color del espíritu, la calma, la paz. **"Azul, oscuro, profundo, hermoso azul"** (Robert Southey).

Así como el sol es amarillo y se lo asocia generalmente con los pensamientos alegres, el cielo es alto y azul, y el océano es profundo y azul. Alto y profundo: dos buenas descripciones del espíritu. **"El espacioso firmamento arriba, / Con todo el cielo azul etéreo"** (Joseph Addison). **"¡El mar, el mar, el mar abierto! / El azul, el fresco, el siempre libre"** (Barry Cornwall).

Los Apaches tienen un himno: **"Espíritu de la Montaña Enorme, Azul, / El hogar hecho de nubes azules / Doy gracias por lo bueno que hay aquí"**. Y la palabra final sobre el azul está a cargo de Coleridge (¡querido Coleridge!), quien nos recuerda que: **"Los santos ayudarán si son invocados por los hombres: / ¡Porque el cielo azul nos cubre a todos!"**. (Suena a orden, ¿verdad?).

• *Morado* (violeta) es el color de la realeza: la realeza interior que es su ser verdadero y la realeza externa de lo Divino. Asociamos el morado con reyes, reinas, y el color más común de los vitrales de colores.

Use el morado cuando quiera reflejar en usted al grandioso, magnífico, noble, majestuoso, imponente Ser del universo, o al grandioso, magnífico, noble, majestuoso, imponente ser dentro suyo.

También es divertido considerar la mezcla de colores. Si está un poco triste, pruebe mezclar el rojo con el azul, de donde surgirá un morado más activo. O puede agregar algo de energía mental (amarillo) al azul, lo que le dará el verde de la curación o del conocimiento.

Si está sintiendo el rojo de la pasión física, agregue algo del azul calmante, espiritual, y su energía se transformará en un morado más magnífico. O, si se siente demasiado lleno de energía física, "hiperactivo" como lo llaman en las consultas de los terapeutas y en las playas, agregar algo de amarillo a ese rojo lo transformará en la energía física más estable del naranja.

Si le parece que está demasiado amarillo, pensando demasiado a expensas de la acción (los cobardes, que sacrifican la acción debido a pensamientos temerosos, a menudo son llamados "amarillos"), podría agregar un poco de la energía física del rojo, lo que le daría un naranja estable, en quien se puede confiar para que le ayude a llevar a cabo sus tareas físicas. O puede agregar un poco de azul al amarillo para hacer verde, y estar listo para practicar la cicatrización activa, o el aprendizaje.

No se preocupe si agrega demasiados colores: al contrario de lo que pasa cuando mezcla pinturas, al mezclar un exceso de luces lo peor que puede pasar es que termine con el blanco.

Use los colores que lo atraigan. Imagíneselos rodeándolo y llenándolo con su energía. También puede conseguir hojas de papel de colores o usar ropa de los colores cuya energía está buscando. Como siempre, pídales que le impartan su energía para su mayor bien y el mayor bien de todos los involucrados.

Mi corazón brinca
cuando contemplo
Un arco iris en el cielo:
Así era cuando comenzó mi vida;
Así es, ahora que soy hombre;
Así sea cuando llegue a anciano,
¡O dejadme morir!
El niño es el padre del hombre;
Y desearía que mis días estén
Unidos entre sí
por la piedad natural.
WORDSWORTH

Mi lugar especial. Es un lugar al que ni el dolor ni la ira pueden desfigurar. Pongo las cosas en orden allí. Todo queda en el lugar correcto... en mi espacio especial. Mi lugar especial.

EMERSON

CONSTRUYA UN SANTUARIO

S i quisiera aprender a trabajar con madera, probablemente no necesitaría solamente herramientas, sino también un lugar de trabajo. Si quisiera ser un artista, probablemente no le alcanzaría con pinturas, también querría un estudio. Si quisiera transformarse en un cocinero de primera, probablemente, además de ollas y sartenes, le gustaría tener una cocina.

Si quiere transformarse en un "visualizador de primera", tal vez le hagan falta no solamente técnicas de visualización, sino además un lugar donde usarlas. A ese lugar lo llamamos un santuario.

Un santuario es un lugar que usted construye en su imaginación. Es un lugar interno, donde va a visualizar, contemplar, meditar, afirmar, hacer ejercicios espirituales, resolver problemas, recibir buenos consejos, curarse, relajarse, divertirse, pasar el tiempo y comunicarse con usted mismo y con otros.

Lo llamo *santuario* porque la palabra parece incorporar las cualidades de algo precioso (*sagrado*), retiro, un lugar donde apartarse de todo, seguridad y refugio. Usted puede llamar a su lugar interno de la manera que más le guste. Algunos lo llaman el lugar de trabajo; otros un templo o

Un puerto, aún si es un puerto pequeño, es algo bueno, porque las aventuras llegan a él y parten de él, y la vida se hace más fuerte, porque toma algo del mundo, y tiene algo para dar a cambio.
SARAH ORNE JEWETT

un tabernáculo. El nombre no es lo importante. Lo importante es construirlo y usarlo.

Puede construir un santuario en su imaginación. Lo mejor de construirlo en su imaginación es que el tiempo entre el diseño y la construcción es casi inexistente. Puede probar algo, ver si le gusta, cambiarlo, ver qué le parece ahora, y cambiar todos los cambios en muy poco tiempo.

Para demostrarle lo rápido que puede ser esto: imagine la Estatua de la Libertad. Vea el brazo derecho que sostiene la antorcha, y el brazo izquierdo que sostiene las tablas. (En Estados Unidos, dicho sea de paso, las tablas de la Estatua de la Libertad tienen grabado Julio 4, 1776, la fecha en que se firmó la Declaración de la Independencia. En Francia, las tablas de una Estatua de la Libertad bastante más pequeña tienen grabado Julio 14, 1789, la fecha de la Toma de la Bastilla. Ahora que sabe estos detalles, ¿no le gustaría que se pusiera de moda otra vez el juego "Persecución Trivial"?).

Imagine que la Dama Libertad se cansó de sostener el brazo derecho levantado, después de tantos años. (Ella es una ella: la madre del artista fue la modelo que posó para la estatua). Imagine que la Dama decida cambiar las tablas al brazo derecho, y la antorcha al izquierdo. Véala entonces sosteniendo la antorcha con la mano izquierda, mientras sostiene las tablas con la derecha.

No le llevó mucho tiempo. ¿Se imagina lo que hubiera llevado en la vida real? Hay que ver que le llevó dos años a Lee Iacocca[8] nada más que para limpiarla.

Como mencionamos antes, hay personas que pueden ver en imágenes claras, otras que tienen una vaga sensación del asunto, mientras que otras no ven mucho, pero escuchan cuidadosamente y "saben" que sucedió algo.

Si le pidiéramos que dibujara un boceto rápido de la Estatua de la Libertad con la antorcha en la mano izquierda, probablemente podría hacerlo, aunque nunca haya visto a la Estatua zurda anteriormente. La dibujaría basado en su visualización, en su imaginación creativa.

Antes de construir su santuario, tal vez quiera terminar de leer este capítulo, así tendrá una idea del tamaño que quiere, la forma, la ubicación, etc.

Cuando decida finalmente construirlo, puede cerrar los ojos, pero quedarse parado, moviéndose. Este movimiento físico ayuda al cuerpo a sentir que el santuario que está construyendo es real.

Puede tener tantos trabajadores como quiera, o puede hacer un gesto, como chasquear los dedos, y que aparezca lo que quiere. ¿Quiere cambiar el color de todo el lugar? Chasquea los dedos y está hecho. ¿Quiere hacerlo aumentar de tamaño? Un chasquido, y es el doble de grande.

Al construir su santuario recuerde la siguiente historia. Moss Hart, el escritor y director, compró una finca en los alrededores de Nueva York, y comenzó a diseñar el jardín. Movió una colina de un lado a otro, redirigió el curso de un

---

[8] N. del T.: Lee Iacocca, Presidente de la empresa Chrysler, organizó la recolección de fondos para limpiar y restaurar la Estatua de la Libertad.

¿Puede el éxito cambiar el mecanismo humano tan completamente entre un amanecer y el siguiente? ¿Puede hacernos sentir más altos, más hermosos, inusualmente talentosos e indudablemente seguros, con la seguridad de que la vida continuará siempre siendo así? ¡Puede, y lo hace!

MOSS HART

arroyo y cambió la ubicación de los árboles para que el efecto estético fuera más placentero. Cuando George S. Kaufman vino a visitarlo y vio los cambios que Hart había hecho, comentó: **"Esto es lo que Dios haría, si tuviera el dinero"**.

Al construir su santuario, sea un dios con muchísimo dinero, porque en su imaginación, *lo es*.

Sugeriré algunos usos para su santuario más adelante, pero por ahora describiremos únicamente su función básica. El tamaño, forma, diseño, etc., etc., es totalmente decisión suya. ¿Listo? Aquí vamos...

Ubicación. Lo primero que tiene que decidir es la ubicación. ¿Dónde le gustaría tener su santuario? Puede ser en cualquier lado, real o imaginario: en la cima de una montaña, flotando en el océano, en la luna, en un valle. Arregle los alrededores como le guste: agregue ríos, formaciones rocosas, galaxias, árboles, lo que quiera.

Exterior. ¿Cómo quiere que sea el exterior de su santuario? Elija el tamaño (desde enorme a mediano), la forma (de catedral a cabaña, o a cúpula geodésica), color (además todo el espectro de colores que no podemos ver físicamente), y así con el resto.

Entrada. La entrada a su santuario es especial. Le permite entrar únicamente a usted. ¿Cómo sabe que es usted? ¿Tiene una llave especial? ¿Lee la impresión digital de su mano? ¿Tiene una palabra secreta, como "Ábrete Sésamo"? ¿O simplemente lo reconoce de forma automática?

Luz Blanca. Justo en la entrada, cree una fuente inextinguible de luz blanca. Cada vez que entra o sale del santuario, pasará automáticamente a través de una columna de luz blanca y pura y, cuando lo hace, la luz lo rodea, lo llena y lo protege, y solamente aquello que es para su mayor bien y para el mayor bien de todos los involucrados sucederá mientras está en su santuario.

Salón Principal. ¿Cómo le gustaría que fuera? ¿Grande? ¿Pequeño? ¿Alfombrado? ¿Con piso de madera? ¿Césped? ¿Y las paredes, techos, ventanas? ¿Cómo está decorado? Chasquee y ponga en su lugar todo lo que quiera, y si no está totalmente satisfecho, chasquee y cree algo distinto.

Sistema de Recuperación de Información. Este puede estar en el salón principal o en su propia habitación. Es su manera de obtener información sobre cualquier cosa que quiera saber. Puede ser un terminal de computadora, un grupo de investigadores, un teléfono o cualquier otra cosa. Todo lo que necesita es un método de hacer preguntas y recibir respuestas.

Tres cosas hay que tener en cuenta cuando construimos un edificio: que esté bien ubicado, que sus bases sean sólidas; y que esté bien ejecutado.
GOETHE

Debemos reservarnos una habitación atrás
sólo para nosotros, enteramente libre,
en la cual establecer nuestra verdadera libertad y
nuestro retiro principal, nuestra soledad.
MICHEL EYQUEM DE MONTAIGNE 1580

Pantalla de Televisión. Puede ser de cualquier tamaño, que quepa en la mano o que ocupe toda una pared. Tenga sillas confortables para poder relajarse mientras mira la televisión. ¿Qué va a ver? Más que nada la historia de su vida. Usted es la estrella; los demás no son más que extras. También puede usar este sistema para ver los videos que le entregue el sistema de información. Alrededor de la pantalla debe haber una luz blanca que se pueda prender y apagar.

Armario para Guardar los Trajes de las Habilidades. Éste es un armario para guardar ropa. Para cada actividad que practica, o que le gustaría practicar: pintar, volar, ser rico, tocar el piano, hay un traje que, en cuanto se lo pone, le permite realizar instantáneamente esa actividad. Cuando termina, se lo quita y lo arroja al piso. El traje se cuelga automáticamente solo en el armario. Ésa no es más que una de las habilidades de los trajes de las habilidades.

Área para Practicar las Habilidades. Éste es el lugar en donde puede practicar las diferentes habilidades, a ver si le gustan. Póngase, por ejemplo, el traje de cocinero gourmet, y el área de practicar habilidades se transforma en una cocina maravillosa. También puede usar esta área para practicar habilidades a medida que las va desarrollando.

Transportador de Personas. Ésta es la forma en que invita gente a su santuario. (Recuerde que solamente usted

Si lo llamas, tu Maestro te oirá. Siete rejas en la puerta no lo detendrán. Siete fuegos ardiendo únicamente le darán gozo. Puedes vivir la vida que sueñas.
JUDY COLLINS

puede entrar y salir por la entrada principal). Puede ser una escalera mecánica, o un elevador, o uno de esos aparatos espaciales que hacen "aparecer" a la gente en medio de un rayo de luz, o cualquier cosa que usted invente.

Luz Blanca para el Transportador. Ponga una luz blanca perpetua en la entrada del transportador. De esa manera, cualquiera que entre en su santuario queda automáticamente rodeado, lleno y protegido por la luz blanca, y solamente aquello que sea para su mayor bien podrá suceder. Asegúrese de que la columna de luz esté ubicada de tal manera que cualquiera que entre en el santuario pase a través de ella, tanto cuando entre como cuando salga.

Centro de Curación. Ésta puede ser un ala de varias habitaciones. Aquí se practican todas las artes internas de la curación. Está atendido por todos los que tienen habilidades de curar, conocidos e imaginarios, pasados, presentes y futuros. Tienen a su disposición desde la tecnología más antigua a la más moderna, así como todo lo que se va a descubrir en el futuro.

Salón Sagrado. Ésta es una habitación especial dentro del santuario. Es dónde se comunica con usted mismo, donde medita, contempla, hace ejercicios espirituales, visualiza, o simplemente pasa el tiempo. También puede invitar a él a algunos amigos especiales.

A menudo logramos, mediante una imagen,
retener nuestras pertenencias perdidas.
Pero es la desesperación de la pérdida la que recoge
las flores del recuerdo y hace un ramillete.
COLETTE

El Maestro. Una característica de su santuario es la presencia de un maestro especial, un amigo, alguien que lo sabe todo sobre usted, que lo cuida y que lo ama incondicionalmente. ¿Cómo sabe quién es su maestro? Fácil. Párese frente al transportador de personas y diga: "Maestro, por favor entre". Y de la columna de luz blanca en frente del transportador aparecerá su maestro. Dedíquele tiempo. Conózcalo. Muéstrele su santuario. Pase un buen rato con él (o ella) en el Salón Sagrado.

Éste es el diseño básico del santuario. Recuerde que se trata de su santuario. Puede agregar cualquier cosa que le guste. No hay límites, excepto los que usted ponga. Yo, naturalmente, recomiendo que no haya límites.

En las próximas sesiones daremos buen uso al santuario.

La Cicatrización de la Memoria

La mayoría de nosotros tenemos recuerdos doloro-sos del pasado, desilusiones y miedos que siguen regresando, causando dolor, resentimiento, culpa o miedo. Estas situaciones pueden haber sucedido hace unas pocas horas, o hace años. Cuando esto sucede, estamos per-mitiendo que el recuerdo de algo que fue negativo *entonces*, nos afecte *ahora*. Afortunadamente, los recuerdos -como cualquier otra parte de nuestro ser- pueden cicatrizarse.

He aquí una técnica sencilla para la cicatrización de re-cuerdos. Vaya a su santuario y asegúrese que pasa por la luz blanca de la puerta de entrada. Siéntese frente a la pantalla de televisión. Tal vez quiera pedirle a su maestro que se siente a su lado. Si es así, pase por el transportador y recójalo.

Deje apagada la luz blanca que rodea la pantalla. En la pantalla, vea la situación que le resulta dolorosa. Véala completa, como si fuera una película. Cuando haya termi-nado, regrese a la escena que más le haya molestado.

Imagine que tiene en la mano un enorme pincel, cargado de pintura negra. Haga una enorme X sobre la imagen en la pantalla. Deje que la imagen y la pintura desaparezcan.

Ahora prenda la luz blanca alrededor de la pantalla. Vea la situación otra vez, pero ahora véala *exactamente como le hubiera gustado que sucediera.* (Recuerde: nunca pierda en sus fantasías).

Este proceso *reemplaza* al recuerdo doloroso o de miedo por un recuerdo alegre, feliz. En algunos casos necesitará repetir la situación varias veces; en otros casos bastará con una vez.

Ni un elevado grado de inteligencia, ni la imagi-
nación, ni ambas a la vez, pueden hacer un genio.
Amor, amor, amor, ésa es el alma del genio.
MOZART

CURE SU CUERPO

El centro de curación de su santuario es un lugar poderoso. En él la curación puede suceder de manera instantánea. Hay gente a quien le gusta invitar a su maestro para que los acompañe cuando van a una sesión de curación. (Hay gente que tiene a su maestro con ellos constantemente. En su santuario, su maestro tiene una cantidad infinita de tiempo para estar con usted).

La curación del cuerpo en su centro de curación está limitada únicamente por su imaginación. Puede darse a sí mismo una Inyección Milagrosa (que no duele, por supuesto) o tomar una Píldora Milagrosa. Puede pedirle a los sanadores que pongan las manos sobre su cuerpo y lo curen con simplemente tocarlo. Puede pararse bajo columnas de luz de distintos colores, y curarse así.

En su centro de curación hay una cantidad infinita de órganos de reemplazo del cuerpo que son especiales para usted. Puede reemplazar la parte que no ande bien con una nueva, y "chasquearla" en su lugar. Toma un segundo. Puede hacerlo usted mismo, o tener un grupo completo de gente -como los que ayudan a los corredores de carreras en Indianápolis- para que lo hagan.

Si sabe que está teniendo problemas con el hígado, por ejemplo, "chasquee" afuera el hígado viejo y "chasquee" adentro el nuevo. ¿Corazón? "Chasquee" afuera, "chasquee" adentro. (También puede reemplazar todo su sistema circulatorio, incluyendo la sangre, ya que está en eso). ¿El sistema inmunológico? Fácil. Afuera. Adentro.

Antes de hacerlo, puede querer mirar dibujos de colores de los distintos órganos, e investigar bien su ubicación. Cuanto más vívida sea la imagen y el conocimiento de las partes del cuerpo, mejor. Tal vez necesite reemplazar la misma parte cien veces, pero ¿por qué no? Lo que haga falta, se hace.

Puede invitar, usando el transportador, a los expertos médicos más famosos del mundo (de cualquier mundo) para una consulta. Están siempre disponibles, siempre tienen suficiente tiempo, y nunca le cobran un centavo. Puede invitar a sanadores del pasado, presente y futuro, real e imaginarios, a que trabajen en su cuerpo y le den consejos.

Hay gente que prefiere tener un médico, curandero o sanador principal, que organice las idas y venidas de los demás. Hay gente que se imagina a su curandero principal vestido con una túnica blanca y un estetoscopio. Otros prefieren una gran variedad de curanderos, todos diferentes.

Cada vez que oiga hablar de un método de curación nuevo, o de una técnica que le interese, vaya a su centro de curación y pruébela. Permítale que haga su trabajo a la perfección. Cree nuevas técnicas para tratar su problema. Y siéntase libre de entrar al centro de curación aún cuando no está enfermo. Así no hará falta que esté enfermo para sentirse mejor.

No es suficiente tener una buena mente.
Lo más importante es usarla bien.
RENE DESCARTES, 1637

Como explicamos antes, nada de lo que haga internamente reemplaza el trabajo externo de un tratamiento médico pertinente. Pero si en su tratamiento externo se encuentra con un obstáculo, tal vez el trabajo interno le ayude a superarlo.

Hay gente a quien le gusta pedir a sus doctores internos que diagnostiquen ciertas molestias "misteriosas". Cuando visitan a su médico de cabecera (externo) dicen: "Por si acaso, ¿por qué no me revisa...?". Es increíble cuán a menudo eso tiene que ver con el problema.

Si tiene creencias espirituales o religiosas, no se olvide de invitar a representantes de su congregación -a través del transportador- a que lo visiten en su santuario. Y no acepte asistentes... vaya a la Cúspide, al Gran Jefe.

Usted se lo merece.

Cuando los hombres malos se juntan, los buenos deben asociarse; de otra manera caerán uno a uno, un sacrificio inútil en una lucha despreciable.
EDMUND BURKE, 1770

VISUALICE SALUD

Además del trabajo "externo" (sí, me doy cuenta de que todo esto es imaginado) que hace en el centro de curación, también puede trabajar en su cuerpo desde adentro.

La técnica fue popularizada por el Dr. Carl Simonton. Durante años, el Dr. Simonton[9] ha usado métodos no tradicionales para tratar a pacientes de cáncer diagnosticados como "terminales". (Cuando un nuevo paciente entra en la clínica del Dr. Simonton a una consulta inicial, éste lo mira directamente a los ojos y le pregunta: "¿Cuándo decidió morir?").

Puede practicar la técnica de visualización que vamos a describir en su salón sagrado, si lo desea, o en un salón especial del centro de curación. Siempre puede pedirle a su maestro que lo acompañe. (El maestro, naturalmente, tiene la capacidad de acompañarlo en cualquier viaje interno que haga; la verdad es que él es un muy buen guía).

La idea es imaginar cualquier parte suya que no esté saludable como Los Malos, y sus partes saludables como Los Buenos. Ahora imagínelos peleando. Los Buenos *siempre* ganan.

---

[9] Puede obtener un catálogo de la obra del Dr. Simonton visitando su sitio web en www.simontoncenter.com

La imaginación es muy veloz; brinca de la admiración al amor y del amor al matrimonio, en un instante.

JANE AUSTEN

Si, por ejemplo, tiene células cancerosas en el cuerpo, puede verlas como los villanos de las películas del lejano oeste, con grandes sombreros negros, y sus células blancas pueden ser los héroes de la película, con grandes sombreros blancos. Se encuentran en la calle principal del pueblo. Muchos balazos y muchos golpes más tarde, Los Malos han ido a dar a la cárcel, y Los Buenos cabalgan hacia la puesta de sol (o suben a la habitación de Miss Kitty, o hacen lo que a Los Buenos les guste).

Puede imaginarse que las células malas son galletitas para perro, en forma de hueso, y las células blancas son perros; cada vez que el perro ve una galletita en forma de hueso, se la come. O imagínese las células blancas como el muñequito de PacMan, y las células malas como los puntitos blancos que PacMan come sin cesar.

Gilda Radner, que se hizo famosa en el programa cómico más conocido de la televisión de los Estados Unidos, "Sábado por la Noche en Vivo", desarrolló cáncer de ovario en 1986. La expectativa de vida para la gente que tiene este tipo de cáncer es entre seis y siete meses. El porcentaje de recuperación es menos de un treinta por ciento.

Además de someterse a un tratamiento médico completo, Radner hizo un cambio de vida radical. Dejó de fumar, comenzó a comer "más sano", y se unió a un grupo.[10]

También practica la visualización. En un escenario, las

---

[10] "The Wellness Community" en Santa Monica, California. El fundador del centro, Harold Benjamin, es autor de un libro sobre cómo co-crear con su médico para curar una enfermedad, cuyo título es "De Víctima a Victorioso".

células de cáncer son brujas malas, y las células blancas, hadas. Cuando todas las brujas quedan aplastadas por casas que se derrumban, las hadas saltan y saltan, cantando: "¡Ding, dong, la bruja ha muerto!".

En otro escenario, Roseanne Roseannadanna está a cargo de patrullar el cuerpo de Radner. Cada vez que Roseanne ve una célula de cáncer, la mira con una "mirada que mata" y le grita: "¡Eh! ¿Qué estás tratando de hacer? ¿Estás tratando de enfermarme, o qué?".

"Y algunas veces", dice Radner, "me imagino que soy parte de una película, y que mi cuerpo es una playa. Las células de cáncer son un grupo de gente grosera, que anda en motocicleta y usa chaquetas de cuero y hacen mucho ruido con las motos, dejando latas de cerveza y colillas de cigarrillos por todos lados. Y mis células blancas son los chicos buenos, saludables, tostados por el sol, que cuando ven a un chico malo le gritan: "'¡Vete de la playa!', y luego se van todos a hacer surf en las olas".

Radner practica la visualización tres horas diarias. Según las últimas noticias, ha regresado a trabajar. La vimos hace poco hacer una aparición en un espectáculo, y se veía estupenda.

¿De dónde saqué toda esta información sobre Radner? ¿De alguna publicación esotérica, de esas raras? No. Fue del artículo principal del número de Marzo de 1988 de la revista norteamericana *Life*: "La Respuesta de Gilda Radner al Cáncer: Curando el Cuerpo con la Mente y el Corazón".

Otra opción es imaginarse las células peligrosas en su cuerpo *transformándose* en células no peligrosas. Podrían

> *Usted ve cosas y dice: "¿Por qué?". Pero yo sueño con*
> *cosas que nunca existieron, y digo: "¿Por qué no?*
> GEORGE BERNARD SHAW

así causar una enfermedad no peligrosa, y luego desaparecer, o podrían transformarse de tal manera que ya no quisieran quedarse en el cuerpo humano y se irían. (Hay muchos virus y bacterias que no quieren tener nada que ver con el cuerpo humano).

Cada año aparecen varios virus de gripe nuevos. Es porque algunos de los virus han pasado por transformaciones. Se ha descubierto una variante del virus del SIDA que no hace peligrar la vida; se llama HIV-2. El virus HIV-1 podría simplemente transformarse en el virus inofensivo, hasta que aparezca una "cura" oficial. Y antes de que eso suceda universalmente, puede comenzar por suceder en el cuerpo de cualquier individuo.

Si tiene un órgano que no está funcionando bien -digamos, el corazón- visualícelo funcionando perfectamente. Véalo hacer su trabajo maravillosamente bien. En su imaginación, oiga y sienta cómo late con fuerza, regularidad y vigor. Si tiene, por ejemplo, arterias obstruidas, véalas abiertas, limpias y saludables.

Las opciones, como habrá visto, son interminables. Sea creativo. Diviértase. Si aprende a disfrutar del proceso de curación, verá que también disfrutará más de la salud.

*Sería una gran cosa comprender
todos los significados del dolor.*
PETER MERE LATHAM

ESCUCHE A SU DOLOR

¿Y si el dolor fuera en realidad su amigo? ¿Si le estuviera dando información importante sobre su vida y, una vez que haya escuchado y prestado atención a la información, éste desapareciera?

Aprendimos que la culpa y el resentimiento podían ser "ángeles guardianes" que nos impiden recorrer caminos de pensamiento negativo sin sentido, o destructivos. Lo mismo sucede con el dolor.

Definimos dolor como cualquier cosa que nuestra mente, cuerpo o emociones preferirían que no existiera. Puede ser un dolor físico (dolor de cabeza, músculos doloridos, estómago fastidiado), un dolor emocional (sufrimiento, rabia, miedo), o un dolor mental (confusión, duda, rigidez).

Todo lo que necesita hacer es hablar con el dolor. Hágale algunas preguntas. Escuche las respuestas. Si las respuestas parecen tener sentido, siga los consejos de su dolor.

Vaya a su santuario, si quiere, pídale a su maestro que lo acompañe, y diríjase al salón sagrado. Imagínese al dolor saliendo de su cuerpo, y sentándose frente a usted. Póngale algunas características humanas. ¿Cómo lo animaría Walt Disney?

Y ahora hágale preguntas. Puede inventarlas en el proceso. Aquí hay algunas, para comenzar: ¿Te sientes aver-

Una palabra nos libra del peso y del dolor de la vida:
Esa palabra es amor.
SOFOCLES 406 AC

gonzado cuando te hablo? ¿Cuál es el beneficio que recibo por tenerte? ¿Cómo te estoy usando? ¿Hay algo que evito a cambio de tenerte? ¿Hay alguna excusa que me estás dando? ¿Qué más información tienes para darme? ¿De qué tendría que ocuparme en mi vida para dejarte ir? ¿Tienes algún consejo que darme?

Preguntas de ese tipo. Tal vez se quede asombrado de la sabiduría de las respuestas. Una vez que tenga la información, diga adiós a su dolor e imagínelo rodeado de una luz blanca. Véalo desvanecerse en esa luz, sonriendo y diciendo adiós, contento de ir a ocuparse de otras tareas.

Luego, utilice los consejos. Si hace las cosas que ha estado evitando, es probable que el dolor ya no necesite hacerse presente para "recordárselas".

Cuando haya aprendido la lección que el dolor vino a enseñarle, éste tiende a desaparecer. ¿Cómo sabe que aprendió la lección? Cuando el dolor desaparece. Mientras permanece, debe haber un par de clases que todavía no ha tomado.

Si el dolor es crónico, probablemente ha estado ignorando dolores menores que le podrían haber dado la misma información. Cuando necesitamos cambiar algo, los mensajes que nos lo recuerdan son como la alarma de un reloj despertador, que se va haciendo más y más fuerte, hasta que nos despertamos.

Cuando aprende a oír su dolor y a llevar a cabo las acciones correctivas desde el primer momento, cuando es simplemente una incomodidad, una molestia o una sensación suave, generalmente logra evitar los sonidos más estridentes de la alarma.

Este proceso puede ser muy poderoso: aprender que la culpa, el resentimiento y el dolor son nuestros amigos. ¿Podría eso querer decir que todo en nuestra vida sucede para nuestro bien?

Buena pregunta.

A veces me siento y pienso,
y a veces nada más me siento.

MEDITE, CONTEMPLE, O SENCILLAMENTE SIÉNTESE

Además de la visualización, tal vez quiera probar algunas de las muchas técnicas de meditación o contemplación que existen, o tal vez quiera sencillamente sentarse y relajarse.

Cuando medita, contempla o "se sienta", es bueno pedir que la luz blanca lo rodee, llene y proteja, sabiendo que solamente aquello que es para el mayor bien, suyo y de todos los involucrados, sucederá durante la meditación.

Antes de comenzar, prepare el ambiente físico. Haga lo necesario para no ser interrumpido. Desconecte el teléfono. Ponga una nota en la puerta. Use tapones de oídos, si el ruido lo molesta. (A mí me gustan los de espuma de goma que son flexibles y suaves). Ocúpese de sus necesidades físicas. Ponga cerca un vaso de agua, y tal vez algunas toallas de papel.

Contemplación es pensar en algo, a menudo algo edificante o inspirador. A veces es hacer preguntas sobre una pregunta aparentemente sencilla, con implicaciones profundas, como la que mencioné al final del capítulo anterior.

Podría contemplar cualquiera de los cientos de citas o ideas de este libro. A menudo, cuando oímos una idea nueva y potencialmente interesante, decimos: "Tendré que

La mayor parte del mal en la vida
surge de que el hombre no puede quedarse quieto,
sentado en una habitación.
BLAISE PASCAL 1623-1662

pensar en eso". La contemplación es un buen momento para "pensar en eso", para considerar si es verdad, para imaginar los cambios y las mejoras que podrían producirse en nuestra vida.

O podemos contemplar un objeto no verbal, como una flor, o un concepto, como Dios. La idea de la contemplación es reservar cierta cantidad de tiempo tranquilo para pensar en eso, sea lo que sea "eso".

Meditación. Hay tantas técnicas de meditación, enseñadas por tantas organizaciones distintas, que es difícil definir la palabra de manera apropiada. Le daré un pequeño resumen de algunas de las técnicas publicadas en mi libro, *Mundos Internos de la Meditación.* (Si desea información más completa, puede ordenar el libro enviando un e-mail a pedidos@msia.org).

Tal vez quiera probar varios tipos de meditación, para ver cuál le gusta más. Con respecto a la meditación recuerde que *no lo sabemos hasta que no lo probamos.* Nos puede gustar pensar que sabemos cuáles serán los efectos de una meditación en particular sencillamente leyendo una descripción, y eso es exactamente lo que pasa: nos gusta pensar que sabemos, pero no sabemos realmente. Le sugerimos que pruebe, adquiera experiencia, y decida en base al conocimiento cuál es la más indicada para usted. Y por favor recuerde "invocar la luz" antes de comenzar. No es

La palabra correcta es un mediador poderoso. Cada vez que nos Enfrentamos con una de esas palabras intensamente correctas, el efecto resultante es tanto físico como espiritual, e instantáneo.

MARK TWAIN

buena idea meditar mientras conduce un automóvil o maneja maquinaria peligrosa, o cuando necesita estar alerta.

Meditación de la Respiración. Siéntese cómodamente, cierre los ojos y hágase consciente de su respiración. Sígala, cuando entra, cuando sale. No "trate" de respirar; no altere conscientemente el ritmo; sencillamente sígala cuando entra y sale, con naturalidad. Si de pronto se encuentra perdido en sus pensamientos, regrese a la respiración. Esta meditación puede ser muy refrescante: veinte minutos pueden hacerle sentir como si hubiera dormido toda la noche. Es especialmente efectiva cuando está emocionalmente alterado.

Tonos. Hay gente a quien le gusta agregar una palabra o sonido para ayudar a la mente a enfocarse, mientras la respiración entra y sale. Hay gente que usa *Dios*, u *OM*, o *uno*, o *amor*. Cualquiera de ellas -u otras- funcionan bien. Cuando inhale, diga mentalmente "amor". Cuando exhale, "amor". Otros tonos que puede querer probar:

HU. HU es un antiguo sonido, y uno de los primeros nombres que los seres humanos dieron al Ser Supremo. Hay algunas buenas palabras que comienzan con HU: humor, humano, humilde, humus ("La Buena Tierra"), y, por supuesto, *hula-hula*. HU se pronuncia *Jiú*. Puede decirlo en silencio, mientras respira. O puede pronunciar *Eich* cuan-

No sé si en ese momento era un hombre
soñando que era una mariposa, o si ahora
soy una mariposa soñando que soy un hombre.
CHUANG-TZU 396-289 AC

do inhala y *iú* cuando exhala. También puede probar de decir HU en voz alta cuando exhale, pero no lo haga más de doce o quince veces como meditación, porque produce energías muy poderosas.

ANI-HU. Este tono atrae la compasión, la empatía y la unidad. Lo puede repetir en silencio (ANI en la inhalación -pronunciado *Anai*- HU en la exhalación -pronunciado *Jiú*-), o en voz alta (ANI-HU, en la exhalación). Es un tono muy hermoso para cantar en grupo y tiende a armonizarlo de más de una manera.

HOO. Puede ser usado como HU. Hay gente que lo prefiere. Es una sola sílaba, y se pronuncia *Ju*.

RA. RA es un tono que atrae enormes cantidades de energía física al cuerpo. Puede usarlo sentado o de pie. De pie tiende a atraer aún más energía. Inhale profundamente y, a medida que exhale, cante en voz alta "RRRRRRRRRA-AAAAAA" hasta que se quede sin aire. Inhale profundamente otra vez y repita, y luego otra vez. Después de tres veces, respire normalmente por algunos segundos. Luego haga otro grupo de tres, pausa, y otro grupo de tres. Le sugerimos que no haga más de tres cada vez.

SO-HAWNG. La meditación SO-HAWNG es apropiada para cuando la mente quiere hacer una cosa y las emociones otra. SO-HAWNG tiende a unificarlas, poniéndolas en la misma dirección. Este tono se hace en silencio. Inhale en SO, exhale en HAWNG (pronunciado *Jang*). Pruébelo con los ojos cerrados durante cinco minutos, y vea cómo se siente. Tal vez le dé energía para hacer algo que ha estado evitando desde hace tiempo.

THO. THO es un tono curativo. Es importante pronunciarlo correctamente. Inhale profundamente y, mientras exhala diga "THoooo". Se acentúa sobre TH, que se pronuncia como la zeta en España, que le hace cosquillas cuando la punta de la lengua toca el paladar superior. Va seguido de "ooooooo". Para hacer la meditación THO siéntese cómodamente, cierre los ojos, inhale y exhale dos veces, inhale profundamente por tercera vez y, al exhalar diga "THoooo". Repita tres veces esta serie de tres. Suficiente. Es poderosa. Sienta la energía curativa moverse en su cuerpo. También puede repetir THO en silencio como una meditación formal, o en cualquier momento durante el día. (Pero, como con cualquier otra de estas meditaciones, no mientras conduzca u opere equipo potencialmente peligroso).

Meditación de la Llama. Utiliza el poder del fuego para disolver la negatividad. Ponga una vela sobre una mesa, y siéntese de manera que tenga la llama a la altura de los ojos. Permita que su energía fluya hacia *arriba* y hacia *afuera*, hacia la llama. Puede sentir negatividad, o tener pensamientos negativos. No preste atención al contenido, simplemente déjelos ir hacia la llama. Si siente que su energía va hacia adentro, como si fuera a entrar en trance, sople la llama y deje de meditar. La idea es que la energía fluya hacia arriba y hacia afuera, hacia la llama. Hágalo por un máximo de cinco minutos, para comenzar. Vea cómo se siente al día siguiente. Puede tener sueños más vívidos. Si no tiene ninguna molestia, pruebe durante períodos más largos. Veinte minutos por día es más que suficiente para este tipo de meditación.

Meditación del Agua. Ponga agua en un vaso transparente, sosténgalo entre las manos (sin que sus manos se toquen) y simplemente mire dentro del vaso. Observe lo que observa. Puede ver colores. Puede ver energía emanando de sus manos. Puede verse a sí mismo sosteniendo un vaso de agua. Observe el agua durante cinco minutos, y aumente gradualmente hasta llegar a quince. Al final de la meditación, beba el agua. Sus energías la han transformado en un "tónico" que le dará lo que necesite en ese momento. Como un experimento, puede llenar dos vasos de agua del grifo. Deje uno a un lado, y use el otro para la meditación. Luego pruebe el agua de ambos. No se sorprenda si el agua "cargada" de energía tiene un gusto distinto.

"I". El sonido I se utiliza en voz alta después de la meditación para ayudarlo a centrarse nuevamente en lo físico. Es un "Iiiiiiiiiiii" estable, que comienza con el registro más bajo de la voz, viaja hacia el registro superior y vuelve a bajar, todo con un sólo aliento. Comienza como bajo, pasa a tenor, luego soprano y de regreso al bajo. Mientras lo hace, imagine el sonido saliendo de sus pies cuando está en el registro más bajo, subiendo gradualmente a medida que su voz va llegando más alto hasta que llega a la parte superior de su cabeza con el sonido más alto, y luego baja a medida que baja su voz. Si lo prueba verá que es

Los hombres muelen y muelen en el molino de una verdad, pero nada sale de él que no hayan puesto. Pero en el momento en que abandonan la tradición a cambio de un pensamiento espontáneo, entonces la poesía, la agudeza, la esperanza, la virtud, el aprendizaje, la anécdota, todos acuden a ayudarle.

EMERSON

mucho más fácil hacerlo que explicarlo. Haga dos o tres "Ies" después de cada sesión de meditación.

Estos tonos y meditaciones han sido provechosos para mucha gente. No le pido que crea que van a ser provechosos para usted. Le pido que, si quiere, los pruebe y vea qué pasa. Si funcionan, no necesita creer, porque sabe. Sus resultados dictarán si los utilizará a menudo, a veces, de vez en cuando o nunca. Algunos pueden darle mejores resultados que otros; es natural. Use los que trabajen mejor en usted y, de vez en cuando, pruebe los demás a ver si esta vez obtiene diferentes resultados.

Es bueno recordar estos tonos para cuando se encuentra "atrapado" en el pensamiento negativo, y no se le ocurre un sólo pensamiento positivo para pensar. Pruebe uno de estos tonos. La energía positiva le ayudará a interrumpir el espiral descendente del pensamiento negativo.

Hay quienes piensan que meditar les *quita* tiempo para llevar a cabo logros físicos. Por supuesto que, llevado a un extremo, así es. Pero la mayoría de la gente encuentra que la meditación *crea* más tiempo que el que *ocupa*. Una de las principales quejas que la gente tiene sobre la meditación es: "Mis pensamientos no me dejan en paz". Tal vez la

El poeta, descrito en términos de perfección ideal,
pone toda el alma del hombre en actividad,
con la subordinación de sus facultades entre sí,
de acuerdo con su valor y dignidad relativos.
Difunde un tono y un espíritu de unidad que
funde y (casi) fusiona uno al otro, mediante
ese poder sintetizador y mágico, la imaginación.
COLERIDGE

mente está tratando de comunicar algo valioso. Si el pensamiento se relaciona con algo que necesita hacer, escríbalo (o grábelo). Y continúe meditando. Esto le permite a la mente dedicarse a otra cosa, por ejemplo, a la meditación.

A medida que la lista de "cosas pendientes" aumenta, la mente se vacía. Si el pensamiento: "Llamar al banco" vuelve a aparecer, dígale a la mente: "ya está en la lista. Puedes olvidarlo". Y lo hará. (Es importante, sin embargo, *hacer* las cosas anotadas, o por lo menos considerarlas una vez terminada la meditación. Si no lo hace, su mente no le prestará más atención a lo que escribe que la que le presta usted, y continuará recordándolo una y otra vez).

Al terminar la meditación, no solamente habrá tenido una mejor experiencia, sino que también tendrá en sus manos una lista de "cosas pendientes" muy útil. Una idea recogida durante la meditación puede ahorrarle horas, tal vez días, de trabajo innecesario. Eso es lo que quiero decir cuando afirmo que, desde un punto de vista puramente práctico, la meditación puede crear más tiempo que el que ocupa.

Las corrientes del Ser Universal circulan a través mío; soy parte y porción de Dios.

EMERSON

AFIRMACIONES

Una afirmación es una declaración de un hecho positivo. Siempre se la expresa en tiempo presente, y generalmente comienza con "Soy" o "Estoy". Las afirmaciones están diseñadas para "hacer firmes" las cosas positivas de sí mismo.

Las afirmaciones pueden ser más ciertas en el futuro, pero la totalidad de la afirmación es reclamada siempre aquí y ahora. Podemos decir afirmaciones en cualquier lugar, en silencio o en voz alta. Cuanto más a menudo se usan, se hacen más reales, verdaderas, sólidas y "firmes".

Es valioso reservar tiempo especial para hacer afirmaciones. Vaya a su santuario, siéntese en su salón sagrado y diga la afirmación elegida, una y otra vez. Y al cabo de un rato, siéntese frente a la pantalla de televisión y véase viviendo esa afirmación en toda su plenitud.

Luego vaya al armario de las habilidades y póngase el traje adecuado para esa afirmación. Vaya a la zona de práctica, y tenga la experiencia de vivir su afirmación.

Las afirmaciones son muy poderosas cuando se las repite frente a un espejo, mirándose a los ojos. Todos los pensamientos y sentimientos negativos que tiene con respecto a vivir su afirmación saldrán a la superficie. Déjelos que lo hagan, y permítales que se alejen flotando. Debajo está la parte suya que sabe que la afirmación es verdad.

Cree sus propias afirmaciones para cada situación. Recuerde mantenerlas positivas, y en el presente: "Soy sano, abundante y feliz", y no: "Quiero ser sano, abundante y feliz" o "Pronto, si tengo suerte, seré sano, abundante y feliz".

Aquí le presentamos algunas afirmaciones para que comience. Use éstas, y luego proceda a crear las suyas.

Afirmaciones que otros han usado...

"Soy puro de boca, puro de manos". (Mensaje a los Dioses, 1700-1000 AC).

"Soy el que está más cerca de los dioses". (Sócrates)

"Estoy listo para la Fortuna, cuando ella esté dispuesta". (Dante)

"No solamente soy ocurrente, sino que además soy quien causa la ocurrencia en otros hombres". (Shakespeare)

"Estoy entrando a ese salón sagrado". (John Donne)

"Estoy enamorado del mundo". (Swift)

"Estoy contento". (John Quincy Adams)

"Soy el creador de mi propia fortuna. Pienso en el Gran Espíritu que gobierna este universo". (Tecumseh)

"Estoy del lado de los ángeles". (Benjamin Disraeli)

"Soy el dueño de mi destino; / Soy el capitán de mi alma". (William Ernest Henley, 1888)

"Soy fuerte como un toro". (Theodore Roosevelt)

"Todos los días, en todas las formas, me hago mejor y mejor". (Emile Coue, 1857-1926)

"Soy absorbida por la maravilla de la tierra y de la vida que hay en ella". (Pearl S. Buck)

"Soy el mejor". (Muhammad Ali)

"Soy fuerte, soy invencible, soy mujer". (Helen Reddy)

Y algunas otras que tal vez quiera probar...

"Me siento amoroso conmigo mismo".

"Merezco todo lo que hay de bueno en mi vida".

"Soy uno con el universo, y tengo más de lo que necesito".

"Siempre hago lo mejor que puedo con lo que sé, y siempre uso todo para avanzar".

"Me perdono incondicionalmente".

"Estoy agradecido por mi vida".

"Me amo y me acepto a mí mismo y a los demás".

"Veo todos los problemas como oportunidades para aumentar mi sabiduría y mi amor".

"Estoy relajado, y confío en un plan superior que se está desarrollando para mí".

"De manera automática y alegre me enfoco en lo positivo".

"Me doy permiso para vivir, amar y reír".

"Estoy creando y usando afirmaciones para tener una vida alegre, abundante y satisfactoria".

Sencillamente confíe en usted mismo,
y así sabrá cómo vivir.

GOETHE

PALABRAS DE ESTÍMULO

Vaya a su santuario e invite a su maestro a que lo acompañe. Juntos, vayan al salón sagrado. Siéntese, cierre los ojos y relájese. Imagine a su maestro arrodillado detrás de su silla, susurrando en su oído palabras de estímulo, palabras que usted utilizará a menudo en su pasaje de la enfermedad a la salud, del pensamiento negativo al enfoque positivo, del deseo de muerte a la afirmación de la vida.

Son pocas palabras: tres, cuatro, cinco. Escuche cuidadosamente. Su maestro las está repitiendo, una y otra vez. Escuche. ¿Cuáles son? Mientras su maestro las repite, relájese; deje que las palabras lo penetren profundamente. Óigalas una y otra vez. Después de un rato, no sabrá si las palabras salen de la boca de su maestro, o de dentro de su cabeza.

Agradezca a su maestro por haberle dado esas palabras. Acompáñelo al transportador y, al regresar, vea esas palabras de estímulo grabadas en oro en la pared de su salón principal. Y comprenda que no son solamente palabras de estímulo; son declaraciones correctas sobre usted, aquí y ahora.

Sobre un pedestal, frente a donde están grabadas las palabras de estímulo, su maestro le ha dejado un regalo. ¿Qué es? Es un símbolo físico que representa las palabras de estímulo.

Cada vez que entre en su santuario, mientras se para brevemente bajo la luz blanca de la puerta de entrada, haga una pausa y lea las palabras de estímulo. Deje que las palabras le lleguen al corazón. Cada vez que se sienta desafiado por una situación, recuerde que esas palabras no son solamente palabras, sino la verdad fundamental sobre usted.

Siempre perdone a sus enemigos...
nada puede molestarles más.
OSCAR WILDE

El Perdón

Sí, estoy dejando lo mejor para el final. La información contenida en estos tres capítulos finales, si se la aplica con un deseo genuino de bienestar, es más que suficiente para curarse.

Primero, el perdón. El perdón puede ser la cura más poderosa.

Tenemos mucho acumulado en contra nuestra y en contra de otros; y luego agregamos en contra nuestra el tener cosas en contra nuestra y de otros. Es doloroso el proceso de juzgarnos a nosotros mismos y a otros, por no estar a la altura de la imagen que inventamos.

¿La salida? El perdón. El proceso de perdonar es simple. Es tan simple que la mayoría de la gente no se da cuenta de lo efectivo que es, y por eso no lo prueba y no se entera de lo bien que funciona.

Para perdonarse todo lo que tiene que decir es: "Me perdono por.......", o: "Perdono a.........(otra persona) por............"; y llenar los espacios.

Note que el perdón es incondicional. Perdonar es estar dispuesto a dejar ir cualquier dolor, culpa, resentimiento o apego por usted o por la persona que está perdonando.

Ésa es la primera parte.

La segunda parte es: "Me perdono por juzgarme por.........", y: "Me Perdono por juzgar a......... (otra persona) por.........".

El perdón es la clave de la acción y de la libertad.
HANNAH ARENDT

El problema no es que nosotros hayamos hecho algo, o que otra persona haya hecho algo. El problema real para nosotros comenzó cuando juzgamos lo que pasó como *equivocado, malo, inadecuado, doloroso, mezquino, malvado, etc.* Es nuestro *juicio* lo que en realidad necesitamos perdonar. La acción fue simplemente una acción. Nuestro *juicio* de esa acción como equivocada, mala, etc., es lo que nos causa dificultades.

Si va a juzgar algo, espere por lo menos a tener pruebas. Sí, fulano lo abandonó, pero dos años más tarde usted conoció a mengano, y gracias a que fulano se fue usted estaba libre para comenzar una relación con mengano que, en realidad, es mucho más divertido que fulano; por lo tanto, el "abandono" de fulano fue, en realidad, una bendición disimulada y, de haber sabido entonces lo que sabe ahora, en lugar de lamentarse cuando se fue fulano le hubiera hecho una fiesta de despedida.

¿Cuánto tiempo hace falta esperar para tener todas las pruebas? Por lo menos cinco años; espere cinco años antes de juzgar algo.

"Pero en cinco años ni me voy a acordar de lo que sucedió". Está bien. Olvídese entonces. Si no vale la pena recordarlo durante cinco años, no vale la pena molestarse por ello ahora. ¿Cómo sabrá si vale la pena recordarlo dentro de cinco años? Espere cinco años y vea. Mientras tanto, "el jurado está deliberando".

*El problema no es que te ofendan,
a menos que continúes recordándolo.*
CONFUCIO

¿Qué pasa cuando nos olvidamos de la moratoria de cinco años en los juicios (y, teniendo en cuenta que somos humanos, probablemente nos olvidaremos)? Si se olvida, tan pronto como lo recuerde perdónese instantáneamente. Perdónese por juzgar, sabiendo que es el juicio -y no la acción- la causa del dolor y la separación.

Dígase las frases de perdón a usted mismo. Pruebe. Vea lo que pasa. Es una de esas técnicas que funciona por repetición: la hace, funciona. ¿Cuándo hacerla? Cuando está molesto. Toda molestia es causada por nuestro juicio sobre una situación. Perdónese por juzgar, y la molestia comienza a disiparse.

Puede necesitar repetir las frases de perdón varias veces, porque puede haber juzgado lo mismo varias veces. ¿Cuántas veces hacen falta? Ya sabe la respuesta: cuando desaparece la molestia, es suficiente.

Hay otro elemento del perdón: el olvido. Cuando perdona, olvide. Déjelo ir. No vale la pena retenerlo. Hay gente que prefiere tener el derecho de guardar rencor en lugar de tener salud. Ellos eligen.

Use la luz blanca, su salón sagrado y su maestro en el proceso del perdón. Aprenda a perdonar total y completamente. Si quiere salud, abundancia y felicidad, no se puede dar el lujo de andar acarreando todas esas circunstancias no perdonadas y no olvidadas. Déjelas ir.

Declare períodos de Amnistía General durante el día. Perdónese a usted mismo y a todos los demás por cualquier cosa que haya pasado (o dejado de pasar) desde la última Amnistía General. Organícelas cada pocas horas. No hay nada pasado que valga la pena tener en el presente, si lo que hace es causarle molestias.

El perdón no es más que declararse a uno mismo perdonado, lo que puede hacer surgir los componentes de la falta de valoración más rápido que cualquier otra cosa. Dígase que merece ser perdonado. Es verdad. E incluso, si *siente* que no merece el perdón, perdónese de todas maneras. Pruebe que su desvalorización está equivocada.

Y luego perdónela.

(Los libros de Louise Hay tratan sobre el perdón y muchos otros temas. Visite su sitio web en www.louisehay.com)

¡Demos gracias a Dios por el té!
¿Qué sería del mundo sin el té? ¿Cómo sobrevivía?
Menos mal que no nací antes de que existiera el té.
SYDNEY SMITH, 1771-1845

LA ACTITUD DE GRATITUD

A medida que aprende a enfocarse en las cosas positivas de su entorno en el presente, dé un paso más: agradezca todo lo que tiene en la vida.

Comience con las cosas excepcionales, luego las buenas, luego las de todos los días, luego las no-tan-buenas, luego las muy no-tan-buenas, y luego las terribles.

¿Por qué debe agradecer las cosas terribles? Primero, porque enfrentará las cosas terribles con sentimientos de gratitud, y la gratitud es un sentimiento muy agradable. Segundo, porque las cosas terribles son parte de su vida, y debe haber una razón por la cual están allí. Tal vez no sepa la razón aún, pero más tarde o más temprano es probable que aparezca. Así que esté agradecido hasta ese momento y, cuando el momento llegue, ya tendrá el hábito de la gratitud.

Es completamente imposible que el pensamiento negativo exista en una consciencia de gratitud. Un pensamiento antipático trata de afianzarse, y la actitud de gratitud dice: "¡Gracias por ese pensamiento!". Esa forma de aprecio disuelve casi de inmediato al pensamiento negativo.

Recuerde estar agradecido por cosas que habitualmente no tenamos en cuenta: nuestra consciencia, nuestros sentidos, nuestro cuerpo, nuestra vida. Por supuesto que hay cosas sobre las que nos podemos quejar, pero también tenemos tanto que agradecer.

¿Por qué o por quién debe estar agradecido? No importa. Puede estar agradecido de la compañía de electricidad por la electricidad, o de Edison por inventar el bombillo de luz, o a quien diseñó la lámpara, o al dinero con el cual paga la electricidad, o a Dios por la energía, o a una combinación de algunos o todos esos elementos. Y eso nada más que con la luz.

Quién recibe la gratitud no es tan importante como que usted sienta gratitud. La actitud de gratitud es simplemente eso: una actitud. Es una actitud libre, abundante, feliz. Es por eso que le sugerimos que encuentre muchas cosas por las cuales estar agradecido -no para la que compañía eléctrica reciba notas de agradecimiento, sino para que usted disfrute de la alegría del agradecimiento-.

En su *"Meditación de la Gratitud: La Clave del Recibir"*, (The Cosmos Press, www.cosmospress.net), Robert Lane le pide que se imagine a usted mismo como un suéter, un simple suéter de lana. Y revisa todo lo que un suéter necesita agradecer: la oveja, el hilador, el tejedor, la gente que produce comida que alimenta al hilador, etc.

¡Y tenemos tanto más que agradecer que un suéter! Si estuviéramos realmente agradecidos de todo lo que hay en nuestra vida, no tendríamos *tiempo* de tener un sólo pensamiento negativo.

Organice una fiesta interna de gratitud. Invite al santuario a gente del pasado y del presente, y agradézcales las contribuciones que han hecho a su vida: maestros, aman-

Pero si un hombre se encuentra a sí mismo, tiene una mansión que puede habitar con dignidad el resto de sus días.
JAMES MICHENER

tes, amigos, hermanos, esposos, hijos y, por supuesto, padres. Véalos cuando van llegando, uno por uno, pasando bajo la luz blanca del transportador. Exprese su gratitud. Luego indíqueles donde está la comida y la bebida, y dé la bienvenida al siguiente. (Su maestro seguro que sabe de un cocinero fabuloso que organice el almuerzo).

La gratitud abre un espacio para recibir. ¿A quién le prefiere dar: a la gente que realmente aprecia sus regalos, o a los que se quejan de todos los pequeños detalles? El universo probablemente piensa igual que usted: dar a los agradecidos.

Y lo hace.

Y ahora les mostraré el sendero más excelente. Si tuviese el don de la profecía, y entendiese todos los misterios y todo el conocimiento, y si tuviese tal fe que pudiese mover montañas, y no tuviese amor, nada soy. Y si repartiese todos mis bienes entre los pobres, y entregase mi cuerpo a las llamas, y no tengo amor, nada gano. El amor es paciente, el amor es bondadoso; el amor no tiene envidia, el amor no es jactancioso, no es orgulloso; no es descortés, no es egoísta; no se irrita, no guarda rencor; El amor no goza del mal, mas goza de la verdad. Todo lo protege, todo lo cree, todo lo espera, siempre persevera. El amor nunca fracasa. Y ahora estos tres permanecen: fe, esperanza y amor. Pero el más grandioso de ellos es el amor.

1 CORINTIOS 13

AMAR

Hay dos palabras mágicas que curan: Te Amo. Cuando las decimos, ya sea a nosotros mismos o a los demás, todos cicatrizan y se sanan.

Como con lo de *practicar la fe*, prefiero la palabra *amar* a la palabra *amor*. Amar incluye la acción necesaria para que se creen las cualidades del amor. El amor es lindo, pero el amor-en-acción logra mucho más.

Amar nos hace sentir maravillosamente bien, pero es más que un sentimiento; amar es una decisión. Elegimos ser amorosos con nosotros y con los demás. Lo elegimos en este momento. En el próximo momento, lo elegimos otra vez. Ahora y ahora, y nuevamente ahora.

No se trata de una gran elección, anunciada por trompetas y heraldos, y un chambelán que pregunta sonoramente: "¿Elige el placer de amar, o elige el dolor del pensar negativamente?". En general se trata de pequeñas elecciones: ¿Cómo respondo a esta información? ¿Me enfoco en lo positivo o en lo negativo? ¿Me estoy cuidando bien si como esto? ¿Será una forma de amarme no hacer ejercicio?

Puede no haber un "sentimiento amoroso" detrás de una acción amorosa, pero hacemos la acción de todas maneras; es parte de la *decisión* de amar. Esa acción amorosa a menudo produce sentimientos amorosos. Cuando actuamos amorosamente, ya sea con nosotros mismos o los demás, por lo general comenzamos a sentirnos amorosos. Si esperamos a sentirnos amorosos antes de actuar amorosamente, tal vez no hagamos más de dos o tres acciones amorosas por semana.

¿A quién puede amar en su vida? En última instancia, a usted mismo. Como dice la canción: "Aprender a amarse a uno mismo es el amor más grande de todos". Usted es la única persona con la que estará continuamente, todo el tiempo, por el resto de su vida. ¿Por qué no hacer que ese tiempo sea amoroso?

Elija amarse. Haga cosas amorosas por usted mismo. Actúe amorosamente hacia usted. Perdónese por todo. Trátese con gentileza. Ámese incondicionalmente. Cuando aprenda a amarse a usted mismo -con verrugas, gordito, con pelada, sus hábitos, sus pensamientos negativos, con enfermedad y todo lo demás- puede amar a cualquiera y cualquier cosa "afuera". Y estará siempre "en-amor-ado".

¿Dije que ame a la enfermedad? Sí. Ámela tanto que a la enfermedad ni se le ocurra lastimarlo. Ámela tanto que, si usted le dijera: "Te amo, pero podría amarte más si te corrieras hacia allá", se mudaría hacia allá. Ámela de tal forma que no le quede dentro ninguna partícula de odio por nada.

Por ser la única persona con la cual me relacionaré toda mi vida elijo:

- *Amarme a mí mismo como soy ahora.*
- *Siempre reconocer que me basta ser exactamente como soy.*
- *Amarme, honrarme y apreciarme.*
- *Ser mi mejor amigo.*
- *Ser la persona con quien me gustaría pasar el resto de mi vida.*
- *Siempre cuidarme, para poder cuidar de los demás.*
- *Siempre crecer, desarrollarme y compartir mi amor y mi vida.*

RON Y MARY HULNICK
Universidad de Santa Monica, California

Como dijo Dale Evans: "**Estoy tan ocupado amando todo que no me queda tiempo para odiar nada**".

¿Cuál es la respuesta? Amar. ¿Cuál es la pregunta? No importa; la respuesta sigue siendo la misma: amar.

Es la última palabra, con la cual quiero despedirme, la primera palabra de la curación y la cicatrización, el antídoto de la tensión, lo que resuelve el malestar, la vacuna contra el odio, la acción positiva que podemos emprender cuando se produce una explosión de pensamientos negativos, lo que siempre podemos agradecer, la prueba positiva de que las bendiciones que pedimos, en realidad, ya las hemos recibido, la esencia del perdón:

Amar.

Permanece en tu casa, que es tu mente.
No recites las opiniones de la gente.
Odio las citas.
Dígame lo que usted sabe.
EMERSON

ACERCA DEL AUTOR

Maestro y conferenciante de trayectoria internacional, John-Roger, D.C.E. (*), es una inspiración en la vida de muchas personas alrededor del mundo. Durante más de cuatro décadas su sabiduría, buen humor, sentido común y amor han ayudado a muchas personas a descubrir al Espíritu en ellas mismas, a sanar y a alcanzar paz y prosperidad.

Con dos libros escritos en colaboración en la lista de libros más vendidos del *New York Times*, y con más de cuarenta libros sobre auto-ayuda y materiales en audio, John-Roger ofrece un conocimiento extraordinario en una amplia gama de temas. Fundador y consejero espiritual de la iglesia sin denominación de culto *Movement of Spiritual Inner Awareness* (Movimiento del Sendero Interno del Alma - MSIA), que se enfoca en la Trascendencia del Alma, fundador y primer presidente, y actualmente canciller de la *Santa Monica University* (Universidad de Santa Mónica), fundador y canciller del *Peace Theological Seminary & College of Philosophy* (Seminario Teológico y Escuela de Filosofía Paz - PTS), canciller de la *Insight University* (Universidad *Insight*) y fundador y consejero espiritual del *Institute for Individual and World Peace* (Instituto para la Paz

Individual y Mundial - IIWP) y de *The Heartfelt Foundation* (Fundación *Heartfelt*).

John-Roger ha dado más de seis mil conferencias y seminarios en todo el mundo, muchos de los cuales se transmiten a nivel nacional (EE.UU.) en su programa de televisión por cable, *That Which Is*, a través de *Network of Wisdoms*. Ha aparecido en numerosos programas de radio y televisión y ha sido invitado estelar en el programa *Larry King Live*. También es co-autor y co-productor de las películas *Spiritual Warriors* (Guerreros Espirituales) y *The Wayshower* (El Guía Espiritual).

Educador y ministro de profesión, John-Roger continúa transformando vidas al educar a las personas en la sabiduría del corazón espiritual.

Para más información sobre John-Roger, lo invitamos a visitar el sitio web www.john-roger.org

(*) Doctor en Ciencia Espiritual, programa de postgrado ofrecido por el *Peace Theological Seminary and College of Philosophy*, www.pts.org.

RECURSOS Y MATERIALES ADICIONALES DE ESTUDIO POR JOHN-ROGER, D.C.E.

Los siguientes libros y materiales pueden apoyarlo para aprender más sobre las ideas presentadas en este libro.

Para ordenar los libros, CD's y DVD's, por favor ponerse en contacto con el MSIA llamando al (323) 737-4055 (EE.UU.), enviar un e-mail a pedidos@msia.org, o simplemente visitar nuestra Tienda Online en www.msia.org.

LIBROS

Perdonar: La Llave del Reino

El perdón es el factor clave para la liberación personal y el progreso espiritual. Este libro presenta experiencias de perdón profundas y de alegría y libertad personal que son su natural consecuencia. La tarea de Dios es perdonar. Este libro anima a asumir el perdón como nuestra tarea también, y ofrece técnicas para lograrlo.

Momentum: Dejar que el Amor Guíe
Prácticas Simples para la Vida Espiritual
(con Paul Kaye, D.C.E.)

Aunque nos gustaría que las áreas importantes de nuestra vida (relaciones, salud, finanzas y profesión) estuvieran resueltas y en armonía, la realidad para la mayoría de nosotros es que siempre tenemos algo fuera de equilibrio, y esa condición a menudo causa estrés y angustia. En lugar de resistirnos o lamentar el desequilibrio existente, este libro enseña que en el desequilibrio hay una sabiduría intrínseca. Donde hay desequilibrio hay movimiento, y ese movimiento "da origen a una vida dinámica y apasionante, llena de aprendizaje, creatividad y crecimiento".

En las áreas en las que experimentamos la mayoría de nuestros problemas y desafíos descubrimos también allí el mayor movimiento, y oportunidades de cambio.

La forma de encararlo no es esforzándose más para hacer que la vida funcione, porque la vida ya funciona. La gran clave es llenarla de amor. Este libro enseña a amar el presente. Es un curso sobre el amor.

El Descanso Pleno
Encontrando Reposo en el Bienamado
(con Paul Kaye, D.C.E.)

¿Qué sucedería si descubrieras que el descanso no es tanto una acción como una actitud, y que puedes disfrutar de todos los beneficios internos y externos que aporta el descanso en tu vida cotidiana, sin importar lo ocupado que estés? He aquí las buenas noticias: esto es verdad y, de hecho, factible. Si alguna vez has pensado que un buen descanso te vendría bien, este libro es ideal para ti, ahora y para el resto de tu vida.

¿Cuándo Regresas a Casa?
Una Guía Personal para la Trascendencia del Alma
(con Pauli Sanderson, D.C.E.)

Relato profundo sobre el despertar espiritual, que contiene todos los ingredientes de una narrativa de aventuras. ¿Cómo adquirió John-Roger la conciencia que verdaderamente personifica? John-Roger encara la vida como un científico en un laboratorio, descubriendo maneras de integrar lo sagrado con lo mundano, lo práctico con lo místico, y explicando lo que funciona y lo que no. Junto a relatos fascinantes, en este libro puedes encontrar muchas claves prácticas que te ayudarán a mejorar tu vida, a sintonizarte con la fuente de sabiduría que está presente en ti todo el tiempo, y a conseguir que cada día te impulse con mayor fuerza en tu emocionante aventura de regreso a casa.

¿Cómo Se Siente Ser Tú?
Vivir la Vida Como tu Ser Verdadero
(con Paul Kaye, D.C.E.)

"¿Qué pasaría si dejaras de hacer lo que piensas que deberías estar haciendo, y comenzaras a ser quien eres?". Esté libro, que es la continuación del libro, *Momentum: Dejar que el Amor Guíe*, ofrece ejercicios, meditaciones y explicaciones que te permitirán profundizar y explorar tu verdadera naturaleza. Viene con un CD inédito: "Meditación para el Alineamiento con el Ser Verdadero".

El Guerrero Espiritual:
El Arte De Vivir Con Espiritualidad

Lleno de sabiduría, humor, sentido común y herramientas prácticas para la vida espiritual, este libro ofrece consejos útiles para tomar nuestra vida en nuestras manos y alcanzar una mejor salud y mayor felicidad, abundancia y amor. Convertirse en un guerrero espiritual no tiene que ver con la violencia. Hacerlo implica usar las cualidades positivas del guerrero espiritual, que son: intención, implacabilidad e impecabilidad para contrarrestar los hábitos negativos y las relaciones destructivas, especialmente cuando uno se enfrenta a adversidades mayores.

El Tao del Espíritu

Colección de hermosos pensamientos bellamente diseñados, este libro tiene un propósito: liberarte de las distracciones del mundo exterior y conectarte con la quietud que existe en tu interior. *El Tao del Espíritu* contiene pensamientos que puedes usar de inspiración diaria, y propone una nueva manera de manejar el estrés y la frustración. ¡Qué maravillosa manera de empezar y terminar el día! Te recuerda dejar ir los problemas cotidianos y te revitaliza en la fuente misma del centro de tu existencia. Muchas personas utilizan este libro cuando se preparan para meditar o para orar.

Mundos Internos de la Meditación

Guía de auto-ayuda para la meditación. Las prácticas de meditación que aquí se describen se transforman en recursos valiosos y prácticos para explorar los reinos espirituales y enfrentar la vida cotidiana con mayor efectividad. Incluye una variedad de meditaciones que sirven para expandir la conciencia espiritual, lograr una mayor relajación, equilibrar las emociones e incrementar la energía física.

Amando Cada Día Para Los Que Hacen La Paz

¿Alcanzar la paz? ¡Qué idea tan maravillosa y, a la vez, esquiva! La paz entre las naciones se construye sobre la base de la paz entre las personas, y la paz entre las personas depende de la paz en cada uno. Haciendo de la paz algo más que una simple teoría o idea, *Amando Cada Día Para Los Que Hacen La Paz* guía a sus lectores para que descubran sus propias soluciones y puedan experimentar la paz.

Protección Psíquica

En este libro, John-Roger describe algunos de los niveles invisibles, como el poder de los pensamientos, el inconsciente, las energías elementales y la magia. Y más importante aún, explica la forma de protegerse de la negatividad que puede ser parte de esos niveles. Poniendo en práctica las técnicas simples propuestas en este libro podrás crear una sensación de bienestar profundo dentro de ti y en tu entorno.

Sabiduría Sin Tiempo

Este libro habla sobre verdades imperecederas como, por ejemplo, que Dios es el creador de todas las cosas. Nos dice:

"El mensaje de Dios es uno solo, a pesar de haber sido dicho y expresado de muchas maneras". Ese mensaje único explica que todo lo existente proviene de Dios y que todo existe porque Dios es. Saberlo hace crecer nuestra confianza: Dios es multidimensional, está en todas partes, en todas las cosas y en todos los niveles de conciencia.

El Sexo, el Espíritu y Tú

El título de por sí resulta irresistible. En el mercado no existe ningún libro que integre conceptos tales como "sexualidad" y "espiritualidad" de una manera tan natural como lo hace John-Roger.

La Fuente de Tu Poder

Los medios para crear todo lo que quieres están a tu alcance, ya que tus mayores recursos y herramientas yacen en tu interior. Descubre la manera de utilizar positivamente tu mente, y el poder que tienen la mente consciente, el subconsciente y el inconsciente.

Servir y Dar: Portales a la Conciencia Superior (con Paul Kaye, D.C.E.)

Este es el momento perfecto para encontrarse con este libro. Enfrentados como estamos a desafíos económicos y cambios profundos que afectan al mundo entero, en él hayamos oportunidades nuevas de dar y hacer servicio, tanto a nosotros mismos como a los demás. Un libro de fácil lectura, lleno de una sabiduría que podemos contemplar y que nos hace reflexionar, *Servir y Dar: Portales a la Conciencia Superior* nos invita a considerar ese llamado tan importante y especial que nos hace engrosar la lista de personas que se comprometen con el servicio y la entrega a los demás. Y que además nos explica cómo hacerlo.

Los libros de John-Roger en español se venden en la mayoría de las librerías dentro de los EE.UU. También pueden adquirirse visitando la Tienda Online del sitio web www.msia.org , o enviando un e-mail a pedidos@msia.org

MATERIAL EN AUDIO Y VIDEO

Audio **La Meditación de Luxor**
Esta meditación fue grabada en el antiguo Templo de Luxor (Egipto). Tiene como propósito expandir la conciencia hacia las dimensiones espirituales internas. Deja que las vibraciones sagradas resuenen dentro de ti para que produzcan equilibrio, sanación, armonía y paz en tu interior.

Audio **Nuestra Canción de Amor y el Cántico del Anai-Jiú**
Este CD te ayudará a familiarizarte con un mantra del nombre de Dios, precedido de una plegaria de John-Roger, llamada *Nuestra Canción de Amor*. Contiene además el cántico del *Ani-Hu* (pronunciado "anai-jiú" en español), entonado por estudiantes del MSIA.

Audio **La Meditación del Equilibrio Corporal**
Éste es el único cuerpo que tendrás a lo largo de la vida. A través del proceso de reprogramación que se ofre-

ce aquí, puedes alcanzar un peso ideal y lograr buena salud en todos tus niveles.

Audio   La Meditación de la Abundancia

Manifestemos la abundancia de Dios. John-Roger nos explica de qué manera podemos crear una actitud de abundancia y éxito en nuestra conciencia, superando toda forma de carencia y de fracaso.

Audio   Mundos Internos de la Meditación
Discos 1, 2 y 3

Meditaciones guiadas por los Viajeros Místicos, cuyo objetivo es alcanzar una paz más profunda y un bienestar mayor, expandiendo nuestra conciencia espiritual.

Audio/Video   Sanando el Dolor: En este seminario, John-Roger habla con toda la dulzura de su corazón. Pregunta a las personas si han tenido la experiencia de no gustarles alguien, o de haber sido heridos por otro, y nos demuestra que nosotros mismos permitimos que el comportamiento de los demás hiera nuestros sentimientos y afecte nuestra capacidad de amar. Nos demuestra de una manera activa a sanar el dolor y a convertirlo en amor.

Video   El Poder Auténtico: John-Roger se refiere en este seminario a las tentaciones que enfrentamos día a día en nuestra vida, y a las alternativas que tenemos. Propone que nos preguntemos: "Si elijo hacer esto, ¿cuáles son los

efectos que esta decisión tendrá sobre mí?". Plantea que, por el hecho de percibir con tus sentidos (tu personalidad), estás automáticamente sometido a las tentaciones.

LA SERIE SAT

Te invitamos a suscribirte a nuestra Serie SAT, lo que te permite -de una manera maravillosa- sumergirte de una manera más profunda en las enseñanzas del Viajero. Se trata de una suscripción anual (de uso personal) a doce CD's de seminarios grabados y distribuidos todos los meses a tu dirección personal (si es tu preferencia). Los CD's de la Serie SAT's son una herramienta de apoyo de incalculable valor en el camino de la Trascendencia del Alma. Estos seminarios están disponibles en formato de MP3 y pueden ser descargados en tu computador de forma instantánea, de esa manera te ahorras los gastos de envío e impuestos en California. Los siguientes materiales en audio son parte de esta serie:

Audio (SAT) **Pon a Prueba al Viajero, Pon a Prueba las Enseñanzas:** Como dice John-Roger: "Debes verificar lo que yo digo y poner a prueba mis enseñanzas. Nunca le he dicho a nadie que me crea o que confíe en mí ciegamente. Sería una tontería. No me preocupa si crees o no en lo que yo diga. Si quieres llegar a la verdad, debes ponerlo todo a prueba y verificarlo tú mismo".

Audio (SAT) **Aprender a Ser un Estudiante:** La conciencia que te habla no es la de un amigo personal, la conciencia que te habla es la Conciencia del Viajero Místico.

Audio (SAT) **La Jornada del Alma:** ¿Te gustaría saber más acerca de quién eres en verdad y del proceso que realizas como Alma? En esta hermosa mezcla de extractos, John-Roger describe de manera simple el viaje del Alma, descendiendo desde nuestra morada en el Reino del Alma a través de los diferentes niveles de conciencia. Además, los pacíficos interludios musicales intercalados en el seminario te inspiran a ir más profundo en tu interior, y a pasar un tiempo en silencio con tu Alma.

Para ordenar los CD's y DVD's SAT, ponerse en contacto con el MSIA llamando al (323) 737-4055 (EE.UU.), enviar un e-mail a pedidos@msia.org, o simplemente visitar nuestra Tienda Online en www.msia.org.

Disertaciones Del Conocimiento Del Alma Un Curso Sobre La Trascendencia Del Alma

Las Disertaciones del Conocimiento del Alma tienen como propósito enseñar la Trascendencia del Alma, que es tomar conciencia de que somos un Alma y uno con Dios, y no en teoría sino como una realidad viviente. Están dirigidas a personas que necesitan un enfoque sistemático en su desarrollo espiritual, y que el mismo perdure en el tiempo.

Las Disertaciones del Conocimiento del Alma son un conjunto de doce cuadernillos que se estudian y contemplan de a uno por mes. A medida que vas leyendo cada una de las Disertaciones, la conciencia de tu esencia divina puede activarse y profundizarse tu relación con Dios.

Espirituales en esencia, las Disertaciones son compatibles con cualquier creencia religiosa. De hecho, la mayoría de sus lectores considera que las Disertaciones apoyan su experiencia en el sendero, filosofía o religión que han elegido seguir. En palabras simples, las Disertaciones tratan sobre verdades eternas y hablan de la sabiduría del corazón.

El primer año de Disertaciones aborda temas que van desde cómo lograr éxito en el mundo hasta el trabajo de la mano del Espíritu.

El juego de doce Disertaciones para un año tiene un valor de US$100 (cien dólares). El MSIA está ofreciendo el primer año de Disertaciones a un precio de introducción de US$50 (cincuenta dólares). Las Disertaciones vienen con una garantía de devolución de dinero sin cuestionamientos. Si en algún momento decides que estos estudios no son para ti, simplemente devuelve el juego completo, y recibirás el reembolso de tu dinero.

Para ordenar las Disertaciones del Conocimiento del Alma ponerse en contacto con el Movimiento del Sendero Interno del Alma, llamando al 323-737-4055 (EE.UU.). También puedes enviar un e-mail a <u>pedidos@ msia.org</u> o visitar nuestra Tienda Online en nuestro sitio web www.msia.org

SEMINARIOS INSIGHT

Los seminarios Insight se desarrollan en un ambiente agradable, a lo largo de cinco días de crecimiento personal que repercute en todos los aspectos de las relaciones humanas. El propósito de Insight es ofrecer un vehículo mediante el cual se tome mayor conciencia de como "mejorar la calidad de vida" y proporcionar una experiencia vivencial de las herramientas que se exponen en este libro.

Para mayor información visitar el sitio web
www.insightseminars.org

Sus comentarios y sugerencias son bienvenidos.

Mandeville Press
P.O. Box 513935
Los Ángeles, CA 90051-1935 EE.UU.
323-737-4055
jrbooks@mandevillepress.org
www.mandevillepress.org

*Nos ha deleitado
más que suficiente.*

JANE AUSTEN

CPSIA information can be obtained at www.ICGtesting.com
Printed in the USA
LVOW050726130213

319697LV00004B/17/P